Kohlhammer

Banhardt/Gräßel-Farnbauer/Israel (Hrsg.)

Frauenordination in der Evangelischen Kirche in Deutschland

Interdisziplinäre Perspektiven

Verlag W. Kohlhammer

1. Auflage 2023

Gesamtherstellung: W. Kohlhammer GmbH, Stuttgart

Print:
ISBN 978-3-17-042486-9

E-Book-Format:
pdf: 978-3-17-042487-6

Inhalt

Vorwort

Die Idee für diesen Band entstammte einem gemeinsam wahrgenommenen Forschungsdesiderat: Wir drei Herausgebenden promovieren in verschiedener Hinsicht zum Thema der Frauenordination und stellten dabei fest, dass die Verortung im gesellschaftlichen Kontext weder im theologischen noch im gesellschaftswissenschaftlichen Forschungsdiskurs bisher hinreichend debattiert wurde. Doch diese Perspektiven schienen und scheinen uns unerlässlich zu sein, um die Frauenordination als Sonderfall oder Teil der gesellschaftlichen Entwicklung der Öffnung aller Berufsfelder für Frauen im Laufe des 20. Jahrhunderts zu verstehen. So organisierten wir eine online-Tagung und konnten Expert*innen aus historisch-sozialwissenschaftlichen und verschiedenen theologischen Disziplinen gewinnen. Mehr als 50 Personen aus sehr unterschiedlichen Kontexten nahmen an der Tagung am 31. März und 1. April 2022 teil. Es entstanden rege Diskussionen, über die weltweite aber auch ganz nahe Ökumene bis hin zur Situation in der Selbständigen Evangelisch-Lutherischen Kirche.[1] Das Kaleidoskop, das die Beitragenden auf das gemeinsame Thema warfen, schlägt sich in diesem Band nieder und wir danken den Autor*innen für ihre Auseinandersetzung mit diesem, teils sehr vom eigenen Arbeitsschwerpunkt entfernt liegenden Thema!

Prof. Dr. Lukas Bormann hat zudem – herzlichen Dank dafür! – den Kontakt mit dem Kohlhammer-Verlag hergestellt, bei dem wir uns für die gute Zusammenarbeit und Übernahme des Bandes in das Verlagsprogramm bedanken. Ohne monetäre Unterstützung wäre dies nicht möglich gewesen. Und so gilt unser Dank für die finanzielle Unterstützung dem Mentoring-Programm der Evangelisch-Theologischen Fakultät der Ludwig-Maximilians-Universität München und dem Zentrum für Gender Studies und feministische Zukunftsforschung an der Philipps-Universität Marburg.

Ebenso möchten wir uns herzlich bei Franziska Schmid bedanken, die uns als durch das Münchener Mentoring Programm finanzierte studentische Hilfskraft mit Rat und Tat beiseite stand und das Manuskript mit auf den Weg zur Drucklegung brachte.

---

1 Einen Tagungsbericht dazu veröffentlichte Sophie Frühwald auf H-Soz-Kult: Frühwald, Sophie: Frauenordination in der Evangelischen Kirche in Deutschland. Interdisziplinäre Perspektiven, HSozKult, 30.6.22, https://www.hsozkult.de/conferencereport/id/fdkn-128185?utm_source=hskhtml&utm_medium=email&utm_term=2022-6&utm_campaign=htmldigest (zuletzt abgerufen am 15.7.2022).

Einleitung

Frauenordination. Mit diesem Schlagwort verbinden sich verschiedene Assoziationen: Frauen werden ordiniert, Frauen arbeiten als ordinierte Geistliche im Pfarramt, Frauen werden im (evangelischen) Pfarramt gleichberechtigt. Dieser Band setzt sich mit verschiedenen Teilaspekten dieser Assoziationen auseinander: „Frauen werden ordiniert" wird als Teil einer kirchengeschichtlichen Entwicklung eingeordnet, denn auch bevor Theologinnen zu diesem speziellen Einsetzungsritus zugelassen wurden, arbeiteten sie schon im kirchlichen Dienst. Demgegenüber ist tatsächlich das „Frauen arbeiten als ordinierte Geistliche im Pfarramt" abzugrenzen, denn die Ordination einer Theologin beinhaltete keineswegs zugleich ihre Arbeit als bspw. Gemeindepfarrerin. Der Aspekt der Gleichberechtigung, der in der letzten Assoziation mitschwingt, ist „Zielpunkt" der Entwicklung, die im landeskirchlichen Protestantismus seit 1991 mit der Einführung der Frauenordination in der Schaumburg-Lippischen Landeskirche als abgeschlossen gilt.

Die bisherige Erforschung der Frauenordinationsgeschichte ist bislang primär regionalgeschichtlich betrieben worden, da die jeweiligen Landeskirchen ihre eigenen Dienstrechte verabschiedeten. Der Umfang der Erarbeitung variiert zwischen kirchlichen Veröffentlichungen und wissenschaftlichen Qualifikationsschriften. So sind einige Ausstellungskataloge oder Dokumentationen anlässlich von Jubiläen erarbeitet worden – z. B. aus Kurhessen-Waldeck „Pfarrhelferin, Vikarin, Pfarrerin"[1] oder jünger aus der EKHN „Mutige Schritte. 50 Jahre Gleichstellung von Frauen und Männern im Pfarrdienst".[2] Für andere Landeskirchen sind im Rahmen von Dissertationen rechtliche Entwicklungen nachgezeichnet worden, wie z. B. von Gerda Nützel für Bayern und Mecklenburg.[3] Den jüngsten umfangreichen Forschungsbeitrag stellt Auguste Zeiß-Horbachs Habilitation „Evangelische Kirche und Frauenordination. Der Beitrag der Evangelisch-Lutherischen Kirche in Bayern zur deutschlandweiten Diskussion im 20.

---

1 Wischhöfer, Bettina: Pfarrhelferin, Vikarin, Pfarrerin. Theologinnen in Kurhessen-Waldeck. Quellen zur Ausstellung des Landeskirchlichen Archivs Kassel „50 Jahre Pfarrerinnen in der Evangelischen Kirche von Kurhessen-Waldeck", Kassel 2012.

2 Evangelische Kirche in Hessen und Nassau (Hg.): Mutige Schritte – 50 Jahre Gleichstellung von Frauen und Männern im Pfarrdienst, Darmstadt 2020.

3 Nützel, Gerda: Die Kontextualität der Theologinnenarbeit. Dargestellt am Beispiel der Entwicklung in den lutherischen Kirchen Bayerns, Mecklenburgs und Brasiliens, Berlin 1996.

Jahrhundert" dar.[4] Durch die regionalgeschichtliche Engführung lassen diese Darstellungen tiefergehende Einordnungen in den gesellschaftsgeschichtlichen Kontext vermissen. In diese Forschungslücke hinein möchte dieser Band Schneisen schlagen und weitere Forschungsimpulse setzen. Denn es sind zwar bereits Forschungen zur Zulassung erster Studentinnen an Universitäten vor dem Ersten Weltkrieg, in der Zeit der Weimarer Republik und während des Nationalsozialismus betrieben worden. In diesen Studien wird jedoch in der deutlichen Mehrheit nicht auf die Theologiestudentinnen eingegangen und wenn, dann in Ausarbeitungen, die Theologinnen angefertigt haben.[5] Aus kirchengeschichtlicher Perspektive ist das „Göttinger Frauenforschungsprojekt zur Geschichte der Theologinnen" besonders hervorzuheben, da hier Ende der 1980er und Anfang der 1990er Jahre unter der Leitung von Hannelore Erhart (1927–2013) einschlägige Darstellungen von Theologiestudentinnen, Theologinnen und Frauen in pfarramtlichen Tätigkeiten in diesem Umfeld entstanden sind. Sie sind prominent und einschlägig in dem Band „‚Darum wagt es, Schwestern …'. Zur Geschichte evangelischer Theologinnen in Deutschland" zusammengefasst.[6] Darüber hinaus bieten die Qualifikationsschriften der beteiligten Forscherinnen Kontextualisierungen einzelner Theologinnen im gesellschaftlichen Kontext.[7] Damit stellt dieser Band eine Besonderheit für die Erforschung von Theologinnen dar, weil er sich explizit um interdisziplinäre Perspektiven und so eine Verortung der Theologinnengeschichte im gesellschaftlichen Umfeld bemüht. Der

---

4 Zeiß-Horbach, Auguste: Evangelische Kirche und Frauenordination. Der Beitrag der Evangelisch-Lutherischen Kirche in Bayern zur deutschlandweiten Diskussion im 20. Jahrhundert (HThGF 8), Leipzig 2017.

5 Huerkamp, Claudia: Bildungsbürgerinnen. Frauen im Studium und in akademischen Berufen 1900–1945 (Bürgertum. Beiträge zur europäischen Gesellschaftsgeschichte 10), Göttingen 1996. Einschlägig sind Koerner, Marianne: Auf fremdem Terrain. Studien- und Alltagserfahrungen von Studentinnen 1900 bis 1918, Bonn 1997; Lohschelder, Britta: Die Knäbin mit dem Doktortitel. Akademikerinnen in der Weimarer Republik (Forum Frauengeschichte 14), Pfaffenweiler 1994; Manns, Haide: Frauen für den Nationalsozialismus. Nationalsozialistische Studentinnen und Akademikerinnen in der Weimarer Republik und im Dritten Reich, Opladen 1997. Hingegen behandeln es Scheepers, Rajah: Von der weiblichen Lust am Studium der Theologie. Frauen Gestalten Geschichte, in: Auga, Ulrike u. a. (Hg.): Das Geschlecht der Wissenschaften. Zur Geschichte von Akademikerinnen im 19. und 20. Jahrhundert, Frankfurt am Main 2010, 281–302; Auga, Ulrike: „Stiefschwestern." Zum Verhältnis feministisch-theologischer Ansätze aus Ost- und Westdeutschland, in: Dies. u. a. (Hg.): Das Geschlecht der Wissenschaften. Zur Geschichte von Akademikerinnen im 19. und 20. Jahrhundert, Frankfurt am Main 2010, 303–326.

6 Frauenforschungsprojekt zur Geschichte der Theologinnen, Göttingen (Hg.): „Darum wagt es, Schwestern …" Zur Geschichte evangelischer Theologinnen in Deutschland (HTSt 7), Neukirchen-Vluyn ^{2}1994.

7 Bspw. Bieler, Andrea: Konstruktionen des Weiblichen. Die Theologin Anna Paulsen im Spannungsfeld bürgerlicher Frauenbewegungen der Weimarer Republik und nationalsozialistischer Weiblichkeitsmythen, Gütersloh 1994; Henze, Dagmar: Zwei Schritte vor und einer zurück. Carola Barth, eine Theologin auf dem Weg zwischen Christentum und Frauenbewegung (NThDH 2), Neukirchen-Vluyn 1996.

Forschungszeitraum bezog sich jedoch auf die Zeit bis zum Ende des Zweiten Weltkriegs. Blicken wir in die Zeit danach, so sind wiederum Forschungen bspw. zur (akademischen) Frauenerwerbstätigkeit in Ost- und Westdeutschland bereits von Gunilla Budde[8] erarbeitet oder teils zeitgenössisch von Gisela Helwig[9] dokumentiert worden. Doch auch in diesen Studien sind Theologinnen und ihre Arbeitsmöglichkeiten in die Akademikerinnengeschichte eingeordnet worden. Auch für die Zeit nach dem Zweiten Weltkrieg ist festzustellen, dass Theologinnengeschichte von Theolog*innen erforscht wurde und dies meist ohne interdisziplinären Austausch mit Soziolog*innen oder Historiker*innen zu einer starken Verinselung geführt hat.

Einen besonderen Literaturein- bzw. -überblick bietet das EKD-Studienzentrum für Genderfragen in Kirche und Theologie mit dem Atlas „Gleichstellung im geistlichen Amt."[10] Für einen aktuellen Einblick in die Forschung und einen Literatureinblick sei der von Cornelia Schlarb erarbeitete Überblick „Die Theologinnenfrage und Pfarrbildung im Wandel der Zeit" anempfohlen.[11]

Die vorliegende Publikation präsentiert Texte, die sich dem Thema „Frauenordination in der Evangelischen Kirche in Deutschland" aus unterschiedlichen Perspektiven nähern und größtenteils im Rahmen der gleichnamigen Tagung im Frühjahr 2022 entstanden sind. Der interdisziplinäre Blick bestätigt einerseits bereits gewonnene kirchenhistorische Erkenntnisse, zeigt aber andererseits auch neue Aspekte und Facetten auf.

Zu Beginn stehen zunächst drei kirchengeschichtliche Beiträge der Herausgeberinnen, sowie ein Überblicksartikel von Carlotta Israel zu den kirchenrechtlichen Entwicklungen in den Gliedkirchen der heutigen EKD. Diese dienen als

---

8 Budde, Gunilla-Friederike: Einleitung. Zwei Welten? Frauenerwerbsarbeit im deutsch-deutschen Vergleich, in: Dies. (Hg.): Frauen arbeiten. Weibliche Erwerbstätigkeit in Ost- und Westdeutschland nach 1945, Göttingen 1997 (Sammlung Vandenhoeck), 7–18; Budde, Gunilla-Friederike: Paradefrauen. Akademikerinnen in Ost- und Westdeutschland, in: Dies. (Hg.): Frauen arbeiten. Weibliche Erwerbstätigkeit in Ost- und Westdeutschland nach 1945, Göttingen 1997 (Sammlung Vandenhoeck), 183–211.

9 Helwig, Gisela: Frau '75. Bundesrepublik Deutschland – DDR, Köln 1975; Dies.: Frau und Familie. Bundesrepublik Deutschland – DDR, Köln [2]1987; Dies.: Frauen in Deutschland 1945–1992, Berlin 1993.

10 Konferenz der Frauenreferate und Gleichstellungsstellen in den Gliedkirchen der EKD, Studienzentrum der EKD für Genderfragen in Kirche und Theologie (Hg.): Gleichstellung im geistlichen Amt. Ergänzungsband 1 zum Atlas zur Gleichstellung von Frauen und Männern in der evangelischen Kirche in Deutschland, Hannover 2017. Diese Publikation dient als Grundlage für einen kirchenrechtsgeschichtlichen Überblick in diesem Band.

11 Schlarb, Cornelia: Die Theologinnenfrage und Pfarrbildung im Wandel der Zeit, in: Aßmann, Helmut / Ruck-Schröder, Adelheid (Hg.): Pfarrbildung. Bilanz und Perspektiven aus Anlass des 200jährigen Bestehens des Predigerseminars Loccum (PThGG 35), Tübingen 2021, 387–398.

Gesprächsgrundlage des Austausches mit den anderen Disziplinen und bieten exemplarische Einblicke in drei Felder der Frauenordinationsgeschichte.

Carlotta Israel fragt in ihrem Beitrag *Gemeinsam unterwegs? Die Landeskirchenzusammenschlüsse und die Frauenordination* nach dem Einfluss der landeskirchlichen Zusammenschlüsse EKD, VELKD und EKU auf die Entwicklung der Frauenordinationsdebatte. Die konfessionelle und regionale Aufgliederung des deutschen Protestantismus in verschiedene Landeskirchen sowie die Kooperation eben jener Landeskirchen in Kirchenbünden ist eine Besonderheit, die auch die Frage nach der Zulassung von Frauen zum Pfarramt und ihre rechtliche Gleichstellung berührte. So boten die Landeskirchenzusammenschlüsse Diskussionsorte und ermöglichten das Suchen und Einnehmen einer gemeinsamen Position. Dies beförderte die Entwicklung in einzelnen Landeskirchen, bisweilen muss aber auch eine bremsende Funktion konstatiert werden.

Einen biographisch-regionalgeschichtlichen Anknüpfungspunkt bietet Sarah Banhardt in *„Warte doch, wenn wir kommen, ist das alles anders." Dr. Doris Faulhaber und die Geschichte der Frauenordination in der Evangelischen Landeskirche in Baden.* Am Beispiel der Mannheimer Pfarrerin Doris Faulhaber (1907–1991) zeichnet sie den langen Hürdenlauf nach, den die badischen Theologinnen von der ersten Zulassung zu den kirchlichen Examina 1916 bis zur rechtlichen Gleichstellung 1971 absolvieren mussten. Die Biographie der langjährigen Sprecherin des badischen Theologinnenkonventes zeigt, wie mühevoll der Kampf um das Gemeindepfarramt war und bietet Einblicke in das theologische Ringen um die Frauenordination in der evangelischen Landeskirche in Baden.

Ebenfalls regionalgeschichtlich zu verorten ist Jolanda Gräßel-Farnbauers Beitrag *Von der ersten Theologin im Predigerseminar bis zur Gleichstellung im Dienstrecht. Theologinnen im Pfarrberuf der EKHN und ihren Vorgängerkirchen 1929–1971.* Sie richtet den Blick stärker auf die landeskirchlichen, v. a. die kirchenrechtlichen Entwicklungen und überprüft, inwiefern die EKHN dem Selbstanspruch einer Vorreiterinnenrolle in der Frage der Frauenordination gerecht geworden ist. Die einzelnen Entwicklungsschritte werden immer wieder auch in Beziehung zu den Berufsbiographien einzelner Theologinnen gesetzt. Der Schwerpunkt liegt dabei auf den entscheidenden Weichenstellungen in den 1950er Jahren, in denen u. a. eine Anpassung der Gehälter die Vikarinnen monetär gleichstellte und ihnen der Titel „Pfarrerin" zuerkannt wurde.

Der zweite Beitrag von Carlotta Israel bietet eine gebündelte Darstellung der kirchenrechtlichen Entwicklungsetappen von einem frauenspezifischen Amt *sui generis* zur rechtlichen Gleichstellung in den deutschen evangelischen Landeskirchen. Auf Grundlage der Publikation „Gleichstellung im geistlichen Amt. Ergänzungsband 1 zum Atlas zur Gleichstellung von Frauen und Männern in der evangelischen Kirche in Deutschland,"[12] herausgegeben von der Konferenz der Frauenreferate und Gleichstellungsstellen in den Gliedkirchen der EKD und des

12 Konferenz, Gleichstellung.

Studienzentrums der EKD für Genderfragen in Kirche und Theologie, zeichnet sie die Entwicklungen in den verschiedenen Landeskirchen nach. Dabei wird deutlich, wie unterschiedlich die Prozesse verliefen und wie lange sie dauerten: Von der Zulassung zum Studium bis zum freien Zugang zum Gemeindepfarramt für Frauen in allen Mitgliedskirchen der EKD vergingen 96 Jahre. Darüber hinaus zeigt Carlotta Israel bereits Verknüpfungen zu den folgenden Beiträgen auf und unterstreicht damit, wie wertvoll interdisziplinäre Perspektiven auf das Thema sind.

Im zweiten Teil der Publikation werden die gesamtgesellschaftlichen Gleichstellungsprozesse, die letztlich zur Einführung der Frauenordination und zur rechtlichen Gleichstellung von Pfarrerinnen in den evangelischen Landeskirchen in Deutschland geführt haben, aus verschiedenen Perspektiven beleuchtet.

Die Historikerin Susanne Schötz blickt in ihrem Beitrag *Weibliche Erwerbsarbeit seit der Industrialisierung* auf die Geschichte der Lohnarbeit von Frauen. Sie legt dabei den Schwerpunkt auf das 19. Jahrhundert und zeigt auch den Einfluss der Frauenbewegung auf die Entwicklungen auf. Zwar waren die Möglichkeiten für Frauen v. a. auf Gesinde-Dienste und sogenannte „Frauenberufe" – dazu zählten z. B. Tätigkeiten als Näherinnen, Erzieherinnen oder auch in der Feinmechanik – beschränkt, gleichzeitig war der Alltag vieler Frauen jedoch an der Erwerbsarbeit orientiert, weil ihr Einkommen für die Familien essentiell wichtig war. Hier zeigte sich eine deutliche Diskrepanz zwischen dem bürgerlichen Familienideal, in dem der Frau biologistisch begründet die Rolle der nicht erwerbstätigen Hausfrau und Mutter zugewiesen wurde, und der Realität. Denn nicht nur in der entstehenden Arbeiterklasse, sondern auch im Kleinbürger- und Bildungsbürgertum gingen zahlreiche Frauen einer Erwerbstätigkeit nach. Da dies der natürlichen Bestimmung der Frau widerspräche, musste die Arbeit oft unsichtbar bleiben. Frauen wurden grundsätzlich schlechter bezahlt und erhielten oft nur 50 % des Lohnes männlicher Arbeiter. Dabei waren es oft v. a. weibliche, unbezahlte mithelfende Familienangehörige, die die Führung eines Kleingewerbes überhaupt ermöglichten. Entgegen des proklamierten bürgerlichen Familienideals, das auch die ersten Theologinnen Anfang des 20. Jahrhunderts überwinden mussten, war für einen Großteil der Frauen im 19. Jahrhundert Erwerbsarbeit Alltag. Das Unsichtbarmachen und die schlechte Entlohnung der Frauenerwerbsarbeit sind ein Erbe, das sogar bis heute noch spürbar ist.

Celina Windbiel stellt in ihrem Aufsatz *Vom „weiblichen Beamten" zur „Beamtin". Die Frau im deutschen öffentlichen Dienst gestern und heute* die juristische Entwicklung dar. Vom Kaiserreich bis zur Aufhebung geschlechtsspezifischer Bestimmungen in den 1950er Jahren zeichnet sie nach, welchen Zugang Frauen zum öffentlichen Dienst hatten, wie ihre Bezahlung geregelt war und welche Sonderbestimmungen bezüglich der Entlassung von Frauen aus dem öffentlichen Dienst galten. So ermöglichte erst die Öffnung des Universitätsstudiums für Frauen Anfang des 20. Jahrhunderts den Zugang zum höheren Dienst. Die Lohnungleichheit blieb aber, z. B. durch Frauen- und Kinderzuschläge für männliche Beamte, bis nach dem Zweiten Weltkrieg bestehen. Zölibatsklauseln, die das Ausscheiden verheirateter Frauen aus dem Dienst bedeuteten, bestanden trotz ihrer Verfassungswidrigkeit in der Weimarer Republik und der BRD bis 1957 weiter. In der Zeit des Nationalsozialismus wurden Frauen aktiv aus dem öffentlichen Dienst gedrängt – einerseits um das Idealbild der Hausfrau und Mutter zu verfestigen, andererseits aber auch, weil nur hier auf die Arbeitskraft von Frauen verzichtet werden konnte, die in anderen Bereichen dringend gebraucht wurde. Auch für Vikarinnen und Pfarrerinnen waren diese beamtenrechtlichen Sonderregelungen relevant, da sich die kirchliche Gesetzgebung maßgeblich an ihnen orientierte, wenn auch im kirchlichen Bereich insbesondere die Zölibatsklauseln noch mehr als zwei Jahrzehnte länger gültig blieben.

In *Die Zivilisationshüterin. Soziologische Überlegungen zu Pfarramt, Pfarrfrau und Geschlecht* analysiert Laura Hanemann Geschlechterverhältnisse und -normen im evangelischen Pfarramt aus soziologischer Perspektive. Ausgehend von der bürgerlichen Geschlechterdichotomie des 19. Jahrhunderts zeigt sie, wie der Frau im Kontext der zunehmenden Intimisierung und Familiarisierung von Religion die Rolle der „Zivilisationshüterin" zukam. Die Religion bot so Frauen einen Raum, öffentlich Selbstwirksamkeit zu erfahren. Im evangelischen Pfarramt, das sich mit der Herausbildung des Bürgertums immer mehr zu einem bürgerlichen Amt entwickelte, kamen der Pfarrfamilie und der Pfarrfrau als „Zivilisationshüterin" besondere Bedeutung zu. Die Pfarrfrau wurde zur komplementären Ergänzung des Pfarrers, später sogar zu einem Teil seines Amtes. Zugespitzt formuliert: Ohne Pfarrfrau kein Pfarramt. Das Auftreten von Frauen, die selbst das Pfarramt anstrebten, stellte das Rollenverständnis im Pfarrhaus und des Amtsverständnis grundlegend in Frage. Denn was passiert, wenn die „Zivilisationshüterin" selbst Pfarrerin wird?

Der dritte Teil des vorliegenden Sammelbandes beleuchtet das Thema Frauenordination aus der Perspektive verschiedener theologischer Disziplinen.
Lukas Bormann stellt in seinem neutestamentlich-hermeneutischen Aufsatz *Grenzüberschreitende Frauen. Umbrüche in der Hermeneutik des Neuen Testaments* zunächst die Entsakralisierung des Priesteramtes und stattdessen die Orientierung an gesellschaftlichen Ordnungsvorstellungen als Voraussetzung für die Frauenordination in reformatorischen Kirchen dar. Neben dem für die reformatorischen Kirchen relevanten Diskursraum „Ordnung" kann der zweite relevante Diskursraum „Schrift" entweder eine „affirmativ stabilisierende" oder eine „katalysatorisch destabilisierende" Wirkung auf ersteren haben. Zwei Argumentationslinien bezüglich der Rolle von Frauen in Gemeinden sind spätestens seit der Zeit des Zweiten Weltkriegs zu unterscheiden: eine affirmative und eine egalitäre. Während die egalitäre Argumentationslinie anhand von Belegstellen in den Paulusbriefen die Mitgestaltung von Gottesdiensten und Gemeindeversammlungen durch Frauen in der paulinischen Gemeinde betont und dem widersprechende Bibelstellen als nachpaulinische Anpassung an den gesellschaftlichen Kontext auffasst, vollzieht die affirmative Argumentationslinie

diese Unterscheidung nicht mit, sondern stützt sich auf alt- und neutestamentliche Stellen, die die Unterordnung der Frau fordern. Auch wenn sich die egalitäre Argumentation aufgrund der gesellschaftlichen Veränderungen durchgesetzt hat, findet sich auch die affirmative weiterhin, z. B. in konservativen Kreisen, wieder. In einem weiteren Schritt skizziert Bormann die hermeneutische Weiterentwicklung durch die feministische Exegese anhand des neuen Paradigmas der Grenzüberschreitung nach Etablierung der Frauenordination.

In *Allgemeines Priester*innentum? Explizite und implizite Exklusionsmechanismen lutherischer Amtstheologie* fragt Sabine Schmidtke systematisch-theologisch danach, wie allgemein das Priester*innentum aller Getauften wirklich ist. Schmidtke zeigt zunächst auf, inwiefern der Ausschluss von Frauen vom Predigtamt bereits bei Martin Luther zu theologischen Unstimmigkeiten, insbesondere einer rechtfertigungstheologischen und ekklesiologischen Inkonsequenz, führte. Ausgehend vom Beispiel der Frauenordination hinterfragt Schmidtke v. a. nichttheologische Eignungskriterien und damit Exklusionsmechanismen bezüglich des geistlichen Amtes – z. B. „Behinderung" –, die sich in § 9 des EKD-Pfarrdienstgesetzes widerspiegeln. Durch diese Form der Exklusion entsteht nach Schmidtke „erheblicher Schaden für die Glaubwürdigkeit" der Verkündigung der Kirche.

Mit *Geschlechterdiskurs und Pfarrberuf. Pastoraltheologische Verschiebungen* legt Ulrike Wagner-Rau aus praktisch-theologischer Perspektive unter Einbeziehung ihrer Berufsbiografie die wechselseitig aufeinander bezogenen Verschiebungen im Geschlechterdiskurs und der Pastoraltheologie dar. Wagner-Rau unterscheidet hierbei drei Phasen. Die erste Phase, in der auch ihre Dissertation „Zwischen Vaterland und Feminismus" anzusiedeln ist, war gendertheoretisch geprägt durch den Differenzfeminismus und einer damit einhergehenden Aufwertung des „Weiblichen"; pastoraltheologisch kam es zu einer Demokratisierung des Pfarrberufs in der Tradition von Ernst Lange und Karl Wilhelm Dahm. Die zweite Phase ab Ende der 1980er Jahre war gendertheoretisch bestimmt von Debatten um Intersektionalität und Dekonstruktion – ausgelöst durch Judith Butlers Werk „Gendertrouble" von 1990. Auch pastoraltheologisch wurde die Vielfalt von Geschlechtsidentitäten und Lebensformen – auch im Pfarrhaus – aufgegriffen. Die Frage der Vereinbarkeit von Pfarrberuf und Elternschaft wurde diskutiert. In dieser Zeit kam es zu einer qualitativen Normalisierung von Frauen im Pfarramt durch die quantitativen Zuwächse, während vorher häufig eine Pfarrerin allein unter männlichen Kollegen war. Die dritte Phase, in der wir uns seit ca. zehn Jahren befinden, sieht Wagner-Rau durch einen Aufmerksamkeitsverlust für Genderfragen gekennzeichnet, der sich auch in der Forschung niederschlägt. Dabei sei die Frage nach Genderthemen gerade angesichts gegenwärtiger Veränderungsprozesse der Kirche, u. a. im digitalen Raum, hoch relevant.

Der Band wird in einem vierten Teil durch Beobachtungen zur Tagung und Zukunftsperspektiven bezüglich Geschlechtervielfalt im Pfarrberuf abgerundet.

In ihrem *Tagungsfazit* stellt Gisa Bauer die Frauenordination als Ergebnis einer Erfolgsgeschichte dar, insbesondere angesichts der Widerstände gegen die sie sich durchsetzte – wie die Tagung gezeigt habe. Die Widerstände begannen allgemein bei der Frage der Erwerbstätigkeit von Frauen im 19. Jahrhundert und setzten sich im Speziellen in der Ungleichbehandlung im Beamtenrecht fort. Subtiler waren die durch geschlechtsspezifische Rollenvorstellungen bedingten Widerstände, die sich auch im Bild der Pfarrfrau widerspiegelten. Als weitere Hindernisse benennt sie das Fehlen einflussreicher Männer („männliche Lichtgestalten") in Theologie und Kirche, die für Frauenordination eintraten; fehlende Solidarität zwischen Frauen (v. a. Pfarrfrauen und Pfarrerinnen, aber auch unter Theologinnen selbst); eine „Kultur des Nicht-Klagens" seitens der Frauen im Dienst der Kirche sowie uneinheitliche, Theologinnen betreffende Regelungen in den verschiedenen Landeskirchen. Zur Überwindung all dieser Widerstände bedurfte es einer theologischen Argumentation.

Der Abschlussbeitrag *Managing diversity. Ein Ausblick auf künftige Geschlechterfragen zum Pfarrberuf* von Simone Mantei knüpft einerseits an die im Sammelband dargestellte Entwicklung der Öffnung des Pfarrberufs für Frauen und damit der Überwindung der Kategorie Geschlecht als Zugangsvoraussetzung für den Pfarrberuf an. Andererseits spinnt er insbesondere die von Sabine Schmidtke und Ulrike Wagner-Rau bereits aufgeworfenen Fäden bzgl. der zukünftigen Entwicklung des Pfarrberufs sowohl hinsichtlich der Zugangskriterien zum geistlichen Amt als auch völlig offener Transformationsprozesse angesichts der anstehenden Veränderungsprozesse von Kirche und Pfarramt weiter.

Literaturverzeichnis

Auga, Ulrike: „Stiefschwestern." Zum Verhältnis feministisch-theologischer Ansätze aus Ost- und Westdeutschland, in: Auga, Ulrike / Bruns, Claudia / Harders, Levke / Jähnert, Gabriele (Hg.): Das Geschlecht der Wissenschaften. Zur Geschichte von Akademikerinnen im 19. und 20. Jahrhundert, Frankfurt am Main 2010, 303–326.

Bieler, Andrea: Konstruktionen des Weiblichen. Die Theologin Anna Paulsen im Spannungsfeld bürgerlicher Frauenbewegungen der Weimarer Republik und nationalsozialistischer Weiblichkeitsmythen, Gütersloh 1994.

Evangelische Kirche in Hessen und Nassau (Hg.): Mutige Schritte – 50 Jahre Gleichstellung von Frauen und Männern im Pfarrdienst, Darmstadt 2020.

Frauenforschungsprojekt zur Geschichte der Theologinnen, Göttingen (Hg.): „Darum wagt es, Schwestern …". Zur Geschichte evangelischer Theologinnen in Deutschland (HTSt 7), Neukirchen-Vluyn ^{2}1994.

Helwig, Gisela: Frau '75. Bundesrepublik Deutschland – DDR, Köln 1975.

Helwig, Gisela: Frau und Familie. Bundesrepublik Deutschland – DDR, Köln 21987.

Helwig, Gisela: Frauen in Deutschland 1945–1992, Berlin 1993.

Henze, Dagmar: Zwei Schritte vor und einer zurück. Carola Barth, eine Theologin auf dem Weg zwischen Christentum und Frauenbewegung (NThDH 2), Neukirchen-Vluyn 1996.

Huerkamp, Claudia: Bildungsbürgerinnen. Frauen im Studium und in akademischen Berufen 1900–1945 (Bürgertum. Beiträge zur europäischen Gesellschaftsgeschichte 10), Göttingen 1996.

Koerner, Marianne: Auf fremdem Terrain. Studien- und Alltagserfahrungen von Studentinnen 1900 bis 1918, Bonn 1997.

Konferenz der Frauenreferate und Gleichstellungsstellen in den Gliedkirchen der EKD, Studienzentrum der EKD für Genderfragen in Kirche und Theologie (Hg.): Gleichstellung im geistlichen Amt. Ergänzungsband 1 zum Atlas zur Gleichstellung von Frauen und Männern in der evangelischen Kirche in Deutschland, Hannover 2017.

Lohschelder, Britta: Die Knäbin mit dem Doktortitel. Akademikerinnen in der Weimarer Republik (Forum Frauengeschichte 14), Pfaffenweiler 1994.

Manns, Haide: Frauen für den Nationalsozialismus. Nationalsozialistische Studentinnen und Akademikerinnen in der Weimarer Republik und im Dritten Reich, Opladen 1997.

Nützel, Gerda: Die Kontextualität der Theologinnenarbeit. Dargestellt am Beispiel der Entwicklung in den lutherischen Kirchen Bayerns, Mecklenburgs und Brasiliens, Berlin 1996.

Scheepers, Rajah: Von der weiblichen Lust am Studium der Theologie. Frauen Gestalten Geschichte, in: Auga, Ulrike / Bruns, Claudia / Harders, Levke / Jähnert, Gabriele (Hg.): Das Geschlecht der Wissenschaften. Zur Geschichte von Akademikerinnen im 19. und 20. Jahrhundert, Frankfurt am Main 2010, 281–302.

Schlarb, Cornelia: Die Theologinnenfrage und Pfarrbildung im Wandel der Zeit, in: Aßmann, Helmut / Ruck-Schröder, Adelheid (Hg.): Pfarrbildung. Bilanz und Perspektiven aus Anlass des 200jährigen Bestehens des Predigerseminars Loccum (PThGG 35), Tübingen 2021, 387–398.

Wischhöfer, Bettina: Pfarrhelferin, Vikarin, Pfarrerin. Theologinnen in Kurhessen-Waldeck. Quellen zur Ausstellung des Landeskirchlichen Archivs Kassel „50 Jahre Pfarrerinnen in der Evangelischen Kirche von Kurhessen-Waldeck“, Kassel 2012.

Zeiß-Horbach, Auguste: Evangelische Kirche und Frauenordination. Der Beitrag der Evangelisch-Lutherischen Kirche in Bayern zur deutschlandweiten Diskussion im 20. Jahrhundert (HThGF 8), Leipzig 2017.

I. Historischer Abriss zur Frauenordination

Carlotta Israel

Gemeinsam unterwegs?

Die Landeskirchenzusammenschlüsse und die Frauenordination

1. Landeskirchen und ihre Zusammenschlüsse

Eine Besonderheit des deutschen Protestantismus ist seine regionale wie konfessionelle Aufgliederung in verschiedene Landeskirchen, deren Ursprung in die Reformationszeit zurückreicht.[1] Nach dem Ende des landesherrlichen Kirchenregiments 1918 baute der Deutsche Evangelische Kirchenbund auf vorige Zusammenarbeitsbestrebungen auf und „sollte den möglichst engen Zusammenschluss der Landeskirchen herbeiführen und deren Zusammenarbeit auf allen Handlungsfeldern fördern. An eine Reichskirche war nicht gedacht, obwohl diese auch ihre Befürworter hatte."[2] Dieses Anliegen verfolgte ab 1932 die Glaubensbewegung Deutsche Christen (DC). Ein Jahr später waren ein Reichsbischof und eine Nationalsynode gewählt.[3] Diese Kirchenleitung wurde von der Bekennenden Kirche (BK) angezweifelt, welche sich 1936 in einen bruderratlichen und einen lutherratlichen Teil aufspaltete.[4] Nach dem Zweiten Weltkrieg suchten verschiedene Kirchenleitende neue kirchliche Ordnungen, wobei sich die bisherigen unterschiedlichen Positionen weiterhin gegenüberstanden: Einerseits verfolgte seit 1941/42 der württembergische Landesbischof Theophil Wurm (1868–1953) die Gründung des Kirchlichen Einigungswerks, das die unterschiedlichen Lager außer der DC zumindest an einen Tisch brachte. Demgegenüber versuchte der bayerische Landesbischof Hans Meiser (1881–1956) eine große lutherische

1 Vgl. Mehlhausen, Joachim: Art. „Landeskirche", in: TRE 20 (1990), 427–434, 427.

2 Fix, Karl-Heinz: Kirchliche Ordnungen und Strukturen, in: Hermle, Siegfried / Oelke, Harry (Hg.): Kirchliche Zeitgeschichte_evangelisch Bd. 1: Protestantismus und Weimarer Republik (1918–1932) (CuZ 5), Leipzig 2020, 74–99, 81.

3 Vgl. Fix, Karl-Heinz: Kirchliche Ordnungen und Strukturen, in: Hermle, Siegfried / Oelke, Harry (Hg.): Kirchliche Zeitgeschichte_evangelisch Bd. 2: Protestantismus und Nationalsozialismus (1933–1945) (CuZ 7), Leipzig 2020, 73–96, 83f.

4 Vgl. Oelke, Harry: Gesamtschau: Protestantismus und Nationalsozialismus, in: Hermle, Siegfried / Oelke, Harry (Hg.): Kirchliche Zeitgeschichte_evangelisch Bd. 2: Protestantismus und Nationalsozialismus (1933–1945) (CuZ 7), Leipzig 2020, 9–32, 16–18.

Kirche Deutschlands zu gründen. Martin Niemöller (1892–1984) hingegen forderte einen Neuaufbau der Kirche von den Gemeinden aufsteigend in bruderrätlicher Form.[5] Im Sommer 1945 traten in verschiedenen Konstellationen Angehörige der verschiedenen Positionen zusammen und einigten sich auf einen vorläufigen Rat der Evangelischen Kirche in Deutschland (EKD) bestehend aus lutherischen, unierten und reformierten Kirchenvertretern.[6] Doch Meisers Plan wurde von konfessionellen Lutheranern weitergeführt, sodass neben Überlegungen zur Gestaltung der EKD auch Pläne einer Vereinigten Evangelisch-Lutherischen Kirche Deutschlands (VELKD) verfolgt wurden.[7] 1948 wurde im Sommer die VELKD gegründet und im Winter die Grundordnung der EKD angenommen.[8] Letztere prägte ein „dialektische[s] Selbstverständnis“[9] zwischen dem Bund konfessionsverschiedener Kirchen als Kirchenbund einerseits und „sichtbare[r] Gemeinschaft der deutschen evangelischen Christenheit“[10] andererseits. Mit der VELKD wurde der alte Wunsch einer lutherischen Kirche umgesetzt, welche sich selbst als Bundeskirche versteht, wobei wie bei der EKD auch hier die Eigenständigkeit der Landeskirchen unangetastet blieb. Die Evangelische Kirche der altpreußischen Union (APU) veränderte sich nach dem Zweiten Weltkrieg territorial, aber auch strukturell. Die vorigen Provinzialkirchen einer zentralistisch-geführten Kirche entwickelten sich stärker zu eigenständigen Landeskirchen, welche sich 1951 neu als Bund APU bzw. Evangelische Kirche der Union (EKU) gründeten.[11]

Zwar sind die Dienstgesetze, die für die Perspektive auf die Frauenordination interessieren, auch nach der Gründung von EKD, VELKD und EKU grundsätzlich Teil der landeskirchlichen Eigenverwaltung und Gestaltung. Jedoch veränderten sie sich weder gesellschaftlich noch kirchlich im luftleeren Raum, wie die interdisziplinären Beiträge in diesem Band verdeutlichen. So haben die Landeskirchen seit Anfang des 20. Jahrhunderts ihre eigenen Gesetze, Ordnungen etc. für Theologinnen[12] erlassen, aber dies taten sie in gegenseitiger Wahrnehmung und Absprache insbesondere in den konfessionellen Zusammenschlüssen.

5 Vgl. Greschat, Martin: I. Vorgeschichte, in: Lepp, Claudia / Nowak, Kurt (Hg.): Evangelische Kirche im geteilten Deutschland (1945–1989/90), Göttingen 2001, 11–45, 18f.

6 Vgl. Greschat, Vorgeschichte, 20.

7 Vgl. Greschat, Vorgeschichte, 33.

8 Vgl. Greschat, Vorgeschichte, 36–38.

9 Fix, Karl-Heinz: Kirchliche Ordnungen und Strukturen, in: Hermle, Siegfried / Oelke, Harry: Kirchliche Zeitgeschichte_evangelisch Bd. 3: Protestantismus in der Nachkriegszeit (1945–1961) (CuZ 9), Leipzig 2021, 78–100, 86.

10 Ebd.

11 Die DDR-Regierung lehnte dies aufgrund einer Kontinuität insbesondere im Namen ab, sodass das „altpreußische“ fallen musste und sie ab 1953 Evangelische Kirche der Union (EKU) hieß. Vgl. Fix, Ordnungen Bd. 3, 90–92.

12 Die Bezeichnungen für Frauen, die ein Theologiestudium absolviert haben und dann in einer Kirche beschäftigt wurden, variierten stark. (Vgl. dazu auch 3. Beschleunigung) Auch

Anhand der sogenannten Theologinnenfrage wird auch die Art und Weise, wie Schwesterkirchen miteinander in Konflikten umgingen, exemplarisch ersichtlich.

Im Blick auf die Entwicklung hin zur Frauenordination, welche seit 1991 mit Schaumburg-Lippe für die hier betrachteten Kirchen zu einem Abschluss kam,[13] sollen unter den Begriffen „Kontakt und Orientierung“, „Beschleunigung“ und „Bremse“ drei Phänomene vorgestellt werden. „Kontakt und Orientierung“ meint dabei einen überblicksartigen Austausch, der einhergeht mit der Suche nach einer gemeinsamen Perspektive. Eine „Beschleunigung“ kann ein Kirchenbund bewirken, wenn Gesetzgebungen durch ein Vorangehen einzelner Gliedkirchen entsprechende beschleunigte Entwicklungen in den Schwesterkirchen begünstigt oder gar verursacht wurden. Mit „Bremse“ ist der gegensätzliche Fall betitelt.

2. Kontakt und Orientierung: Die EKD vor der doppelten Staatengründung

Im Februar 1947 verschickte die Kirchenkanzlei der EKD eine Umfrage zur Rechtsstellung von Theologinnen – „Vikarinnen“ genannt – an die Landeskirchen.[14] In dem Anschreiben wurde explizit um Mitteilung über „Einzelheiten [..., die] nicht aus den ergangenen Gesetzen ersichtlich sind [...] oder um eine Darstellung der derzeitigen Praxis“[15] gebeten. Noch bevor also die Gründung der EKD vollends durch Annahme der Grundordnung umgesetzt war, sammelte die Kirchenkanzlei Hintergründe zu den Umständen von Theologinnentätigkeiten aus den Landeskirchen zusammen. Dass dabei Verhältnisse, die über die Rechtstexte hinausreichten, dezidiert angefragt wurden, weist darauf hin, dass die tatsächliche Arbeit von Theologinnen nicht unbedingt von Gesetzen gedeckt war. Insbesondere in der Zeit des Zweiten Weltkriegs hatten Theologinnen pfarramtliche Tätigkeiten über die gängigen Bestimmungen hinaus übernommen – „zur vollen Zufriedenheit der Gemeinde“[16] laut dem Rheinischen Oberkirchenrat und Vorsitzenden des Bruderrats der EKD Joachim Beckmann (1901–1987) im Kirch-

---

wenn die kirchlich tätigen Theologinnen eine praktische Ausbildung an ihr Theologiestudium anschlossen, wähle ich hier den Begriff „Theologin“ als Sammelbegriff für z. B. Vikarinnen, Pfarrvikarinnen, Pastorinnen, Pfarrgehilfinnen etc.

13 Vgl. EKD (Hg.): Atlas zur Gleichstellung von Frauen und Männern in der evangelischen Kirche in Deutschland. Ergänzungsband 1: Gleichstellung im geistlichen Amt, Hannover 2017, 25.

14 Vgl. Nicolaisen, Carsten / Schulze, Nora Andrea (Hg.): Die Protokolle des Rates der Evangelischen Kirche in Deutschland. Band 2: 1947/48 (AKIZ A 6), Göttingen 1997, 444.

15 Ebd.

16 Beckmann, Joachim: Kirchliche Zeitgeschichte, in: KJ 76 (1950), 1–260, 171.

lichen Jahrbuch 1949. Die Kirchenkanzlei der werdenden EKD bemühte sich also um Kenntnisnahme der gängigen Praxis in den verschiedenen Gliedkirchen.

Dieser Kontakt hatte jedoch auch eine orientierende Zielsetzung: Im Rat der EKD wurden im April 1948 bereits von der Kanzlei aufgrund der Umfrage vorbereitete „Grundsätze über die Rechtstellung der Vikarinnen"[17] diskutiert und in überarbeiteter Form „den Landeskirchen dann als Material für ihre etwaigen Regelungen zur Verfügung gestellt werden."[18] Im Juli 1948 versandte die Kirchenkanzlei unter dem Betreff „Äussere Rechtsstellung der Vikarinnen"[19] ein Rundschreiben an die Gliedkirchen. Darin wurde kurz festgehalten, dass kein theologischer Konsens über ein Theologinnenamt vorliege aufgrund unterschiedlicher Exegesen und differierender Amtsverständnisse. „Dazu kommt, dass die äusseren Verhältnisse und Bedürfnisse im Osten und im Westen sehr verschieden sind."[20] Diese drei Themenfelder ziehen sich durch die Debatten um die Öffnung des Pfarramts für Frauen.[21]

Die „Richtlinien der EKD für die Rechtsstellung der Vikarinnen"[22] enthalten sieben Abschnitte. Zunächst fallen aber Differenzen zwischen dem Titel der „Richtlinien", der protokollarischen Formulierung „als Material [...] zur Verfügung stellen" sowie der im Anschreiben und in der ersten Richtlinie verwendeten Formel „wird empfohlen"[23] auf. Der Titel legt eine gewisse Verbindlichkeit nahe, letztlich oblag es der EKD aber maximal Empfehlungen zu äußern. Demgegenüber ist die Protokollvariante noch einmal zurückhaltender und lässt sich dahingehend verstehen, dass die EKD eher Informationen aufbereitet hat. Die „Richtlinien" im Einzelnen betrafen erstens die Eröffnung von Theologinnenlisten, wie sie bereits für Theologen bestanden und auch heute Studierenden frühzeitig die Möglichkeit geben, sich bei einer Landeskirche für den zukünftigen Dienst zu melden. Zweitens sollten Vikarinnen lebenslänglich angestellt werden. Nach der dritten Richtlinie sollten Theologinnen sowohl auf gemeindlichen als auch landeskirchlichen Stellen arbeiten. Die Dienstaufsicht sei viertens entsprechend der der Pfarrer zu ordnen, wie auch fünftens „Versetzung, Versetzung in den Ruhe- und Wartestand, die Entlassung, die disziplinarischen Verhältnisse, die Besoldung und die Gewährung von Urlaub [...] nach Möglichkeit nach den entsprechenden Bestimmungen für die Pfarrer geregelt werden."[24] Sechstens solle ein Vikarinnenausschuss in den Landeskirchen mit vielen Theologinnen gegründet werden sowie eine Vertrauensvikarin oder der Ausschuss

[17] Nicolaisen, Protokolle, 444.
[18] Ebd.
[19] Nicolaisen, Protokolle, 458.
[20] Nicolaisen, Protokolle, 459.
[21] Siehe zu den ersten beiden auch die Beiträge von Lukas Bormann und Sabine Schmidtke in diesem Band.
[22] Nicolaisen, Protokolle, 459–461.
[23] Nicolaisen, Protokolle, 459.
[24] Nicolaisen, Protokolle, 460.

ansprechbar für die landeskirchliche Verwaltung sein. In der siebten Richtlinie wird ein in den Dienstgesetzen meist in den 1970ern offiziell gefallener Grundsatz mit einer gewissen Durchlässigkeit festgehalten: „Bei Verheiratung wird die Vikarin in der Regel aus dem Dienst ausscheiden. Ihr Verbleiben kann die Landeskirche genehmigen."[25] Kirchlich angestellte Theologinnen sollten also im Normalfall zölibatär leben.[26] Tatsächlich verabschiedeten 1948 Hannover, Württemberg, Kurhessen, Thüringen, Hessen-Nassau und Westfalen neue Dienstrechte,[27] nachdem in den 1920er und 1930er Jahren erste Theologinnengesetze formuliert worden waren.[28] Somit erwiesen sich die EKD-Richtlinien als Impuls für die landeskirchlichen Gesetzgebungsprozesse.

3. Beschleunigung – bis zum befürchteten Bruch der VELKD an der Theologinnenfrage in den 1960er Jahren

Grundsätzlich ist festzustellen, dass die unierten Kirchen die Entwicklung zur Frauenordination zügiger durchliefen als die lutherischen.[29] Den Hintergrund dafür bildete, wie als einer von drei Aspekten im EKD-Rundschreiben von 1948 angeklungen ist, an dieser Stelle ein dezidiert lutherisches Amtsverständnis, das nur ein Amt kennt im Gegensatz zum reformierten. Da das Theologinnenamt anfänglich von den Kirchen als Amt sui generis, also ein besonderes Amt, definiert wurde, fiel eine Zuordnung zu dem einen Amt, schwer.[30] Doch wenngleich auch die lutherischen Kirchen tendenziell später die Entwicklung zu einer gleichberechtigten Ausübung des Pfarramts durch Frauen umsetzten, sind unter den lutherischen Kirchen unterschiedliche Tempi und Vorstöße erkennbar. Im Kirchlichen Jahrbuch von 1969 blickten der Präsident des Lutherischen Kirchenamtes in Hannover, Hugo Schnell, und der dortige Justiziar, Johann Frank, auch auf die Diskussion zum Amt der Theologin zurück:[31] Der Theologische Ausschuss der

---

25 Nicolaisen, Protokolle, 461.

26 Zu Zölibatsregelungen im öffentlichen Dienst siehe den Beitrag von Celina Windbiel in diesem Band.

27 Vgl. Beckmann, Zeitgeschichte, 171.

28 Einen Überblick liefert Köhler, Heike: Die Entwicklung der Theologinnengesetzgebung bis 1932, in: Frauenforschungsprojekt zur Geschichte der Theologinnen, Göttingen (Hg.): „Darum wagt es, Schwestern...". Zur Geschichte evangelischer Theologinnen in Deutschland (HTSt 7), Neukirchen-Vluyn 1994, 109–128.

29 Vgl. Globig, Christine: Frauenordination im Kontext lutherischer Ekklesiologie (KiKonf 36), Göttingen 1994, 100f. Dies ist auch bei einer Durchsicht von EKD, Gleichstellungsatlas erkennbar.

30 Vgl. Globig, Frauenordination, 101.

31 Vgl. Schnell, Hugo / Frank, Johann: Die Vereinigte Evangelisch-Lutherische Kirche Deutschlands, in: KJ 96, 317–408, 373–376.

VELKD habe sich zwar eingängig mit Fragen der Ordination beschäftigt, welche auch Eingang in das Pfarrergesetz der VELKD von 1961 gefunden hätten. „Daß eine letzte Übereinstimmung über Amt und Ordination nicht gefunden war, erwies sich in der Auseinandersetzung um das Amt der Theologin. Als die hannoversche Landeskirche den Entwurf eines Pastorinnengesetzes vorgelegt hatte, äußerte sich der Theologische Ausschuß in einer ‚Stellungnahme zum Amt der Theologin in der Kirche' vom 30. Juni 1962 [...].“[32]

Die Landeskirche Hannovers hatte im Rückblick Schnelles und Franks also die Diskussion in der VELKD erneut angestoßen. Zudem gibt dieses Zitat Einblicke in mögliche Umgangsformen eines Landeskirchenzusammenschlusses mit landeskirchlichen Gesetzesinitiativen: Hannover hatte seinen Entwurf den Schwesterkirchen in der VELKD und in der EKD zugänglich gemacht, sodass aufgrund dessen u. a.[33] auch der Theologische Ausschuss der VELKD aktiv wurde.

In seiner Stellungnahme erkannte der Ausschuss, dass „[d]ie bisher bestehende Unsicherheit [...] nicht nur in den unzureichenden Amtsbezeichnungen (Vikarin, Pfarrvikarin, Pastorin, Pfarrerin)“[34] Ausdruck zur Rolle der Theologin finde, welche selbst unter dieser beruflichen Unklarheit litten. Jeder Lösungsansatz sei „zu begrüßen [..., aber] gewissenhaft an der Schrift zu prüfen. Es wäre ein Unheil, wenn statt dessen [sic!] publikumswirksame Parolen, wie der Erweis der Fortschrittlichkeit, das Gesetz der Tatsachen oder Gefühlsmomente allein den Ausschlag geben würden.“[35] Hieran wird deutlich, dass Schriftauslegung das Hauptargument ausmachen (norma normans) und falschen Anbiederungen an die Moderne Einhalt gebieten sollte. An einem Amt sui generis sei festzuhalten, da „[e]ine Nivellierung der kirchlichen Ämter auf das Pastorenamt hin [...] unsere Kirche immer mehr im unguten Sinne zu einer ‚Pastorenkirche' werden lasse.“[36] Theologinnen seien vor einer Konkurrenz mit Pastoren oder dem Problem als „‚Pastorin' [...] auf Ersatzfunktionen verwiesen [zu] werden“[37] zu schützen. Es sollten hingegen weiterhin spezifische Aufgaben für Frauen gefunden werden, sodass sich eine Notwendigkeit des Theologinnenamtes erkennen lasse. Nachdem es zuvor 1956 auch in der VELKD zu gemeinsamen Richtlinien zur Gestaltung eines Theologinnenamtes gekommen war, wurde ein neuer Versuch unternommen, der jedoch daran scheiterte, dass er „von den einen als zu weitgehend, von den anderen als zu konservativ angesehen worden war.“[38] Unter den

32 Schnell, Evangelisch-Lutherische, 373.

33 Genaueres zu den Diskussionshintergründen erarbeite ich derzeit in meiner Dissertation.

34 Schnell, Evangelisch-Lutherische, 374.

35 Ebd.

36 Ebd. Die genauere Definition sowie Ablehnung einer solchen Pastorenkirche diskutierten die VELKD-Generalsynodentagungen in Goslar und Berlin 1967 als Teil der „Thesen zur Kirchenreform“ vom Gemeindeausschuss beraten. – Schnell, Evangelisch-Lutherische, 328–336, hieraus insbesondere 331–334.

37 Schnell, Evangelisch-Lutherische, 374.

38 Schnell, Evangelisch-Lutherische, 375.

Konservativen stach die Bayerische Landeskirche[39] auch zeitgenössisch in dem anonymen Gedicht „Paulinchen und das Amt" hervor:

> „[...] Ein Kreis von Synodalen spricht:
> Ihr Freunde, nein! So geht das nicht!
> Ein neu Gesetz muss hier entstehen.
> Laßt uns gleich an die Arbeit gehen.
> Gesagt, getan, 10 Mann, ein Wort.
> Die Arbeit schreitet munter fort
> Und ein Entwurf ist schon zur Stelle
> Damit beginnt die ‚neue Welle'.
>
> Die Katzenschar aus Bayern,
> die fängt nun an zu leiern.
> Sie hebt die frommen Tatzen
> und will uns das verpatzen.
> Miau, mio, o tut das nicht,
> die VELKD zerbricht!"[40]

Doch der Bruch der Bundeskirche angesichts der Theologinnenfrage konnte verhindert werden. Die Richtlinien von 1956 wurden außer Kraft gesetzt, das Hannoversche Gesetz galt ab 1964.[41] Hingegen bildeten die ostdeutschen Gliedkirchen sukzessive und insbesondere durch den Mauerbau angetrieben eine eigene Vereinigte Evangelisch-Lutherische Kirche in der DDR (VELKDDR).[42]

4. Bremse – Der Bund Evangelischer Kirchen in der DDR (BEK) zwischen Gründung und einem gemeinsamen Pfarrerdienstgesetz (1969–1982)

Hatte sich durch den Mauerbau bereits die gemeinsame Arbeit der Kirchenzusammenschlüsse verschlechtert, wurde durch die Zweite DDR-Verfassung jegliche deutsch-deutsche institutionelle Verklammerung illegalisiert. Darüber hinaus wurden die Kirchen in der DDR zur Verfassungstreue gezwungen. So gründete sich 1969 als Kirchenbund der BEK.[43]

---

39 Vgl. Zeiß-Horbach, Auguste: Evangelische Kirche und Frauenordination. Der Beitrag der Evangelisch-Lutherischen Kirche in Bayern zur deutschlandweiten Diskussion im 20. Jahrhundert (HThGF 8), Leipzig 2017, 284f.

40 Abgedruckt in Funke, Anja: „Kanzelstürmerinnen". Die Geschichte der Frauenordination in der Ev.-Luth. Landeskirche Sachsens (LThB 5), Leipzig/Berlin 2011, 156f., 157.

41 Vgl. Zeiß-Horbach, Frauenordination, 285f.

42 Vgl. Schnell, Evangelisch-Lutherische, 317.

43 Vgl. Lepp, Claudia: Entwicklungsetappen der Evangelischen Kirche, in: Dies. / Nowak, Kurt (Hg.): Evangelische Kirche im geteilten Deutschland (1945–1989/90), Göttingen 2001, 46–93, 65f.

Bereits 1970 stellte die Anhaltische Kirche im Rahmen von Kirchenleitungsberichten die Frage nach einheitlichen Dienstrechten für alle Personen im pfarramtlichen Dienst.[44] Im Februar 1971 wurde daraufhin aus dem Rechtsausschuss der Konferenz der evangelischen Kirchenleitungen (KKL) der Facharbeitskreis Pfarrerdienstrecht (FAK) gegründet, der sich zunächst dem Berufsbild von Pfarrpersonen widmen sollte.[45] Ein Jahr später wurde der Kontakt zu der Arbeitsgemeinschaft der Pfarrerbruderschaften in den BEK-Gliedkirchen gesucht, um sich grundsätzlich über Anliegen für ein Pfarrerdienstgesetz auszutauschen.[46] Aus den Rückmeldungen wurde einerseits die Rolle der berufstätigen Pfarrfrau bedacht, andererseits forderte der von der Berlin-Brandenburgischen Bruderschaft mit einbezogene Pastorinnenarbeitskreis:

> „Ein neues Pastorinnengesetz darf nicht hinter geltendes staatliches Recht zurückgehen. Bisheriges Pastorinnenrecht basiert weithin auf einem überalterten Verständnis von der Berufstätigkeit der verheirateten Frau."[47]

Mitsamt der Zielvorgabe der KKL, ein Pfarrerdienstrecht für alle pfarrähnlichen Berufe zu entwerfen, wurde unter dieser Maßgabe die Ausarbeitung eines geschlechterübergreifenden Pfarrerdienstrechts anvisiert, das aber noch nicht per se davon geleitet war, dass „das" Pfarramt Frauen zu übertragen sei.[48] Dies wurde jedoch die Grundlage des FAK bis zum März 1974, als für das Gesetz folgender Grundsatz festgehalten wurde: „1. Geeigneten Männern und Frauen gilt das Gesetz. Darum sind alle Unterschiede des Status - bis hin zum Titel - angeglichen worden."[49] Und doch konnte auch aufgrund unterschiedlicher Amts- und Ordinationsverständnisse – wie bereits zuvor – kein Konsens gefunden werden. Ein weiterer Grund war das ungeklärte Verhältnis zwischen BEK, EKU und VELKDDR. Der FAK war aus Gliedkirchenvertretenden zusammengetreten. 1975 wurde ein Gemeinsamer Ausschuss mit Vertretenden für die Zusammenschlussebene mit der Weiterarbeit beauftragt.[50] Bis zur Verabschiedung und Inkraftsetzung des BEK-Pfarrerdienstgesetz dauerte es weitere sieben Jahre.

---

44 Vgl. EZA 101/2393 Auszug aus dem Kirchenleitungsbericht, Magdeburg vom 6. November 1970.

45 Vgl. EZA 101/2397 Auszugsweise Abschrift aus der Niederschrift über die 5. Sitzung des Rechtsausschusses der Konferenz der Evang. Kirchenleitungen am 11. Februar 1971.

46 Vgl. EZA 101/2393 BEK-Sekretariat an Arbeitsgemeinschaft der Pfarrerbruderschaften in den Gliedkirchen der Evang. Kirche in der DDR vom 10. Februar 1972.

47 Vgl. EZA 101/2398 Arbeitsgemeinschaft der Pfarrbruderschaften an BEK-Sekretariat aus dem Juni 1972.

48 Vgl. EZA 101/2394 Beschluß der KKL zur Rechtsstellung der kirchlichen Mitarbeiter vom 24. Juni 1972.

49 Vgl. EZA 101/2401 Übersendung an den Rechtsausschuss (Entwurf) inkl. Problemskizze vom 4. März 1974.

50 Vgl. EZA 101/2404 Auszug aus dem Protokoll der KKL in der DDR am 11. und 12. Juli 1975.

Das 1982 in Kraft getretene Pfarrerdienstgesetz verband die ostdeutschen evangelischen Kirchen miteinander und spannte so einen Bogen über konfessionelle Grenzen hinweg. Auf dem Weg dorthin waren zwar divergierende Amts-/Ämtertheologien ein Hindernis geworden. Auf der anderen Seite stellte sich das Nebeneinander von VELKDDR und EKU einerseits, deren Gliedkirchen dem BEK angehörten, dem BEK andererseits im FAK als Treiber einer Zuständigkeitsdiffusion dar. So wurden die Zusammenschlüsse im Zusammenschluss zur Bremse.

5. Fazit

Die Geschichte der Frauenordination in der evangelischen Kirche in Deutschland ist von der landeskirchlichen Selbstverwaltung und Gesetzesentwicklung geprägt. Dabei sind Landeskirchen nicht ohne Bezüge untereinander zu verstehen. Seit sich Landeskirchenzusammenschlüsse verfestigt haben, hat sich die gegenseitige Beeinflussung institutionalisiert. Drei Beispiele demonstrierten dabei drei Grundtypen der Kommunikation untereinander: Die EKD hat in den ersten Nachkriegsjahren mit ihrer Kontaktaufnahme Orientierung über den Stand gesucht und in Form der Richtlinien weitergegeben. In der VELKD hat sich nach Impulsen der Hannoverschen Landeskirche die Diskussion so heterogen weiterentwickelt, dass sogar der Bruch unter den lutherischen Kirchen befürchtet wurde. Rasch nach der Gründung des BEK wurde der Versuch unternommen, ein gemeinsames Pfarrerdienstgesetz zu verfassen. Bis dies 1982 Geltung erlangte, waren zwei Ausschüsse mit dieser Frage betraut. Nach dem FAK brauchte es einen Gemeinsamen Ausschuss mit VELKDDR und EKU, da das Verhältnis des BEK-Ausschusses zu den jeweiligen konfessionellen Kirchenbünden unklar war. Die Entwicklung der Frauenordination im landeskirchlichen Protestantismus dauerte bis 1991, als mit Schaumburg-Lippe die letzte Kirche aus der VELKD das gleichberechtigende Pfarrerdienstgesetz von 1976 bzw. 1978 annahm.[51] 1992 war dennoch anlässlich der ersten Bischöfin die Kammer für Theologie der EKD gefragt und bestätigte die Angemessenheit von Maria Jepsens (geb. 1945) Wahl.[52] So ist die Zusammenschlussebene, insbesondere als Organ konfessionsgleicher Kirchen, auch bei der Entwicklung zur Frauenordination zu berücksichtigen und wirkte sich auf diese aus.

51 Aber erst 1996 fiel in Bayern die Regelung eines Veto-Rechts des Pfarrkollegs.

52 Vgl. EKD (Hg.): Frauenordination und Bischofsamt. Eine Stellungnahme der Kammer für Theologie (EKD.T 44), Hannover 1992.

Quellen- und Literaturverzeichnis

1. *Quellen*

1.1 *Archivalien*

Evangelisches Zentralarchiv Berlin (EZA)
Bestand 101: Sekretariat des Bundes der Evangelischen Kirchen in der DDR (1970–1991)
2393: Allgemeine Fragen des kirchlichen Dienstrechts (1970.10–1972.06)
2394: Allgemeine Fragen des kirchlichen Dienstrechts (1972.08–1981.11)
2397: Facharbeitskreis Pfarrerdienstrecht (1971.03–1972.01)
2398: Facharbeitskreis Pfarrerdienstrecht (1972.01–1973.04)
2401: Facharbeitskreis Pfarrerdienstrecht (1973.09–1974.03)
2404: Facharbeitskreis Pfarrerdienstrecht (1976.01–1979.04)

1.2 *Gedruckte Quellen*

Beckmann, Joachim: Kirchliche Zeitgeschichte, in: KJ 76 (1950), 1–260.

EKD (Hg.): Atlas zur Gleichstellung von Frauen und Männern in der evangelischen Kirche in Deutschland. Ergänzungsband 1: Gleichstellung im geistlichen Amt, Hannover 2017.

EKD (Hg.): Frauenordination und Bischofsamt. Eine Stellungnahme der Kammer für Theologie (EKD.T 44), Hannover 1992.

Nicolaisen, Carsten / Schulze, Nora Andrea (Hg.): Die Protokolle des Rates der Evangelischen Kirche in Deutschland. Band 2: 1947/48 (AKZG A 6), Göttingen 1997.

Schnell, Hugo / Frank, Johann: Die Vereinigte Evangelisch-Lutherische Kirche Deutschlands, in: KJ 96 (1969), 317–408.

2. *Sekundärliteratur*

Fix, Karl-Heinz: Kirchliche Ordnungen und Strukturen, in: Hermle, Siegfried / Oelke, Harry (Hg.): Kirchliche Zeitgeschichte_evangelisch Bd. 1: Protestantismus und Weimarer Republik (1918–1932) (CuZ 5), Leipzig 2020, 74–99.

Fix, Karl-Heinz: Kirchliche Ordnungen und Strukturen, in: Hermle, Siegfried / Oelke, Harry (Hg.): Kirchliche Zeitgeschichte_evangelisch Bd. 2: Protestantismus und Nationalsozialismus (1933–1945) (CuZ 7), Leipzig 2020, 73–96.

Fix, Karl-Heinz: Kirchliche Ordnungen und Strukturen, in: Hermle, Siegfried / Oelke, Harry: Kirchliche Zeitgeschichte_evangelisch Bd. 3: Protestantismus in der Nachkriegszeit (1945–1961) (CuZ 9), Leipzig 2021, 78–100.

Funke, Anja: „Kanzelstürmerinnen“. Die Geschichte der Frauenordination in der Ev.-Luth. Landeskirche Sachsens (LThB 5), Leipzig/Berlin 2011.

Globig, Christine: Frauenordination im Kontext lutherischer Ekklesiologie (KiKonf 36), Göttingen 1994.

Greschat, Martin: I. Vorgeschichte, in: Lepp, Claudia / Nowak, Kurt (Hg.): Evangelische Kirche im geteilten Deutschland (1945–1989/90), Göttingen 2001, 11–45.

Köhler, Heike: Die Entwicklung der Theologinnengesetzgebung bis 1932, in: Frauenforschungsprojekt zur Geschichte der Theologinnen, Göttingen (Hg.): „Darum wagt es, Schwestern ...". Zur Geschichte evangelischer Theologinnen in Deutschland (HTSt 7), Neukirchen-Vluyn 1994, 109–128.

Lepp, Claudia: Entwicklungsetappen der Evangelischen Kirche, in: Dies. / Nowak, Kurt (Hg.): Evangelische Kirche im geteilten Deutschland (1945–1989/90), Göttingen 2001, 46–93.

Mehlhausen, Joachim: Art. „Landeskirche", in: TRE 20 (1990), 427–434.

Oelke, Harry: Gesamtschau: Protestantismus und Nationalsozialismus, in: Hermle, Siegfried / Oelke, Harry (Hg.): Kirchliche Zeitgeschichte_evangelisch Bd. 2: Protestantismus und Nationalsozialismus (1918–1932) (CuZ 7), Leipzig 2020, 9–32.

Zeiß-Horbach, Auguste: Evangelische Kirche und Frauenordination. Der Beitrag der Evangelisch-Lutherischen Kirche in Bayern zur deutschlandweiten Diskussion im 20. Jahrhundert (HThGF 8), Leipzig 2017.

Sarah Banhardt

„Warte doch, wenn wir kommen, ist das alles anders“[1]

Dr. Doris Faulhaber und die Geschichte der Frauenordination der Evangelischen Landeskirche in Baden

1. Einleitung

Doris Faulhaber (1907–1991) war weder die erste badische Theologin noch die erste Gemeindepfarrerin in Baden. Und doch hat sie einen wesentlichen Beitrag dazu geleistet, dass heute Menschen aller Geschlechter der Weg ins Pfarramt in der badischen Landeskirche offen steht. Ihr Lebensweg ist auf besondere Weise mit der Geschichte der Frauenordination in der Evangelischen Landeskirche in Baden verwoben. Im Folgenden werden ihre Biographie und die Entwicklung des Theologinnenamtes von einem Amt *sui generis* bis zur rechtlichen Gleichstellung von Pfarrer*innen in Baden nachgezeichnet.

2. Von der Matura zum Examen – die Überwindung erster Hindernisse auf dem Weg zum Theologinnenamt

Es war keine Selbstverständlichkeit, dass Doris Faulhaber, die 1907 in Mannheim geboren wurde, das Theologiestudium ergreifen und das Gemeindepfarramt anstreben konnte. Sie selbst zählte sich zur zweiten Theologinnengeneration, die bereits von dem profitieren konnte, was die Frauen der ersten Generation erreicht hatten.[2]

---

1 Ausspruch von Doris Faulhaber, bezeugt in: LkA KA 150.113 NL Bitz, Hilde, Nr. 278, Brief Hilde Bitz an Ingeborg Kindermann vom 12.6.1954.

2 Vgl. Faulhaber, Doris: Die Pfarrerin in der Evangelischen Landeskirche in Baden, in: Wunderer, Gerhard (Hg.): 1892–1992 die ersten hundert Jahre. Festschrift zum 100jährigen Jubiläum des Evangelischen Pfarrvereins in Baden e. V., Karlsruhe 1992, 69–75, 71.

Vertreter*innen der Frauenrechtsbewegung hatten ab Mitte des 19. Jahrhunderts gleiche Bildungschancen und neue Berufsperspektiven für Frauen gefordert. Der durch die Industrialisierung bedingte Wandel von der Produktions- zur Konsumgemeinschaft bewirkte die Auslagerung der Arbeit von der Familie zum Betrieb. Damit gingen verschiedene Entwicklungen einher: So kam es zu einem Wertverlust körperlicher Arbeit, aber auch zur Idealisierung eines bürgerlichen Frauenbildes, dass das Tätigkeitsfeld verheirateter Frauen auf Haushalt und Familie begrenzte und die Unsichtbarmachung weiblicher Erwerbsarbeit, die für viele Frauen zum Alltag gehörte, zur Folge hatte.[3] Gleichzeitig nahm der Anteil unverheirateter Frauen in der Gesellschaft stetig zu. Versorgung und Wahrung des sozialen Standes unverheirateter Töchter waren für viele bürgerliche Familien problematisch. Sie forderten deshalb auch für Frauen den Zugang zu akademischen Berufen.

Das Reifezeugnis eines Gymnasiums war im 19. Jahrhundert zwar nicht obligatorisch zur Immatrikulation an einer Hochschule, dennoch bildeten eine gleichwertige Schulausbildung für Mädchen und Frauen sowie die Möglichkeit eines Schulabschlusses, der zur Zulassung an einer Hochschule berechtigte, die Grundlagen des Frauenstudiums. 1889 begann Helene Lange (1848–1930) in Berlin mit ihren ersten Realkursen für Frauen, die sie vier Jahre später in Gymnasialkurse umwandelte. 1893 eröffnete in Karlsruhe das erste badische Mädchengymnasium. 1899 schlossen die ersten vier Abiturientinnen die Schule ab. Zum Wintersemester 1899/1900 konnten sie sich rückwirkend an den Universitäten Heidelberg und Freiburg im Breisgau immatrikulieren, da Baden als erstes deutsches Land Frauen mit Erlass vom 28. Februar 1900 uneingeschränkt zum Studium an den Landesuniversitäten zugelassen hatte.[4]

In der evangelischen Theologie schrieben sich jedoch nur wenige Frauen ein. Es stellte sich das Problem eines Abschlusses. Fakultätsexamina wurden erst mit Artikel 109 der Weimarer Reichsverfassung im Jahr 1919 eingeführt. Die evangelischen Landeskirchen ließen jedoch keine Frauen zu ihren Prüfungen zu. So blieb für Theologiestudentinnen lange Zeit einzig die Promotion als Abschluss ihres Studiums. Carola Barth (1879–1959) legte am 14. Dezember 1907 in Jena als erste Theologin in Deutschland erfolgreich das Promotionskolloquium ab. In

3 Vgl. Beitrag von Susanne Schötz in diesem Band.

4 Vgl. Von Soden, Kristine: Zur Geschichte des Frauenstudiums, in: Dies. / Zipfel, Gaby (Hg.): 70 Jahre Frauenstudium. Frauen in der Wissenschaft, Köln 1979, 9–42; Henze, Dagmar: Die Anfänge des Frauenstudiums in Deutschland, in: Frauenforschungsprojekt zur Geschichte der Theologinnen, Göttingen (Hg.): „Darum wagt es, Schwestern …“. Zur Geschichte evangelischer Theologinnen in Deutschland (HTSt 7), Neukirchen-Vluyn 1994, 19–40; Birn, Marco: Bildung und Gleichberechtigung. Die Anfänge des Frauenstudiums an der Universität Heidelberg (1869–1918), Heidelberg 2012, 18f.

Heidelberg wurde Maria Heinsius (1893–1979)[5] am 17. Juli 1917 als erste Theologin promoviert.[6]

Bereits vor der Promotion Maria Heinsius’ hatte die badische Landeskirche als erste deutsche, evangelische Kirche im Frühjahr 1916 eine Frau zu den kirchlichen Examina zugelassen. Elsbeth Oberbeck (1871–1944)[7] hatte von ihrem Heidelberger Professor Hans von Schubert (1859–1931) erfahren, dass der badische Prälat[8] Karl Ludwig Schmitthenner (1858–1932, Amtszeit 1909–1924) „dem Wunsche der deutschen Frau, an religiös-sozialer Arbeit nach theologischer Vorbereitung berufsmäßig teilzunehmen, freundlich gegenüber [stand]“.[9] Nach erfolgreichem Bestehen der ersten theologischen Prüfung beim Karlsruher Oberkirchenrat besuchte Elsbeth Oberbeck das Praktisch-theologische Seminar der Universität Heidelberg. Im Frühjahr 1917 legte sie auch das zweite Examen ab. In der Heidelberger Heilig-Geist-Gemeinde wurde sie bis zur ihrer Pensionierung 1936 als Gemeindehelferin angestellt. Dekan Otto Schlier (1864–1945) bezeichnete sie auch als „weibliche[n] Pfarrer“.[10] Von den Gemeindegliedern wurde sie „besonders gern Frl. Pfarrerin“ genannt.[11]

Doris Faulhaber hat diese Entwicklungen als Heranwachsende wohl nicht verfolgt, obgleich Examen und Anstellung Elsbeth Oberbecks auch überregional in Zeitungen wahrgenommen wurden.[12] Ihre Eltern, die eine konfessionsverschiedene Ehe führten, hatten keine kirchliche Bindung. Die Tochter ließen sie

5 Zur Biographie Maria Heinsius’ vgl. Zeilfelder-Löffler, Monika: Maria Heinsius (1893–1979), in: Schwinge, Gerhard (Hg.): Lebensbilder aus der Evangelischen Kirche in Baden im 19. und 20. Jahrhundert, Band IV: Erweckung, Innere Mission/Diakonie, Theologinnen, Heidelberg u. a. 2015, 386–403.

6 Vgl. Henze, Anfänge, 33; 37.

7 Zur Biographie Elsbeth Oberbecks vgl. Banhardt, Sarah: „Nicht bloß barmherzige Mitschwester, [...] sondern [...] Theologin, weiblicher Pfarrer“ – Elsbeth Oberbeck (1871–1944): Leben und Wirken der ersten badischen Theologin, in: JBKRG 11 (2017), 297–312.

8 Mit der badischen Staatsverfassung vom 22.8.1818 wurde das Amt des Prälaten in Baden eingeführt. Ursprünglich handelte es sich dabei nicht um ein kirchliches Amt, sondern um ein staatliches Amt für einen protestantischen Geistlichen als Äquivalent zum katholischen Landesbischof, mit dem die Mitgliedschaft in der I. Kammer der Landstände verbunden war (vgl. Friedrich, Otto: Einführung in das Kirchenrecht. Unter besonderer Berücksichtigung des Rechts der Evangelischen Landeskirche in Baden, Göttingen [1]1961, 179f). Bei der Neuordnung der Landeskirche nach dem Ende des landesherrlichen Sumepiskopats nach dem Ersten Weltkrieg wurde die Kirchenleitung mit der Kirchenverfassung vom 24.12.1919 auf drei Glieder verteilt: die Landessynode als von Parteien getragenes Kirchenparlament und Inhaberin der Kirchengewalt, den Kirchenpräsidenten als Leitung der Kirchenverwaltung und das Prälatenamt als geistliche Leitung (vgl. Friedrich, Einführung, 207f).

9 LkA KA PA 485, Brief Elsbeth Oberbeck an Prälat Ludwig Schmitthenner vom 21.8.1915.

10 PA 485, Brief Otto Schlier an den EOK vom 27.4.1917.

11 Wurster, Paul: Die Verwendung der akademisch gebildeten Theologinnen im kirchlichen Gemeindedienst, in: MPTh (10.1917–09.1918), 163–170, 165.

12 Sowohl die badische Landeszeitung als auch die Frankfurter Zeitung berichteten darüber. Siehe hierzu Zeitungsausschnitte in PA 485.

erst mit vier Jahren, der Konfession der Mutter folgend, evangelisch taufen.[13] Doch der Konfirmandenunterricht beeindruckte und beeinflusste Doris Faulhaber nachhaltig. Ihr Konfirmator Pfarrer Ernst Lehmann (1861–1948) und Pfarrer Heinz Kappes (1893–1988) stellten Kontakt zum Bund Christdeutscher Jugendvereine her, in dem Doris Faulhaber lebenslange Freundschaften schloss. Im Mädchenkreis, dem sie nach der Konfirmation angehörte, lernte sie die beiden Theologinnen Dr. Grete Gillet (1895–1970)[14] und Dr. Maria Heinsius kennen.[15] Es wuchs der Wunsch, Theologie zu studieren.[16]

3. „Ich denke, Sie werden das später ganz gut machen vor Frauen und Kindern."[17] – Berufsperspektiven für Frauen in der Kirche vor dem Zweiten Weltkrieg

Als Doris Faulhaber 1926 ihr Theologiestudium aufnahm, tat sie dies nach eigenen Angaben „sorglos".[18] Dies verwundert angesichts der Arbeitsmöglichkeiten und -bedingungen, mit denen Frauen in der Kirche vor dem Zweiten Weltkrieg konfrontiert waren.

Seit Beginn des 19. Jahrhunderts hatte sich das Diakonissenamt in Deutschland als kirchlicher Frauenberuf etabliert. Jungen Frauen bot es eine gesellschaftlich anerkannte und gesicherte Existenz außerhalb der Ehe. In der Tradition Amalie Sievekings (1794–1859) lebten die Frauen selbstverwaltet und weitgehend unabhängig. Theodor Fliedners (1800–1864) Mutterhaus-Struktur, in der

---

13 Vgl. Bitz, Hilde: Doris Faulhaber (1907–1991), in: Schwinge, Gerhard (Hg.): Lebensbilder aus der Evangelischen Kirche in Baden im 19. und 20. Jahrhundert, Band IV: Erweckung, Innere Mission/Diakonie, Theologinnen, Heidelberg/Ubstadt-Weiher/Weil am Rhein/Basel 2015, 432–463, 434.

14 Zur Biographie Grete Gillets vgl. Bitz, Hilde: Grete Gillet (1895–1970), in: Schwinge, Gerhard (Hg.): Lebensbilder aus der Evangelischen Kirche in Baden im 19. und 20. Jahrhundert, Band IV: Erweckung, Innere Mission/Diakonie, Theologinnen, Heidelberg/Ubstadt-Weiher/Weil am Rhein/Basel 2015, 404–431.

15 Maria Heinsius und Grete Gillet erhielten nach ihrer Promotion das damals übliche Lizentiat der Theologie (Lic. theol.). Nach dem Zweiten Weltkrieg verliehen auch die deutschen evangelischen theologischen Fakultäten nach einer Promotion den Doktortitel. Grete Gillet und Maria Heinsius wurden als promovierte Theologinnen fortan mit dem Doktortitel angesprochen; Grete Gillets Lic. theol. wurde auch offiziell in Dr. theol. umgewandelt (vgl. Bitz, Hilde: Dr. Grete Gillet, in: Erhart, Hannelore (Hg.): Lexikon früher evangelischer Theologinnen. Biographische Skizzen, Neukirchen-Vluyn 2005, 129.). Für Maria Heinsius ist eine offizielle Umwandlung bisher nicht bezeugt.

16 Vgl. Faulhaber, Die Pfarrerin, 70f.

17 Ausspruch von Kirchenpräsident Klaus Wurth (1861–1948, Amtszeit 1924–1933), erinnert von Doris Faulhaber in: Faulhaber, Die Pfarrerin, 71.

18 Faulhaber, Die Pfarrerin, 71.

er die Rolle des Hausvaters einnahm, war dagegen patriarchalisch geprägt.[19] Bereits Ende des 19. Jahrhunderts geriet das Diakonissenamt in eine Krise. Außerhalb des Diakonissenamtes gab es jedoch keine klar umrissene Erwerbstätigkeit für Frauen in der Kirche. Leitendes Ideal blieb die soziale Mutterschaft. Frauen konnten sich ehrenamtlich und unentgeltlich engagieren oder wurden in Arbeitsfeldern eingesetzt, die denen der sorgenden Hausfrau und Mutter nahestanden.[20]

Während des Ersten Weltkriegs schlossen einzelne Frauen ihre akademische theologische Ausbildung ab und traten in den Dienst der Kirche. Gleichzeitig entstand das Berufsbild der *Gemeindehelferin*.[21] Frauen sollten durch die Ausbildung eigene berufliche Wege gehen können, aber auch durch ihre Arbeit mit Frauen, Mädchen und Kindern, durch Hilfe in der Verwaltung und Hausbesuche die Pfarrer entlasten. Das Amt wurde dem Pfarramt klar untergeordnet, ebnete aber auch den Weg für ein Theologinnenamt. Durch ihren Dienst erzielten die Gemeindehelferinnen Akzeptanz in den Gemeinden. Da aber in ihrem Berufsbild an traditionellen Frauenbildern festgehalten wurde, erschwerte dies Theologin-

---

19 Amalie Sieveking gründete 1832 den „Weiblichen Verein zur Armen- und Krankenpflege“. Als der Verein wuchs konnte u. a. ein Kinderhospital eröffnet werden. Unverheirateten Frauen ermöglichte der Verein Ausbildung und Berufstätigkeit im caritativen Umfeld. Amalie Sieveking legte mit ihrem Verein die Basis für eine weibliche Diakonie ohne männliche Leitung. Sie selbst lehnte mehrere Angebote Theodor Fliedners zur Zusammenarbeit ab (vgl. Witt, Almut: Zur Entwicklung kirchlicher Frauenberufe Ende des 19. Jahrhunderts, in: Frauenforschungsprojekt zur Geschichte der Theologinnen, Göttingen (Hg.): „Darum wagt es, Schwestern ...“. Zur Geschichte evangelischer Theologinnen in Deutschland (HTSt 7), Neukirchen-Vluyn 1994, 41–54, 43 und Roggenkamp, Antje: Art.“ Sieveking, Amalie Wilhelmine“, in: RGG^4 7 (2004), 1312). Theodor Fliedner nahm die Idee Sievekings auf und gründete 1836 in Kaiserswerth ein Krankenhaus und einen Diakonissenverein. Unverheiratete Frauen sollten eine Ausbildung und Anstellung erhalten. Die Diakonissen lebten in sog. „Mutterhäusern“ zusammen, deren Struktur sich am patriarchalen Familienbild des 19. Jahrhunderts orientierte. So übernahm Fliedner als Hausvater in Kaiserswerth die Organisation der Arbeit und Vertretung des Hauses nach außen, während seine Frau die Leitung innerhalb des Mutterhauses übernahm. Nach diesem Vorbild wurden zahlreiche Mutterhäuser im In- und Ausland gegründet (vgl. Witt, Entwicklung, 42f und Strohm, Theodor: Art. „Fliedner, Theodor“, in: RGG^4 3 (2000), 160f).

20 Vgl. Witt, Entwicklung.

21 Die Ausbildung zur Gemeindehelferin fand in speziellen Schulen statt. So wurde beispielsweise in Freiburg am 1. Oktober 1918, wenige Wochen vor Kriegsende, die Evangelische Frauenberufsschule für kirchliche und soziale Arbeit – später die Evangelisch-soziale Frauenschule und Vorgängerin der EH Freiburg – von Marie von Marschall (1862–1949) gegründet. Vgl. Bayer, Ulrich: „Die Frauenwelt ist zum Dienst bereit. Wir bitten uns nicht zurückzuweisen.“ Einige Aspekte zur Gründungsgeschichte der Evangelisch-sozialen Frauenschule in Freiburg 1918, in: Ruth-Klumbies, Anke / Schneider-Harpprecht, Christoph (Hg.): Erinnerungen und Perspektiven. Evangelische Frauen in Baden 1916–2016, Leipzig 2016, 45–62.

nen das Ergreifen qualifizierter und angemessen bezahlter Stellen sowie die Entwicklung eines eigenständigen Amtes.[22]

Für die ersten badischen Theologinnen bedeutete das Fehlen eines klaren Berufsbildes v. a. Unsicherheit. Eine Stelle war ihnen nach dem zweiten Examen nicht sicher. Ihre Lebens- und Anstellungssituationen waren sehr unterschiedlich. Während wenige eine Anstellung bei der Landeskirche oder als staatliche Religionslehrerin fanden und somit ein sicheres Gehalt hatten, waren andere bei den Gemeinden angestellt oder wurden gar nur für jede geleistete Stunde bezahlt.[23] Da es keine gesetzliche Regelung gab, wurden den Frauen nicht überall die gleichen Kompetenzen zugestanden. Wo es möglich war, hielten die Theologinnen Gottesdienste und Bibelstunden oder verwalteten sogar im Rahmen ihrer Tätigkeiten die Sakramente.[24] Obwohl die Frauen selbstständig arbeiteten und das gleiche wie ihre männlichen Kollegen leisteten, waren sie dennoch allesamt schlechter bezahlt. Jede von ihnen hatte gegen Vorurteile in den Gemeinden und innerhalb der Kirchenleitung zu kämpfen.

„Zur Zeit des Studiums bekam [Doris Faulhaber] von keiner Seite Ablehnung zu spüren."[25] Um die unsicheren Arbeitsbedingungen der Theologinnen, die bereits beide Examina abgelegt hatten, wusste sie aber. Noch während des zweiten Ausbildungsabschnittes, dem Besuch des Praktisch-theologischen Seminars an der Universität Heidelberg, schloss sie sich mit sechs anderen Theologinnen zusammen. Sie wandten sich im Frühjahr 1930 mit einer Eingabe an die badische Landessynode und baten um den Erlass von Richtlinien, die den Theologinnen ein Amt *sui generis* zuwiesen. In die Antragsbegründung flossen die Erfahrungen der Frauen ein: Einen sinnvollen Einsatz sahen sie v. a. im Religionsunterricht, in der Seelsorge an Frauen in Kliniken und Anstalten, im Besuch von Kranken, im Halten von öffentlichen Andachten und Bibelstunden für und der Vereinsarbeit mit Frauen und Mädchen, sowie im Kindergottesdienst. Notwendig erschien den Theologinnen eine klare Abgrenzung gegenüber den Gemeindehelferinnen, die nur theologische Grundkenntnisse besaßen. Denn ihre Arbeit erforderte, das war den Theologinnen besonders wichtig, eine fundierte theologische Ausbildung. Solange aber ihr Arbeitsbereich nicht klar umrissen war und ihnen z. B. das Halten von Gottesdiensten in Gefängnissen, Kliniken und anderen Anstalten untersagt war, stellten die Gemeinden häufig lieber eine Gemeindehelferin an,

---

22 Vgl. Witt, Entwicklung.

23 Vgl. Bitz, Hilde: Luise Herrmann, in: Erhart, Hannelore (Hg.): Lexikon früher evangelischer Theologinnen. Biographische Skizzen, Neukirchen-Vluyn 2005, 176.

24 Elsbeth Oberbeck wurde im Rahmen ihrer Tätigkeiten die Spendung der Sakramente gestattet. Vgl. PA 485 Brief Prälat Karl Ludwig Schmitthenner an den Evang. Kirchengemeinderat Heidelberg vom 5.5.1919. Grete Gillet berichtete, dass sie während ihrer Zeit als Gemeindehelferin in Waldkirch auch Gottesdienste mit Abendmahl gefeiert hat. Vgl. Bitz, Grete Gillet, 408f.

25 Faulhaber, Die Pfarrerin, 71.

der ein geringeres Gehalt zu zahlen war. Des Weiteren baten die Theologinnen um Ordination oder Einsegnung zu ihrem Dienst. Sie selbst wählten die Amtsbezeichnung *Vikarin* und forderten gleiche Anstellungs- und Besoldungsverhältnisse, wie sie den Vikaren gewährt wurden.[26]

Trotz Widerspruch des amtierenden Prälaten Julius Kühlewein (1873–1948, Prälat 1924–1933, Landesbischof 1933–1945)[27] wurden die Richtlinien von der Synode im April 1930 verabschiedet. Die beschriebenen Aufgaben orientierten sich an der Eingabe der Theologinnen. Eine Ordination wurde abgelehnt, für den Fall einer landeskirchlichen Anstellung war allerdings eine Einsegnung zum Dienst vorgesehen. Die von den Theologinnen selbst gewählte Berufsbezeichnung *Vikarin* wurde nicht gewährt, obgleich sich die Vergütung an der der Vikare orientieren sollte. Stattdessen entschied man sich für den Titel *Pfarrgehilfin*, der die Zu- und Unterordnung zum männlichen Pfarramt deutlich machte.[28]

Im Oktober 1930 legte Doris Faulhaber in Karlsruhe das zweite Examen ab. Bereits bei den Prüfungen musste sie die Erfahrung machen, dass auch der Erlass der Richtlinien keine Verbesserung der Situation der Theologinnen gebracht hatte. Prälat Kühlewein, der sich offen gegen den Erlass der Richtlinien ausgesprochen hatte und ihre Umsetzung auch in den kommenden Jahren nicht verfolgte,[29] sagte ihr nach den Prüfungen:

> „Wir haben Sie Examen machen lassen, damit sie etwas in der Hand haben. Eine Stelle für Sie haben wir leider nicht. Ordinieren können wir Sie deshalb auch nicht. Versuchen Sie es doch einmal zum Beispiel bei der Frauenarbeit einer anderen Landeskirche.“[30]

Bei der Jugend- und Wohlfahrtshilfe in Karlsruhe fand Doris Faulhaber auf eigene Initiative im Herbst 1930 dennoch eine Anstellung. Nach wenigen Monaten versetzte sie der Evangelische Oberkirchenrat im April 1931 als Pfarrgehilfin nach Mannheim-Waldhof. Dort wurde sie allerdings nur als Gemeindehelferin beschäftigt. Der Dienst machte sie nicht glücklich. Immer wieder forderte sie mit Bezug auf die 1930 erlassenen Richtlinien, sie als Pfarrgehilfin einzusetzen und

---

26 Vgl. LkA KA GA 5906, Bitte der badischen Theologinnen ihre Anstellungsverhältnisse betr. vom April 1930.

27 1933 kam es – zwar noch durch eine ordnungsgemäß gewählte Landessynode, aber durchaus unter dem Einfluss des Nationalsozialismus – wiederum zu einer Neuverfassung der Landeskirche. Dabei wurden das Amt des Prälaten und des Kirchenpräsidenten verworfen. Die Leitung der Landeskirche wurde dem Bischofsamt übertragen (vgl. Friedrich, Einführung, 217f).

28 Vgl. Evangelischer Oberkirchenrat Karlsruhe (Hg.): Verhandlungen der Landessynode der vereinigten evangelisch-protestantischen Landeskirche Badens. Ordentliche Tagung vom Mai/Juni 1930, Karlsruhe 1931, 280–284.

29 Vgl. EOK, Verhandlungen 1930, 283f.

30 Faulhaber, Die Pfarrerin, 71.

zu ordinieren.[31] Schließlich bat Doris Faulhaber darum, sie ab 1932 für eine Promotion bei Martin Dibelius (1883–1947) zum Thema „Das Johannesevangelium und die Kirche" zu beurlauben. Im Februar 1935 schloss sie jene mit *magna cum laude* ab. Nicht nur ihr Doktorvater Martin Dibelius, sondern auch Rudolf Bultmann nahmen die Arbeit wohlwollend wahr.[32]

Der Wiedereintritt in den Dienst der Landeskirche verlief schwierig. Trotz mehrerer Anträge gab es keine Stelle für Doris Faulhaber. So suchte sie selbst eine Anstellung und wurde im Diakonissenmutterhaus in Freiburg fündig. Ab Februar 1936 war sie dort ein knappes Jahr als Religionslehrerin beschäftigt.[33] Zusätzlich unterstützte sie den Diakonissenhauspfarrer in der Krankenhausseelsorge in der Frauenabteilung. Anfang des Jahres 1937 versetzte sie der Oberkirchenrat auf eigenen Wunsch nach Mannheim. Dort unterrichtete sie an verschiedenen Berufs- und Oberschulen und war wiederum in der Krankenhausseelsorge tätig.[34]

4. Gemeindepfarramt auf Zeit

Im Zweiten Weltkrieg nahm die Diskussion um das Amt der Theologin erneut Fahrt auf. Der kriegsbedingte Ausfall an Pfarrern eröffnete den Theologinnen ein lang ersehntes Arbeitsfeld: die Gemeinde. Zunächst wurden die Theologinnen als Pfarrgehilfinnen angestellt, waren in der Praxis aber oft allein in ihrer Gemeinde bzw. ihren Gemeinden tätig. Für Doris Faulhaber hieß dies Religionsunterricht, Stellvertretung des Mannheimer Krankenhauspfarrers und ab 1942 auch Pfarrvertretung in der Gemeinde Mannheim-Wallstadt – ein immenses Arbeitspensum. Die Sakramentsverwaltung und die Feier von Kasualien blieb anfangs den männlichen Pfarrern vorbehalten, doch nach und nach wurde mindestens zehn Pfarrgehilfinnen die Pfarramtsvertretung übertragen – natürlich ausdrücklich auf die Kriegsdauer begrenzt. Oberkirchenrat Karl Bender (1881–1961) schrieb dazu an das Mannheimer Dekanat:

> „Unter ausdrücklicher zeitlicher Begrenzung auf Kriegsdauer wird den im besonderen Auftrag des Dekanats zur Abhaltung des Gemeindegottesdienstes zugelassenen Pfarrgehilfinnen gestattet, die an diese Gottesdienste herkömmlich angeschlossene Spendung des heiligen Abendmahls vorzunehmen."[35]

---

31 Vgl. GA 5906, Brief des Kirchenpräsidenten an Doris Faulhaber vom 19.5.1931 und Brief des Kirchenpräsidenten an den Kirchengemeinderat Mannheim-Waldhof vom 6.8.1931.

32 Vgl. LkA KA 150.106 NL Faulhaber, Doris, Nr. 46 und Bultmann, Rudolf: Das Evangelium des Johannes (KEK), Göttingen [11]1950, 271, 378, 394, 406, 410, 416, 443, 447f.

33 Die Arbeit machte ihr offensichtlich Freude. Die Schülerinnen schätzten sie sehr. Dies bezeugt ein Fotoalbum, das die Schülerinnen ihr zum Abschied schenkten. Vgl. NL Faulhaber, Nr. 22.

34 Vgl. Bitz, Doris, 436–439f.

35 GA 5906, Brief Oberkirchenrat Karl Bender an das Dekanat Mannheim vom 20.10.1942.

Das warf zwei Probleme auf: Was sollten die Frauen im Pfarrdienst tragen? Und wie war ihr Dienst an Wort und Sakrament ohne jegliche Beauftragung von Seiten der Kirche zu rechtfertigen? Das Kleidungsproblem löste Doris Faulhaber im Winter 1942/43 pragmatisch: Nachdem sie notgedrungen – ihre eigene Wohnung war ausgebombt worden – den Talar eines eingezogenen Pfarrers getragen hatte, ließ sie sich einen eigenen Talar mit Stehkragen und ohne Beffchen schneidern. Nach Vorlage einer Zeichnung billigte der Evangelische Oberkirchenrat diese Form des Talars als Dienstkleidung.[36]

Die Frage der Einsegnung oder Ordination blieb jedoch noch einige Zeit ungeklärt. Der Evangelische Oberkirchenrat nahm Anfang des Jahres 1943, nach ausführlicher Konsultation mit anderen Landeskirchen, ein Vikarinnengesetz in Angriff. Die von den Nationalsozialisten kontrollierte Finanzabteilung im Oberkirchenrat blockierte das Gesetz jedoch immer wieder. Im April 1943 entschied sich die Landeskirche auch ohne gesetzliche Regelung zur ersten Einsegnung einer badischen Theologin zur Vikarin; im Dezember desselben Jahres erfolgte die zweite Einsegnung. Die beiden ersten eingesegneten badischen Theologinnen – Annemarie Meyer (1909–2002) und Eva Brenner (1911–1993) – übernahmen beide die Pfarrstellen ihrer Ehemänner. Da die Finanzabteilung aber weiterhin Vorbehalte gegen das geplante Gesetz hatte, entschloss man sich nun, eine Gruppe von neun Frauen einzusegnen. Am 23. Januar 1944 segnete Oberkirchenrat Karl Bender Helene Cucuel (1906–1995), Doris Faulhaber, Felicitas Feuerstein (1912–2001), Lieselotte Füß (1919–2004), Grete Gillet, Gudrun Glitscher (1911–1965), Gertrud Harsch (1914–2003), Renate Scherer (1910–2001) und Marlene Stöcklin (1911–1982) als Vikarinnen ein.[37]

Im März 1944 konnte schließlich das badische Vikarinnengesetz nach Zustimmung der Finanzabteilung im Gesetzes- und Verordnungsblatt veröffentlicht werden.[38] Die Theologinnen erhielten nun den Titel *Vikarin*, die festgelegten Aufgaben orientierten sich weiterhin an den Richtlinien von 1930 – obwohl die Praxis zu dieser Zeit bereits ganz anders aussah. Mit dem Gesetz wurde eine Einsegnungsordnung erlassen, die auch liturgisch deutlich machte, dass das Vikarinnenamt nicht als weibliches Pfarramt misszuverstehen war.

---

36 Vgl. Faulhaber, Die Pfarrerin, 74; NL Bitz, Nr. 52, Material zur Amtskleidung der Pfarrgehilfinnen („Frauentalar").

37 Vgl. NL Bitz, Nr. 53, Einsegnung und Ordination von badischen Theologinnen; NL Faulhaber, Nr. 47, Nachfeier; GA 5906, Brief Grete Gillet an Landesbischof Kühlewein vom 11.1.1944, Brief an OKR Bender vom 18.1.1944, Mitteilung an Presse über die Einsegnung vom 21.1.1944 mit Vorlage einer Pressemitteilung, Ablauf der Einsegnung.

38 GVBl Kirche Baden 3/1944, 10f.

5. Neubeginn nach dem Krieg?

Das Kriegsende führte zu einem drastischen Einschnitt. Die Vikarinnen mussten ihre Gemeindestellen verlassen. Ausnahmeregelungen galten nicht mehr. Im Krieg zugestandene Freiheiten wurden unterbunden.

1946 schrieb Doris Faulhaber an ihre Mentorin und Freundin Grete Gillet, wie sie sich „recht vor [ihrer] Mutter schäme, dass [sie] nicht mehr zuwege bringe".[39] Doris Faulhaber war es nach den Strapazen des Krieges leid, wieder für eine Pfarrstelle kämpfen zu müssen. Schweren Herzens entschied sie sich, ihren Traum vom Gemeinde- oder Krankenhauspfarramt für eine sichere Anstellung als Lehrerin aufzugeben.

Im Rahmen der Neuordnung der Landeskirche nach dem Ende der nationalsozialistischen Herrschaft hofften die Vikarinnen auch auf eine Neuregelung der Theologinnengesetzgebung. Den Neubeginn wollten sie als Chance begreifen und hofften wohl, dass der aktuelle Rückschritt nur von begrenzter Dauer sei. Grete Gillet und Doris Faulhaber nahmen im Auftrag des badischen Theologinnenkonvents Kontakt zur neu gewählten Kirchenleitung auf. Der Zurückdrängung aus dem Pfarrdienst wollten die Vikarinnen offensiv begegnen.

Im März 1947 lud der badische Theologinnenkonvent Landesbischof Julius Bender (1893–1966, Amtszeit 1946–1964) ein, um die theologischen Fragen zu diskutieren, die dem Frauenpfarramt im Weg standen. In seinem Vortrag machte der Landesbischof seine Position deutlich: Das weibliche Pfarramt lehnte er ab. Er begründete dies mit der Position Peter Brunners (1900–1981)[40] von der schöpfungstheologischen *hypotage* (griech.: Unterwerfung, Gehorsam), die er als göttliche Ordnung verstand, die von der Kirche nicht aufgehoben werden dürfe. Die Aussagen aus Gal 3,28 hoben für ihn diese Ordnung ebenfalls nicht auf. Die Gleichheit der Geschlechter bezog Bender nur auf das Geliebtsein von Gott und den Zuspruch des göttlichen Heils. Da die Frau an sich aber eine besondere Schuld am Sündenfall habe, sei sie auf den Schutz durch den Mann, den er als „des Weibes Haupt"[41] verstand, angewiesen, da nur diese „Unterordnung unter [...] den Mann [sie] vor innerer und äußerer Entartung"[42] bewahren könne. Den kirchlichen Dienst von Frauen sah Bender im Diakonissenamt. Hier konnte sich

39 NL Faulhaber, Nr. 340, Brief Doris Faulhaber an Grete Gillet vom 16.9.1946.

40 Vgl. Brunner, Peter: Das Hirtenamt und die Frau (1959), in: Ders.: Pro Ecclesia I. Gesammelte Aufsätze zur dogmatischen Theologie, Berlin/Hamburg 1962, 310–338. Peter Brunner war von 1947 bis 1968 Professor für Systematische Theologie an der Universität Heidelberg, in dieser Funktion gehörte er auch viele Jahre der Landessynode der badischen Landeskirche an.

41 NL Faulhaber, Nr. 182, Niederschrift des Vortrages von Landesbischof Julius Bender, gehalten beim badischen Theologinnenkonvent am 1.3.1947.

42 Vortrag Bender 1947.

die Frau seiner Meinung nach adäquat einbringen und die Aufgaben übernehmen, die ihr – auf natürliche Weise von der „Mütterlichkeit [als] unsichtbare[r] Linie“[43] umgrenzt – zugewiesen waren. Zudem bot die Gemeinschaft der Diakonissen der unverheirateten Theologin den nötigen Schutz vor den Gefahren, den der Notstand der Ehelosigkeit notwendiger Weise bedeutete. Die Verkündigung im Gottesdienst und die Sakramentsverwaltung waren für Bender eine „absolute Grenze“[44], die die Kirche nicht überschreiten durfte.

Im Auftrag des Theologinnenkonvents antwortete Doris Faulhaber auf den Vortrag Benders mit dem 9-seitigen Aufsatz „Der theologische Dienst der Frau und das Predigtamt.“[45]

Zunächst nahm Doris Faulhabers die Argumentation des Landesbischofs auf. Sie deutete die Rolle der Frau gemäß der Schöpfungsberichte jedoch anders als Bender. Nur im Miteinander von Mann und Frau sei der Mensch vollkommen.[46] Die Überordnung des Mannes war für Doris Faulhaber keine von Gott gegebene und intendierte Schöpfungsordnung, sondern eine Folge des Sündenfalls, die wiederum durch Jesu Tod und Auferstehung überwunden war. Gerade die Kirche musste doch die nicht schöpfungsgemäße Unterordnung der Frau exemplarisch überwinden, um ihre Sündhaftigkeit deutlich zu machen, anstatt sie zur Schöpfungsordnung zu erhöhen.[47] Die durch den Sündenfall bedingte *hypotage* der Frau sah Doris Faulhaber durch Gal 3,28 aufgehoben. Die Kirche hatte darum die Geschlechterfrage anders als die Welt zu beurteilen und zu beantworten. Für sie war entscheidend: „Das kirchliche Handeln soll und will [...] Zeugnis der kommenden Welt [...] sein.“[48] Die Ehelosigkeit betrachtete Doris Faulhaber, wiederum anders als der Landesbischof, nicht nur als Notstand. Für sie konnte sie auch besonderes Zeichen der Berufung Gottes zum Dienst sein. Der Idee eines schwesterlichen Zusammenlebens stand sie aber durchaus offen gegenüber, da ihrer

43 Vortrag Bender 1947.

44 Vortrag Bender 1947.

45 NL Faulhaber, Nr. 182, Der theologische Dienst der Frau und das Predigtamt. Ihren Aufsatz ließ Doris Faulhaber nach Übersendung an den Landesbischof einigen Vertrauten zukommen: ihrem Doktorvater Martin Dibelius, dem Heidelberger Pfarrer Hermann Maas (1877–1970), dem Alttestamentler und Freund aus gemeinsamer Zeit beim Bund Christdeutscher Jugend Ernst Würthwein (1909–1996) und dem Neutestamentler Rudolf Bultmann. Alle stimmten Doris Faulhaber in ihren Ausführungen zu. Eine detaillierte Analyse der Argumentation Benders und Faulhabers ist zu finden in: Banhardt, Sarah: „Pfarrer im Sinne der Grundordnung ist auch die Pfarrerin“ – Vom langen Weg zur Gleichstellung von Pfarrerinnen in der Evangelischen Landeskirche in Baden, in: JBKRG 14 (2020), 149–165.

46 „Damit ist [die Frau] nicht des Mannes Eigentum, denn sie ist sein Partner. Damit ist sie nicht dem Manne untergeordnet, denn sie steht ihm zur Seite. Sie ist im selben Sinne wie er Mensch, und mit ihm zusammen Mensch.“ (Faulhaber, Dienst.)

47 „Die Kirche hat nicht die Sünde, sondern die Erlösung zu verkündigen und abzubilden.“ (Faulhaber, Dienst.)

48 Faulhaber, Dienst.

Meinung nach auch das weibliche Pfarramt auf ein Gegenüber angewiesen war.[49] Grundsätzlich zeigte sie eine gewisse Offenheit gegenüber der konkreten Ausgestaltung des weiblichen Pfarramtes. Klar war für sie aber: „Wo die Theologin predigt, da ist Gal 3,28 Wirklichkeit. Da verschwindet für das Bewusstsein der Gemeinde der armselige Mensch."[50]

Der von Doris Faulhaber verfasste und unterzeichnete Aufsatz wurde Landesbischof Bender am 31. Mai 1947 übersandt.[51] Seine Antwort folgte erst Ende desselben Jahres. In ihr warf Bender Doris Faulhaber eine „spiritualisierende" Schriftbetrachtung, sowie ein „antinomistisches" Schriftverständnis vor.[52] Die Diskussion mit Bender wurde nicht weitergeführt. Die Neuordnung der Landeskirche blieb für die Vikarinnen eine ungenutzte Chance. Die Entwicklung des Theologinnenamtes blieb auf dem Stand des Vikarinnengesetzes von 1944 stehen.

Gegen die Vorbehalte Benders erkämpften sich die Theologinnen in den folgenden Jahren mit zahlreichen Eingaben an die Landessynode immer mehr Rechte. Mit Erlass der Grundordnung der badischen Landeskirche 1958 erfolgte eine Änderung des Vikarinnengesetzes.[53] Die Vikarinnen durften nun vertretungsweise Gemeindegottesdienste halten und wurden endlich ordiniert – wobei an einem besonderen liturgischen Formular festgehalten wurde. Der Oberkirchenrat behielt sich zudem die Möglichkeit vor, Frauen die Verwaltung eines Pfarramtes zu übertragen. Kleine, aber bedeutende Schritte.

Eine nur optische, aber nicht zu unterschätzende Veränderung, trat 1959 ein. Den Vikarinnen wurde das Tragen des Beffchens gestattet. Damit fiel der Stehkragen, die wohl augenfälligste Eigenheit des „Frauentalars", weg.[54] Drei Jahre später erhielten die Theologinnen auch in Baden endlich den langersehnten Titel „Pfarrerin".[55] Ihre Ungleichbehandlung bestand jedoch fort.

---

49 Dokumente aus dem Nachlass Doris Faulhabers zeigen, dass sie zwischen 1946 und 1948 über die Gründung einer evangelischen, geistlichen Frauengemeinschaft in Baden nachdachte. Vgl. NL Faulhaber, Nr. 11+12.

50 Faulhaber, Dienst.

51 NL Faulhaber, Nr. 182, Brief Gertrud Harsch an Landesbischof Julius Bender vom 31.5.1947.

52 NL Faulhaber, Nr. 182, Julius Bender, Zu den Sätzen über den „Theologischen Dienst der Frau und das Predigtamt".

53 GVBl Kirche Baden 4/1958, 25f.

54 NL Faulhaber, Nr. 49, Brief EOK an Doris Faulhaber vom 13.7.1959.

55 NL Faulhaber, Nr. 49, Brief EOK an Doris Faulhaber vom 9.7.1962.

6. „Pfarrer im Sinne der Grundordnung ist auch die Pfarrerin.“

Mit Landesbischof Hans-Wolfgang Heidland (1912–1992, Amtszeit 1964–1980) kam 1964 ein Unterstützer der Frauenordination ins Amt. Ein Jahr später begann die Legislaturperiode der neugewählten Landessynode. Zu ihrer ersten Tagung reichten Doris Faulhaber und einige andere Pfarrerinnen eine Eingabe an die Synode ein. Sie forderten, Pfarrerinnen in Baden gleichzustellen. Die Behandlung der Eingabe ließ jedoch auf sich warten. Landesbischof Heidland nutzte die Zeit und machte von der bereits seit 1958 bestehenden Option, Pfarrerinnen die Verwaltung eines Pfarramtes zu übertragen, Gebrauch: 1967 beauftrage er Ilse Frank (1931–2010) als Pfarrverwalterin für die Mannheimer Immanuel-Gemeinde, 1968 Waltraud Sattler (1925–2012) in Heidelberg-Rohrbach. Beide konnten fortan als Gemeindepfarrerinnen arbeiten.

Nachdem auch im Jahre 1970 noch nicht über die Eingabe von 1965 entschieden war, wandten sich Pfarrerinnen und Vikarinnen wiederum an die Landessynode. Diesmal sammelten sie die Unterschriften von 130 Unterstützer*innen. Entschieden wurde allerdings erst in der letzten Sitzung der Legislaturperiode im Frühjahr 1971. Die Diskussion am Nachmittag und Abend des 27. April 1971 muss sehr hitzig gewesen sein. Das lässt das Protokoll der Sitzung erahnen – so sind z. B. immer wieder Beifall und Zwischenrufe notiert. Nach langer Aussprache wurde der Antrag auf Änderung der Grundordnung schließlich mit deutlicher Mehrheit angenommen. Der § 61 der Grundordnung lautete fortan: „Pfarrer im Sinne der Grundordnung ist auch die Pfarrerin.“[56]

Mit diesem kurzen Satz schuf die badische Landeskirche jegliche Sonderregelungen ab und beendete die kirchenrechtlich legitimierte Diskriminierung von Theologinnen. Ein langer und steiniger Weg ging damit nicht zu Ende, sondern in einen neuen Weg über. Die erste, die diesen Weg ganz offiziell beschritt, war Hilde Bitz (1929–2017).[57] Im Juli 1971 bewarb sie sich als erste Frau in der badischen Landeskirche auf eine ausgeschriebene Pfarrstelle und wurde gewählt. Am 19. Dezember 1971 wurde sie als Pfarrerin der Paul-Gerhardt-Gemeinde Mannheim eingeführt.

---

56 Evangelischer Oberkirchenrat Karlsruhe (Hg.): 2. Sitzung der 11. Tagung der 1965 gew. Landessynode, Karlsruhe 1971, 42.

57 Zur Biographie Hilde Bitz’ vgl. Ulrichs, Hans-Georg: „Zu ihrem Gedächtnis“. Hilde Bitz (1929–2017), Nestrix der evangelischen Frauengeschichtsschreibung in Baden, in: JBKRG 11 (2017), 10–25.

7. Von der Pfarrerin zur „Pfarrfrau“? – Ruhestand und letzte Lebensjahre Doris Faulhabers

Hilde Bitz und Doris Faulhaber hatten einander im Religionsunterricht am Mannheimer Liselotte-Gymnasium kennengelernt. Doris Faulhaber unterstütze den Wunsch ihrer Schülerin, Theologie zu studieren. Kurz nach Studienbeginn in Heidelberg zogen die beiden Frauen 1950 in Mannheim in eine gemeinsame Wohnung. Für Doris Faulhaber war dies der Beginn einer lebenslangen „Lebens-, Arbeits- und Wohngemeinschaft“,[58] zu der auch der gemeinsame Kampf für den Zugang von Frauen zum Gemeindepfarramt gehörte.

Nachdem Hilde Bitz die erste offiziell gewählte Gemeindepfarrerin Badens wurde, zog Doris Faulhaber mit ihr in das Pfarrhaus. 1969 hatte sie den Schuldienst verlassen und war in den Ruhestand getreten. Aus der Pfarrerin wurde aber nicht die „Pfarrfrau“. Auch wenn sie einige „klassische Pfarrfrauen-Aufgaben“, wie die Organisation des Weltgebetstages, gern übernahm. Sie blieb auch selbst Pfarrerin und hielt regelmäßig in verschiedenen Mannheimer Kirchen Gottesdienste.

Als sich Hilde Bitz nach zehn Jahren im Gemeindepfarramt für eine Stelle in der Klinikseelsorge entschied, kauften beide eine gemeinsame Eigentumswohnung am Mannheimer Luisenpark. Bis zum Tod Doris Faulhabers am 17. Juli 1991 lebten sie dort. Hilde Bitz verstarb am 23. Juli 2017. Sie wurde im gleichen Grab wie Doris Faulhaber auf dem Mannheimer Hauptfriedhof beigesetzt.

Quellen- und Literaturverzeichnis

1. *Quellen*

1.1 *Archivalien*

Landeskirchliches Archiv Karlsruhe (LkA KA)
Bestand 001: Generalia
GA 5906 Die Pfarrerin

Bestand 002: Personalakten
PA 485 Elsbeth Oberbeck
PA 6658, 6659, 6660 Doris Faulhaber

Bestand 150: Nachlässe
150.106 NL Faulhaber, Doris
150.113 NL Bitz, Hilde

58 NL Bitz, Nr. 378, E-Mail Hilde Bitz an Irmtraud Bankes vom 16.9.2008.

1.2 *Gedruckte Quellen*

Brunner, Peter: Das Hirtenamt und die Frau (1959), in: Ders.: Pro Ecclesia I. Gesammelte Aufsätze zur dogmatischen Theologie, Berlin/Hamburg 1962, 310–338.

Bultmann, Rudolf: Das Evangelium des Johannes (KEK), Göttingen [11]1950.

Evangelischer Oberkirchenrat Karlsruhe (Hg.): Verhandlungen der Landessynode der vereinigten evangelisch-protestantischen Landeskirche Badens. Ordentliche Tagung vom Mai/Juni 1930, Karlsruhe 1931.

Evangelischer Oberkirchenrat Karlsruhe (Hg.): 2. Sitzung der 11. Tagung der 1965 gew. Landessynode, Karlsruhe 1971.

Faulhaber, Doris: Die Pfarrerin in der Evangelischen Landeskirche in Baden, in: Wunderer, Gerhard (Hg.): 1892–1992 die ersten hundert Jahre. Festschrift zum 100jährigen Jubiläum des Evangelischen Pfarrvereins in Baden e. V, Karlsruhe 1992, 69–75.

GVBl Kirche Baden 3/1944.

GVBl Kirche Baden 4/1958.

Wurster, Paul: Die Verwendung der akademisch gebildeten Theologinnen im kirchlichen Gemeindedienst, in: MPTh (10.1917–09.1918), 163–170.

2. *Literatur*

Banhardt, Sarah: „Nicht bloß barmherzige Mitschwester, [...] sondern [...] Theologin, weiblicher Pfarrer“ – Elsbeth Oberbeck (1871–1944): Leben und Wirken der ersten badischen Theologin, in: JBKRG 11 (2017), 297–312.

Banhardt, Sarah: „Pfarrer im Sinne der Grundordnung ist auch die Pfarrerin“ – Vom langen Weg zur Gleichstellung von Pfarrerinnen in der Evangelischen Landeskirche in Baden, in: JBKRG 14 (2020), 149–165.

Bayer, Ulrich: „Die Frauenwelt ist zum Dienst bereit. Wir bitten uns nicht zurückzuweisen.“ Einige Aspekte zur Gründungsgeschichte der Evangelisch-sozialen Frauenschule in Freiburg 1918, in: Ruth-Klumbies, Anke / Schneider-Harpprecht, Christoph (Hg.): Erinnerungen und Perspektiven. Evangelische Frauen in Baden 1916–2016, Leipzig 2016, 45–62.

Birn, Marco: Bildung und Gleichberechtigung. Die Anfänge des Frauenstudiums an der Universität Heidelberg (1869–1918), Heidelberg 2012.

Bitz, Hilde: Doris Faulhaber (1907–1991), in: Schwinge, Gerhard (Hg.): Lebensbilder aus der Evangelischen Kirche in Baden im 19. und 20. Jahrhundert, Band IV: Erweckung, Innere Mission/Diakonie, Theologinnen, Heidelberg/Ubstadt-Weiher/Weil am Rhein/Basel 2015, 432–463.

Bitz, Hilde: Grete Gillet (1895–1970), in: Schwinge, Gerhard (Hg.): Lebensbilder aus der Evangelischen Kirche in Baden im 19. und 20. Jahrhundert, Band IV: Erweckung, Innere Mission/Diakonie, Theologinnen, Heidelberg/Ubstadt-Weiher/Weil am Rhein/Basel 2015, 404–431.

Bitz, Hilde: Dr. Grete Gillet, in: Erhart, Hannelore (Hg.): Lexikon früher evangelischer Theologinnen. Biographische Skizzen, Neukirchen-Vluyn 2005, 129.

Bitz, Hilde: Luise Herrmann, in: Erhart, Hannelore (Hg.): Lexikon früher evangelischer Theologinnen. Biographische Skizzen, Neukirchen-Vluyn 2005, 176.

Friedrich, Otto: Einführung in das Kirchenrecht. Unter besonderer Berücksichtigung des Rechts der Evangelischen Landeskirche in Baden, Göttingen [1]1961.

Henze, Dagmar: Die Anfänge des Frauenstudiums in Deutschland, in: Frauenforschungsprojekt zur Geschichte der Theologinnen, Göttingen (Hg.): „Darum wagt es, Schwestern ...“. Zur

Geschichte evangelischer Theologinnen in Deutschland (HTSt 7), Neukirchen-Vluyn 1994, 19–40.
Roggenkamp, Antje: Art. „Sieveking, Amalie Wilhelmine“, in: RGG⁴ 7 (2004), 1312.
Schötz, Susanne: Weibliche Erwerbsarbeit seit der Industrialisierung, in diesem Band.
Strohm, Theodor: Art. „Fliedner, Theodor“, in: RGG⁴ 3 (2000), 160–161.
Ulrichs, Hans-Georg: „Zu ihrem Gedächtnis“. Hilde Bitz (1929–2017), Nestrix der evangelischen Frauengeschichtsschreibung in Baden, in: JBKRG 11 (2017), 10–25.
Von Soden, Kristine: Zur Geschichte des Frauenstudiums, in: Dies. / Zipfel, Gaby (Hg.): 70 Jahre Frauenstudium. Frauen in der Wissenschaft, Köln 1979, 9–42.
Witt, Almut: Zur Entwicklung kirchlicher Frauenberufe Ende des 19. Jahrhunderts, in: Frauenforschungsprojekt zur Geschichte der Theologinnen, Göttingen (Hg.): „Darum wagt es, Schwestern...“. Zur Geschichte evangelischer Theologinnen in Deutschland (HTSt 7), Neukirchen-Vluyn 1994, 41–54.
Zeilfelder-Löffler, Monika: Maria Heinsius (1893–1979), in: Schwinge, Gerhard (Hg.): Lebensbilder aus der Evangelischen Kirche in Baden im 19. und 20. Jahrhundert, Band IV: Erweckung, Innere Mission/Diakonie, Theologinnen, Heidelberg/Ubstadt-Weiher/Weil am Rhein/Basel 2015, 386–403.

Jolanda Gräßel-Farnbauer

Von der ersten Theologin im Predigerseminar bis zur Gleichstellung im Dienstrecht

Theologinnen im Pfarrberuf der EKHN und ihren Vorgängerkirchen 1929–1971

Dieser Beitrag dient der Konkretisierung der Diskussion um die „Frauenordination“[1] auf Ebene einer Landeskirche und zwar der Evangelischen Kirche in Hessen und Nassau (EKHN) sowie ihrer Vorgängerkirchen, indem die Entwicklung von der Zulassung von Frauen zu den kirchlichen Examina und dem Besuch des Predigerseminars bis zur vollständigen formalrechtlichen Gleichstellung durch Einführung eines geschlechtsunspezifischen Dienstrechts nachgezeichnet wird. Zur Veranschaulichung der Bedeutung dieser rechtlichen Entwicklungsschritte für die Berufsbiografien werden exemplarisch einzelne Theologinnen erwähnt.

Die EKHN versteht sich als progressive, liberale und politische Landeskirche.[2] Dieses Selbstbewusstsein prägte auch die Diskussion um die Gleichstellung von Theologinnen ab den Anfängen in der Evangelischen Kirche in Nassau – einer der drei Vorgängerinnenkirchen der EKHN[3]. In welchen Aspekten der Gleichstellungsentwicklung die EKHN tatsächlich eine Vorreiterinnenrolle hatte und in welchen eher nicht, wird näher zu beleuchten sein. Der Aufbau des Beitrags folgt den Etappen in der Entwicklung des Dienstrechts der Theologinnen im Pfarrberuf der EKHN.[4] Ein Schwerpunkt der Darstellung liegt dabei auf der Umsetzung der Vikarinnenverordnung in den 1950er Jahren, da hier die entscheidenden Weichenstellungen für die weitere Entwicklung erfolgten.

---

1 Zur Begriffsverwendung in diesem Band siehe Einleitung.

2 EKHN (Hg.): Die Geschichte der EKHN, in: https://www.ekhn.de/ueber-uns/geschichte.html (abgerufen am 11.5.2022).

3 Neben Nassau sind dies die Landeskirchen Hessen-Darmstadt und Frankfurt a. M.

4 Dieser Beitrag ist eine kondensierte Fassung meines im Entstehen befindlichen Promotionsprojekts „Geistlich und rechtlich gleich. Gleichstellung von Theologinnen im Pfarrberuf der EKHN und ihren Vorgängerkirchen 1918–1971“. Anlässlich des 50jährigen Gleichstellungsjubiläums der EKHN erschien 2020 bereits der Band EKHN (Hg.): Mutige Schritte. 50 Jahre Gleichstellung von Frauen und Männern im Pfarrdienst der EKHN, Darmstadt 2020, an dem die Verfasserin mitarbeitete.

1. Regelung der Theologinnenfrage in der Evangelischen Kirche in Nassau

Die Evangelische Kirche in Nassau (EKN) traf als einzige der drei Vorgängerkirchen der EKHN Ende der 1920er bzw. Anfang der 1930er Jahre eine Regelung zur Theologinnenfrage.[5] Im Herbst 1928 hatte Ulrike Türck (1900–1997) als erste Theologin die erste theologische Prüfung vor der Prüfungskommission der EKN abgelegt;[6] dies war gemäß der Verfassung der EKN von 1925 möglich[7]. Angesichts dieses faktischen Vorhandenseins einer kirchlich examinierten Kandidatin und des Wissens, dass weitere folgen würden, sowie des Umstands, dass andere Landeskirchen bereits Regelungen bezüglich Theologinnen getroffen hatten, sah der nassauische Landesbischof D. August Kortheuer (1868–1963) die Notwendigkeit für eine entsprechende Regelung in Nassau.[8] Der Landeskirchentag der EKN beschloss daher im November 1929 im Kontext der Verabschiedung eines neuen Ausbildungsgesetzes für Pfarrer im vorletzten Abschnitt dieses Gesetzes unter der Überschrift „V. Theologinnen“:

> „Die Landeskirchenregierung wird bis zu besonderer kirchengesetzlicher Regelung ermächtigt, die Vorbildung der Theologinnen nach der ersten Prüfung im Wege von Ausführungsbestimmungen einstweilen derjenigen der Theologen zweckentsprechend anzupassen und die Theologinnen nach Erfüllung der zu stellenden Anforderungen zu besonders für sie errichteten Ämtern, die kein Gemeindepfarramt im herkömmlichen Sinne darstellen, zuzulassen. Die ihnen hierbei zu erteilende Ordination

---

5 Der Negativbefund bzgl. der Landeskirchen Hessen-Darmstadt und Frankfurt a. M. in der Tabelle bei Köhler, Heike: Die Entwicklung der Theologinnengesetzgebung bis 1932, in: Frauenforschungsprojekt zur Geschichte der Theologinnen, Göttingen (Hg.): „Darum wagt es, Schwestern ...“. Zur Geschichte evangelischer Theologinnen in Deutschland (HTSt 7), Neukirchen-Vluyn 1994, 109–128, 110–115, deckt sich mit meinen Recherchen. In Hessen-Darmstadt besuchten, obwohl keine Regelung vorhanden war, trotzdem zwei Theologinnen das Friedberger Predigerseminar; die erste Theologin am Friedberger Predigerseminar Violet Schäfer (1909–1977) wurde nach dem zweiten Examen sogar in Alsfeld 1932 eingesegnet, erhielt aber ebenfalls keine dauerhafte Anstellung bei ihrer Landeskirche. Vgl. Rühl, Artur: Das Theologische Seminar Friedberg. Skizzen zur Gründung und Entwicklung in 150 Jahren, in: Dienst, Karl (Hg.): Festschrift 150 Jahre Theologisches Seminar Friedberg (JHKV 38 1987 1. Teil), Darmstadt 1987, 1–42, 38; Härter, Ilse: Art. „Violet Schäfer (1909–1977)“, in: Erhart, Hannelore (Hg.): Lexikon früher evangelischer Theologinnen. Biographische Skizzen, Neukirchen-Vluyn 2005, 332; Härter, Ilse: Art. „Johanna-Maria Bock geb. Burmester (1909–1995)“, in: Ebd., 38.

6 Amtsblatt für die Evangelische Kirche in Nassau (ABlEKN) 1928, 121.

7 § 138 Abs. 2 c) der Verfassung der EKN, veröffentlicht in: Kirchliches Amtsblatt. Gesetz- und Verordnungsblatt für den Amtsbezirk des Evangelischen Konsistoriums zu Wiesbaden 1924, 49–108, 83.

8 ZA EKHN 1/86, 153–167, Landesbischof Kortheuer, Zur Neuordnung des theologischen Prüfungswesens. Referat auf der Marburger Konferenz am 20.2.1929, 163–166. Vgl. auch Braun, Reiner: August Kortheuer. Evangelischer Pfarrer und Landesbischof in Nassau 1893–1933 (QSHK 4), Darmstadt 2000, 177; 179f.

soll die Wortverkündigung und Sakramentsverwaltung nicht grundsätzlich ausschließen."[9]

Diese nassauische Regelung weist einerseits für die 1920er Jahre fortschrittliche Elemente auf, nämlich die Ausbildung analog zu männlichen Theologen, Ordination, Sakramentsverwaltung und Wortverkündigung. Andererseits wurde die Abgrenzung vom Gemeindepfarramt, die in den Theologinnengesetzen der 1920er Jahre common sense war,[10] dezidiert aufgenommen, obwohl die Streichung dieser Einschränkung auf dem Landeskirchentag beantragt worden war.[11] V. a. aber blieb die Umsetzung abhängig vom Willen der Landeskirchenregierung bzw. deren Ausführungsbestimmungen sowie der Errichtung besonderer Stellen für Theologinnen. Dies hatte zur Folge, dass die nassauischen Theologinnen zwar in die Ausbildung nach dem ersten Examen (Seminarbesuch in Herborn, Lehrvikariat und zweites Examen) integriert wurden[12], allerdings endete die Gleichstellung nach dem zweiten Examen und die Theologinnen wurden weder ordiniert noch weiter von der Landeskirche beschäftigt. Die vollmundige Ankündigung Kortheuers des „Überholens" aller anderen Landeskirchen[13] wurde nicht eingelöst, so dass die ersten nassauischen Theologinnen keine Perspekti-

9 § 15 des Kirchengesetzes betreffend Vorbildung und Anstellungsfähigkeit der Geistlichen in der EKN vom 3.1.1930, veröffentlicht in: ABlEKN 1930, 24–27, 27.

10 Vgl. Köhler, Theologinnengesetzgebung, 125–128.

11 Verhandlungen der dritten (ordentlichen) Tagung des ersten Landeskirchentages (LKT) der EKN vom 5.–15.11.1929, [Druck] Wiesbaden o. J., 3, 38f., 249.

12 Dies kann insofern betont werden, als andere Landeskirchen sich gerade nicht für die vollständige Integration der Theologinnen in die Ausbildung nach dem ersten Examen entschieden. Laut Henze und Köhler war Ulrike Türck 1929/30 nicht nur die erste Theologin am Herborner Seminar, sondern auch deutschlandweit die erste Theologin, die ein Predigerseminar besuchte. Henze, Dagmar / Köhler, Heike: Völlige Gleichberechtigung der Geschlechter auf dem Gebiet der Wissenschaft? Ausschnitte aus der theologischen Bildungsgeschichte von Frauen in Göttingen, in: Frauenforschungsprojekt zur Geschichte der Theologinnen, Göttingen (Hg.): Querdenken. Beiträge zur feministisch-befreiungstheologischen Diskussion. Festschrift für Hannelore Erhart zum 65. Geburtstag (TFF 1), Pfaffenweiler 1992, 179–216, 204. Eine Ausnahme stellte die badische Landeskirche dar, wo Elsbeth Oberbeck (1871–1944) bereits 1916/17 an den Veranstaltungen des Praktisch-Theologischen Seminars nach dem ersten Examen in Heidelberg teilnahm und damit die gleiche Ausbildung wie ihre männlichen Kollegen absolvierte. Zu dieser Zeit gab es in der badischen Landeskirche kein Predigerseminar mit gemeinschaftlichem Wohnort. Stattdessen fand der zweite Ausbildungsabschnitt am Praktisch-theologischen Seminar der Universität statt und nach einem Jahr wurde in Karlsruhe das zweite Examen abgelegt. Vgl. Hupfeld, Renatus / Frommel, Otto (Hg.): Hundert Jahre Praktisch-Theologisches Seminar der Universität Heidelberg. Zur Erinnerung an die Gedenkfeier am 16. Juni 1938, Heidelberg 1938 sowie LkA KA, PA 485, Brief Elsbeth Oberbeck an den Evangelischen Oberkirchenrat vom 12.3.1917. Für den Hinweis und die Belege danke ich Sarah Banhardt.

13 1. LKT der EKN, 3. Tag., 1929, 39.

ven bei ihrer Landeskirche hatten. Margarete Braun (1893–1966) war daher bereits 1926 nach Hamburg gewechselt.[14] Ulrike Türck ging 1934 in den staatlichen Schuldienst.[15] Ingeborg Geißler (1905–2008) musste nach jahrelangen unsicheren Anstellungsverhältnissen und Arbeitslosigkeit 1938 noch eine zweite Berufsausbildung für den Bibliotheksdienst absolvieren.[16] Die Spuren der dritten in Nassau vollständig ausgebildeten Theologin, Helene Schumann (1899–?), verlieren sich ganz.[17]

2. Kriegszeit

Während des Zweiten Weltkrieges, als zahlreiche Pfarrer zum Kriegsdienst eingezogen waren, waren es insbesondere Frauen, die das Gemeindeleben und die Gottesdienste aufrechterhielten. Am Beispiel der Pfarrfrau Ilse Hedderich, geb. Boeckner (1912–2002) – selbst Theologin, wenngleich ohne Examen – lässt sich zeigen, wie schwer sich die mittlerweile zu Nassau-Hessen fusionierte Landeskirche trotz faktischen Bedarfs mit der offiziellen Übertragung und Ausweitung von Befugnissen v. a. für Gottesdienst und Kasualien tat, ehe man ihr doch den vollständigen Vertretungsdienst für ihren Mann übertrug.[18] Diese Erfahrungen hatten für die folgende Entwicklung eine doppelte Funktion: Zum einen war dieser Dienst in der Kriegszeit in späteren Debatten um die Stellung der Theologinnen in der Kirche ein wichtiges Argument für die Öffnung des Pfarramtes.[19] Zum anderen dürfte die dankbare Annahme des pfarramtlichen Dienstes von Frauen

---

14 Die Theologin Margarete Braun, die nach dem Bestehen des Fakultätsexamens 1921 in Marburg in der Ringkirchengemeinde in Wiesbaden als Pfarrgehilfin arbeitete, war die erste Theologin, die auf dem Gebiet der EKN arbeitete. Braun wechselte allerdings mangels Möglichkeit, in Nassau das zweite Examen abzulegen, 1926 nach Hamburg. Vgl. Hering, Rainer: Art. „Braun, Margarete“, in: BBKL XV (1999), Sp. 298–313, 300.

15 Vgl. HHStAW 650B/5461.

16 Vgl. ZA EKHN 120/3545f.

17 Von ihr liegen nur die Veröffentlichung der bestandenen Examina im ABlEKN 1930, 140; 1932, 123 sowie die Karteikarte im Herborner Kandidatenregister (per Mail von Gudrun Thiel-Schmidt, Leiterin der Bibliothek des Theologischen Seminars Herborn am 23.9.2021) vor.

18 Vgl. ZA EKHN 120/2164. Hedderich hatte zugunsten der Finanzierung des Studiums ihres Verlobten ihr Studium beendet, aber weiterhin mit studiert und auch Hausarbeiten geschrieben.

19 Vgl. z. B. im Kontext der Synodendiskussion in der EKHN Synodale Erica Küppers, in: Kirchenleitung der EKHN (Hg.): Kirchensynode der EKHN, Erste Kirchensynode, 5. ordentliche Tagung 22. bis 25. März 1954 in Frankfurt a. M., Darmstadt / (Druck) Wiesbaden o. J., 76 (alle folgenden Synodenprotokolle werden so zitiert: KS EKHN, 1. KS, 5. Tag., 1954); OKR Hans-Erich Heß, in: KS EKHN, 2. KS, 3. ao. Tag., 1958, 153, 167; Kirchenpräsident Martin Niemöller, in: Ebd., 179; Synodale Magdalena Weller, in: Ebd., 184.

durch die Gemeinden in der Kriegszeit die Akzeptanz von Pfarrerinnen befördert haben.[20]

3. Vikarinnenverordnung der EKHN von 1949

Im Juli 1949 beschloss die Kirchenleitung der EKHN im Einvernehmen mit dem Verfassungsausschuss die sog. Vikarinnenverordnung.[21] Diese basierte auf einem Entwurf des zuständigen Ausbildungsreferenten Oberkirchenrat (OKR) D. Hans-Erich Heß (1904–1982; Amtszeit als Ausbildungsreferent: 1947–1969), den dieser u. a. nach Vorlage des Gesetzes der Evangelischen Kirche von Kurhessen-Waldeck und aufgrund eines Treffens mit auf dem Gebiet der EKHN tätigen Theologinnen erarbeitet hatte.[22] Möglich war diese Form einer Verordnung der Kirchenleitung statt eines von der Synode beschlossenen Kirchengesetzes aufgrund der Vollmacht der Kirchenleitung zur Vereinheitlichung des Rechtes der Teilkirchen in der Gründungsphase der EKHN. Dies gilt es deshalb zu betonen, da damit die Frauenordination in der EKHN durch die Kirchenleitung und nicht durch die Synode eingeführt wurde – v. a. der Punkt der Ordination war daher im Entstehungsprozess umstritten.[23] In Summe vereint die Verordnung einerseits Elemente, die den Weg zur geistlichen und partiell auch zur rechtlichen Gleichstellung ebneten. Elemente auf dem Weg zur geistlichen Gleichstellung waren – in Kontinuität zum nassauischen Paragrafen 15 von 1930 – die Einführung der Ordination und mit ihr verbunden der Auftrag zur Sakramentsverwaltung – wenn auch mit der Einschränkung „im Rahmen ihres Dienstes“[24]. Zudem ermöglichte die Vikarinnenverordnung erstmalig auf dem Gesamtgebiet der EKHN die Anstellung von Theologinnen mit erstem und zweitem Examen im unmittelbaren Kirchendienst, d .h. durch die Landeskirche als Dienstherrin. Als weiteres Element auf dem Weg zur rechtlichen Gleichstellung sind all die Bestimmungen zu sehen, die eine Anwendung des für Pfarrer geltenden Rechts vorsahen. Andererseits gab es gleichzeitig Elemente, die die Abgrenzung vom

---

20 So vermerkte Pfarrer Rudolf Zentgraf (zuständig für die beiden Gemeinden Bingenheim und Leidhecken) in der Pfarrchronik der Kirchengemeinde Bingenheim über die Vertretungsdienste von Ilse Hedderich in der Gemeinde Leidhecken: „Die wackere Praedicantin wurde in Leidhecken nicht ungern gehört und ihre Seelsorge in den Häusern dankbar begrüßt, weil sie aus Gottes Wort und Reichtum etwas auszuteilen hatte." (Auskunft von Pfarrer Joachim Sylla).

21 Verordnung über die Verwendung von Vikarinnen im kirchlichen Dienst, veröffentlicht in: ABlEKHN 1949, 113f.

22 Der Entstehungsprozess kann in Grundzügen rekonstruiert werden über ZA EKHN 155/240.

23 Dieses Problem wurde durch einen Kunstgriff umschifft: Der Verfassungsausschuss schlug die Handhabung i. S. des nassauischen § 15 von 1930 vor, der ja vom Landeskirchentag und damit einem synodalen Organ einer Vorgängerkirche der EKHN beschlossen worden war.

24 ABlEKHN 1949, 113.

herkömmlichen (Gemeinde-)Pfarramt deutlich machten. Dazu zählen alle Sonderregelungen: zuallererst an sich der Umstand der Schaffung eines geschlechtsspezifischen Sonderrechts, sodann der lebenslange Titel „Vikarin", das niedrigere Gehalt (80 Prozent), die Bestimmung, dass die Vikarin bei Heirat aus dem Dienst ausschied (Zölibatsklausel), und der vorgesehene Einsatz auf speziellen Vikarinnenstellen (sog. Planstellen). Diese Elemente und insbesondere die Auslegung von OKR Heß von 1958[25] zeigen, dass – obwohl auf Anregung des Verfassungsausschusses der Begriff „Amt" aus der Verordnung gestrichen worden war und im Wortlaut der Verordnung keine spezifischen Aufgabenfelder für Vikarinnen benannt wurden – die Verordnung dennoch von der Vorstellung geschlechtsspezifischer Aufgaben für Vikarinnen und eines speziellen „Frauenamtes" bestimmt war. Die Verordnung ist insgesamt geprägt vom zeittypischen Spagat zwischen Ansätzen geistlicher und rechtlicher Gleichstellung bei gleichzeitiger Abgrenzung vom (Gemeinde-)Pfarramt, den auch die Vikarinnengesetze anderer Landeskirchen[26] versuchten.

4. Weichenstellungen in der Umsetzung der Vikarinnenverordnung in den 1950er Jahren

Bei der Umsetzung der Vikarinnenverordnung in den 1950er Jahren wurden entscheidende Weichen für die weitere Gleichstellung gestellt.[27] Bezüglich Stellen führte gerade die Nicht-Umsetzung der Verordnung (es wurden nur zwei Planstellen geschaffen) zur Öffnung des Gemeindepfarramtes. Heß konstatierte 1958 auf der Synode: „Wir sind – notgedrungen – längst dazu übergegangen, Frauen auch im überkommenen Gemeindedienst Pfarrern zur Mithilfe beizugeben, ohne ihnen allerdings in der Regel ein solches Amt selbständig zu übertragen."[28] Auch bezüglich Ausbildung ermöglichte – bis auf eine Ausnahme[29] – der Verzicht auf Sonderregelungen bezüglich der Ausbildung von Vikarinnen (laut § 3 Satz 2 der Verordnung möglich) die vollständige Integration in die Ausbildung nach dem ersten Examen (bestehend aus Seminarausbildung an den Theologischen Seminaren in Herborn und Friedberg, Lehrvikariat und zweitem Examen); wie es auch Ende der 1920er und Anfang der 1930er Jahre in Herborn (Nassau) und

---

25 KS EKHN, 2. KS, 3. ao. Tag., 1958, 153–156.

26 Vgl. z. B. Beckmann, Joachim: Kirchliche Zeitgeschichte, in: KJ 76 (1949), 1–260, 170f.

27 Vgl. dazu ZA EKHN 155/240.

28 KS EKHN, 2. KS, 3. ao. Tag., 1958, 154. Bereits 1952 war eine Revision von § 8 notwendig geworden, veröffentlicht in: ABlEKHN 1952, 105.

29 Im Winter 1952/53 schickte die EKHN ihre beiden Kandidatinnen zu einem Extra-Vikarinnenkurs – organisiert von der rheinischen Landeskirche – nach Rengsdorf. Vgl. ZA EKHN 155/240.

Friedberg (Hessen-Darmstadt) bereits praktiziert worden war.[30] Ein Punkt, den die Vikarinnenverordnung unerwähnt ließ, wurde im März 1954 durch Erlass einer Ordnung geregelt: die Frage der Amtstracht für Vikarinnen. Diese Frage stellte sich durch die Praxis des Gottesdiensthaltens bereits im Kontext der Theologischen Seminare und des Lehrvikariats. Die EKHN folgte bezüglich der Amtstracht anderen Landeskirchen, die den Talar analog zu den Pfarrern vorsahen, aber statt dem Beffchen einen weißen Kragen für die Vikarinnen vorschrieben.[31] Die EKHN entschied sich für „weiße hemdenblusenähnliche Ecken (Überschläge) zum Einknöpfen“[32]. Das Tragen des Baretts war den Vikarinnen aber bereits mit der Ordnung von 1954 gestattet – im Unterschied zu anderen Landeskirchen[33]. Ein entscheidender Schritt der rechtlichen Gleichstellung war 1955 die Angleichung der Gehälter durch Synodenbeschluss (Revision von § 12 der Vikarinnenverordnung).[34] Diese Entscheidung fußte auf einem Antrag von vier Synodalen.[35] Anlass war die inzwischen im öffentlichen Dienst erfolgte Angleichung der Gehälter für Männer und Frauen, so dass der Staat bei Einsatz von Vikarinnen im Schuldienst 100 Prozent an die Kirche zahlte, die Kirche aber gemäß der Vikarinnenverordnung nur 80 Prozent an die Vikarinnen auszahlte.[36] Das niedrigere Gehalt war wie die Zölibatsklausel aus dem Beamtenrecht des 19. Jahrhunderts übernommen worden, hielt sich aber in den Theologinnengesetzen länger als im staatlichen Bereich.[37] Die EKHN war mit diesem Beschluss laut Rundfrage der EKD neben Baden – wo es aber für Vikarinnen keine Stellenzulagen gab – die einzige Landeskirche, die Vikarinnen gleichbesoldete.[38] Die Fortschrittlichkeit in der Gehaltsfrage diente in der zweiten Hälfte der 1950er Jahre aber als Argument, um auf dem Status quo zu beharren.[39]

---

30 Die Vikarinnen anderer Landeskirchen wurden z. T. in speziellen Seminaren ausgebildet. Hier ist insbesondere das Kandidatinnenseminar Birkenhof (Hannover) der Ev.-luth. Kirche Hannovers sowie das Vikarinnenseminar im Johannesstift (Berlin-Spandau) der EKU zu nennen. Vgl. auch Herbrecht, Dagmar: Der „weibliche Talar“ – Stationen auf dem langen Weg vom „Amt eigener Art“ zur vollen Gleichberechtigung von Frauen und Männern im pfarramtlichen Dienst, in: MEKGR 55 (2006), 159–178, 170.

31 Vgl. ZA EKHN 155/237 zur Rekonstruktion des Entstehungsprozesses der Ordnung.

32 ABlEKHN 1954, 21f.

33 Vgl. Herbrecht, Talar, 172; Schäfer-Bossert, Stefanie: Das alte Wollkleid – versus Talar. Die textile Seite des Kampfs der Württemberger Theologinnen um das volle Pfarramt, in: Hartlieb, Elisabeth u. a. (Hg.): Das neue Kleid. Feministisch-theologische Perspektiven auf geistliche und weltliche Gewänder, Sulzbach/Taunus 2010, 89–107, 99–102.

34 KS EKHN, 1. KS, 6. Tag., 1955, 197, 603.

35 KS EKHN, 1. KS, 5. Tag., 1954, 459.

36 Vgl. Synodaler Dr. Karl Ringshausen in: KS EKHN, 1. KS, 5. Tag., 1954, 96f.

37 Vgl. Beitrag von Celina Windbiel in diesem Band.

38 ZA EKHN 155/240, Schreiben der EKD an die Leitungen der dt. ev. Landeskirchen vom 19.5.1956.

39 Vgl. Kirchenpräsident Martin Niemöller, in: KS EKHN, 2. KS, 2. Tag., 1957, 77f.; KS EKHN, 2. KS, 3. Tag., 1958, 116f.

5. Pfarrerinnengesetz von 1959

Erst als 1958 andere Landeskirchen vorangingen[40], öffnete die EKHN 1959 mit dem sog. Pfarrerinnengesetz das Gemeindepfarramt für Frauen.[41] Diese trugen nun den Titel „Pfarrerin" und waren in geistlicher Hinsicht vollständig gleichgestellt (Ordination, Sakramentsverwaltung usw.). Die rechtliche Gleichstellung blieb aber in zwei Punkten unvollständig: Die Pfarrerinnen konnten sich zwar regulär auf Pfarrstellen bewerben, aber die Kirchengemeindevertretung musste der Stellenbesetzung mit einer Frau – auch bei Besetzung durch die Kirchenleitung – zustimmen. Zudem galt weiterhin die Zölibatsklausel, die bereits mit der Vikarinnenverordnung dazu geführt hatte, dass die Theologinnen der jüngeren Generation und damit der Nachwuchs aufgrund von Heirat ausschied. Die erste Frau, die auf Grund der Initiative der Gemeinde und ermöglicht durch die neue Gesetzgebung, eine Pfarrstelle übertragen bekam, war die bereits erwähnte und inzwischen verwitwete Ilse Hedderich.[42] Auch wenn es noch weitere Einzelbeispiele für Gemeindepfarrerinnen insbesondere im ländlichen Raum in Oberhessen aus der ersten Hälfte der 1960er Jahren gibt[43], darf dies nicht darüber hinweg täuschen, dass gerade die Zustimmungspflicht dazu führte, dass Pfarrerinnen im Bewerbungsverfahren benachteiligt waren. Dies zeigt insbesondere der berufliche Werdegang von Frohilde Wißmann (1927–1977). Wißmann unternahm in den 1960er und 1970er Jahren zwanzig Bewerbungsversuche, um auf einer Gemeindepfarrstelle im städtischen Raum und im Team arbeiten zu können – ohne Erfolg.[44] Dabei hatte sie bereits als erste Stelle nach dem zweiten Examen ab Herbst 1955, d. h. noch im Gültigkeitszeitraum der Vikarinnenverordnung, eine Pfarrstelle in Darmstadt vertretungsweise für ein Jahr versehen.[45] Dieser vollständige Einsatz im Gemeindedienst war ein Novum gewesen. Neben den Schwierigkeiten bei der Stellenbewerbung erwies sich ferner die Zölibatsklausel als Hindernis für die Pfarrerinnen. Pfarrerin Sibylle Michel (1927–2020), die ebenfalls seit Herbst 1955 im kirchlichen Dienst war, stand vor dem Dilemma zwischen Eheschließung mit ihrem langjährigen Verlobten, der noch studierte, oder Amtsausübung und damit auch ökonomischer Absicherung für sich und

[40] Vgl. die entsprechenden Gesetze der Ev. Landeskirche Anhalts, der Evangelisch-Lutherischen Kirche Lübecks und der pfälzischen Landeskirche, abgedruckt in: ABlEKD 12 (1958), 321, 345f., 370.

[41] KS EKHN, 2. KS, 4. Tag., 1959, 406. Kirchengesetz über die Berufung von Frauen in den pfarramtlichen Dienst, veröffentlicht in: ABlEKHN 1959, 43f.

[42] ZA EKHN 120/2164.

[43] Hier sind v. a. Therese von Helmolt (ZA EKHN 120/245; 5290) und Huberta Körner (ZA EKHN 120/4278–4281) zu nennen.

[44] Zusätzlich wechselte sie aus diesem Grund zweimal die Landeskirche: 1959 in die Pfalz und 1971 die EKKW, kehrte aber jeweils nach wenigen Jahren 1964 bzw. 1974 in die EKHN zurück.

[45] Vgl. zu Frohilde Wißmann ZA EKHN 120/635–637; 643; 5328.

ihren Verlobten. Ihr Gesuch, dass die Kirchenleitung von der im Pfarrinnengesetz (und auch in der Vikarinnenverordnung) enthaltenen Ausnahmeregelung Gebrauch machte – insbesondere auch da sie im Schuldienst tätig war – scheiterte. Sie schied nach ihrer Eheschließung im Juni 1961 aus dem Dienst aus und erhielt die Rechtsstellung als Pfarrerin im Ruhestand.[46]

6. Lockerung der Zölibatsklausel 1968

Die Zölibatsklausel wurde erst im Dezember 1968 aufgrund eines Initiativantrags von 38 Synodalen gelockert.[47] Hintergrund waren wiederum einerseits entsprechende Regelungen anderer Landeskirchen sowie andererseits der öffentliche Druck durch die Presse.[48] Diese Gesetzesnovelle ermöglichte zum einen die Ordination verheirateter Frauen. Zum anderen konnten die erwähnte Pfarrerin i. R. Sibylle Meisenzahl-Michel sowie ihre Mainzer Kollegin Pfarrerin i. R. Inge Helke-Paul (1927–2020), die beide nach der Eheschließung weiterhin im Religionsunterricht tätig waren, aber aufgrund der Zölibatsklausel nicht mehr im kirchlichen Dienst als Pfarrerin, reaktiviert werden, d. h. in den aktiven Pfarrdienst zurückkehren.[49]

7. Einführung eines geschlechtsunspezifischen Dienstrechts 1970/71

Bereits bei dieser Lockerung der Zölibatsklausel, die nur eine vorübergehende Regelung war, hatte ein Synodaler, der spätere Kirchenpräsident Helmut Hild (1921–1999; Amtszeit als Kirchenpräsident: 1969–1985), angeregt, die Idee der Gleichberechtigung vollständig umzusetzen durch Schaffung eines gemeinsamen geschlechtsunspezifischen Dienstrechts.[50] Die entsprechenden Umarbeitungen des Pfarrergesetzes wurden vom Rechtsausschuss erarbeitet und zwei Jahre später im Dezember 1970 von der Synode beschlossen.[51] Das gemeinsame Dienstrecht galt ab 1. Januar 1971.[52] Damit fielen die Zustimmungspflicht bei der

46 Vgl. zu Sibylle Michel ZA EKHN 120/5922.

47 KS EKHN, 4. KS, 2. Tag., 1968, 301. Kirchengesetz zur vorläufigen Änderung des Kirchengesetzes über die Berufung von Frauen in den pfarramtlichen Dienst, veröffentlicht in: ABlEKHN 1969, 65.

48 Vgl. Synodaler Dr. Hans Zöll, in: KS EKHN, 4. KS, 2. Tag., 1968, 223.

49 Vgl. ZA EKHN 120/5436, 5922.

50 KS EKHN, 4. KS, 2. Tag., 1968, 231f.

51 KS EKHN, 4. KS, 8. Tag., 1970, 424.

52 Kirchengesetz zur Angleichung des Rechtes der Frauen im pfarramtlichen Dienst an das Recht der Pfarrer in der EKHN, veröffentlicht in: ABlEKHN 1971, 12–14. Darauf, dass der

Stellenbesetzung mit einer Frau sowie die Zölibatsklausel, und es gab keine geschlechtsspezifische Sondergesetzgebung für Pfarrerinnen in Form eines separaten Gesetzes mehr. Vielmehr galt der neue § 17a (Beurlaubung aus familiären Gründen) nun auch für Männer. Dies war ein Novum im Pfarrdienstrecht.[53]

8. Fazit

Zusammenfassend kann festgehalten werden, dass sich bezüglich des Gleichstellungsprozesses von Theologinnen im Pfarrberuf der EKHN beides beobachten lässt: Eine abwartende Orientierung an anderen Landeskirchen, z. B. Ende der 1920er Jahre bei der relativ späten Regelung in Nassau oder bei der Öffnung des Gemeindepfarramtes 1959 und der Lockerung der Zölibatsklausel 1968, bei gleichzeitigem Mut zu eigenen Akzenten wie der Aufnahme der Ordination in den Paragrafen von 1930 – wenngleich nicht umgesetzt – oder der Verzicht auf eine Einschränkung der Aufgabengebiete in der Vikarinnenverordnung von 1949. Dezidiert innovativ und fortschrittlich im Vergleich zu anderen Landeskirchen waren die Schritte der rechtlichen Gleichstellung durch die Gehaltsangleichung 1955 und durch das gemeinsame Dienstrecht für Frauen und Männer im Pfarrberuf von 1970. Diese Schritte – wie auch die Lockerung der Zölibatsklausel – basierten auf Initiative und Entscheidung der Synode.

Quellen- und Literaturverzeichnis

Quellen

1. *Archivalien*

Hessisches Hauptstaatsarchiv Wiesbaden (HHStAW)
Bestand 650B: Regierungspräsidium Wiesbaden: Personalakten:
Nr. 5461: Türck, Ulrike.

Zentralarchiv der Evangelischen Kirche in Hessen und Nassau Darmstadt (ZA EKHN)
Bestand 1: Preußisches Konsistorium, Landeskirchenregierung, Landeskirchenamt Wiesbaden:
Nr. 86: Verhandlungen über den Zusammenschluss der Landeskirchen Kassel, Darmstadt, Frankfurt a. M. und Wiesbaden, 1926–1935.

Gesetzestitel („Angleichung") die Bedeutung des Gesetzes gerade nicht trifft, hat bereits Simone Mantei hingewiesen. Mantei, Simone: Pfarrberuf und Geschlecht. Von historischen Verhältnisbestimmungen zu den Konturen einer zeitgenössischen geschlechterbewussten Pastoraltheologie, in: Sommer, Regina / Koll, Julia (Hg.): Schwellenkunde. Ansichten und Aussichten für den Pfarrberuf im 21. Jahrhundert. Ulrike Wagner-Rau zum 60. Geburtstag, Stuttgart 2012, 69–82, 72.

53 Vgl. Mantei, Pfarrberuf, 72.

Bestand 120: Personalverwaltung der EKHN, Personalakten:
Nr. 245, 5290: Helmolt, Therese von.
Nr. 635–637, 643, 5328: Wißmann, Frohilde.
Nr. 2164: Hedderich, Ilse.
Nr. 3545–3546: Geissler, Ingeborg.
Nr. 4278–4281: Körner, Huberta.
Nr. 5436: Helke-Paul, Ingeborg.
Nr. 5922: Meisenzahl-Michel, Sibylle.
Bestand 155: Kirchenverwaltung der EKHN:
Nr. 237: Amtstracht der Vikarinnen, 1953–1955.
Nr. 240: Theologinnen, 1947–1959.

2. *Gedruckte Quellen*

Beckmann, Joachim: Kirchliche Zeitgeschichte, in: KJ 76 (1949), 1–260.
Kirchliches Amtsblatt. Gesetz- und Verordnungsblatt für den Amtsbezirk des Evangelischen Konsistoriums zu Wiesbaden 1919–1924.
Amtsblatt für die EKN 1925–1932.
Amtsblatt der EKHN 1949, 1952, 1954, 1959, 1969, 1971.
Kirchenleitung der EKHN (Hg.): Kirchensynode der EKHN. Erste Kirchensynode 5. ordentliche Tagung 22. bis 25. März 1954 in Frankfurt a. M., Darmstadt / [Druck] Wiesbaden o. J.
Kirchenleitung der EKHN (Hg.): Kirchensynode der EKHN. Erste Kirchensynode 6. ordentliche Tagung 21. bis 24. März 1955 in Frankfurt a. M., Darmstadt / [Druck] Wiesbaden o. J.
Kirchenleitung der EKHN (Hg.): Kirchensynode der EKHN. Zweite Kirchensynode 2. ordentliche Tagung 18. bis 22. März 1957 in Mainz, Darmstadt / [Druck] Wiesbaden o. J.
Kirchenleitung der EKHN (Hg.): Kirchensynode der EKHN. Zweite Kirchensynode 3. ordentliche Tagung 10. bis 24. März 1958 in Frankfurt a. M., Darmstadt / [Druck] Wiesbaden o. J.
Kirchenleitung der EKHN (Hg.): Kirchensynode der EKHN. Zweite Kirchensynode 3. außerordentliche Tagung 1. bis 4. Dezember 1958 in Frankfurt a. M., Darmstadt / [Druck] Wiesbaden o. J.
Kirchenleitung der EKHN (Hg.): Kirchensynode der EKHN. Zweite Kirchensynode 4.
ordentliche Tagung 20. bis 24. April 1959 in Frankfurt a. M., Darmstadt / [Druck] Wiesbaden o. J.
Kirchenleitung der EKHN (Hg.): Verhandlungen der Kirchensynode der EKHN. Vierte Kirchensynode 2. Tagung 2. bis 6. Dezember 1968 in Frankfurt a. M., Darmstadt / [Druck] Mainz o. J.
Kirchenleitung der EKHN (Hg.): Verhandlungen der Kirchensynode der EKHN. Vierte Kirchensynode 8. Tagung 4. bis 8. Dezember 1970 in Frankfurt a. M. Protokoll der Verhandlungen, Darmstadt / [Druck] Mainz o. J.
Verhandlungen der dritten (ordentlichen) Tagung des ersten Landeskirchentages der Evangelischen Landeskirche in Nassau vom 5. bis 15. November 1929, [Druck] Wiesbaden o. J.

Literatur

Braun, Reiner: August Kortheuer. Evangelischer Pfarrer und Landesbischof in Nassau 1893–1933 (QSHK 4), Darmstadt 2000.

EKHN (Hg.): Mutige Schritte. 50 Jahre Gleichstellung von Frauen und Männern im Pfarrdienst, Darmstadt 2020.

Härter, Ilse: Art. „Violet Schäfer (1909–1977)", in: Erhart, Hannelore (Hg.): Lexikon früher evangelischer Theologinnen. Biographische Skizzen, Neukirchen-Vluyn 2005, 332.

Härter, Ilse: Art. „Johanna-Maria Bock geb. Burmester (1909–1995)", in: Erhart, Hannelore (Hg.): Lexikon früher evangelischer Theologinnen. Biographische Skizzen, Neukirchen-Vluyn 2005, 38.

Henze, Dagmar / Köhler, Heike: Völlige Gleichberechtigung der Geschlechter auf dem Gebiet der Wissenschaft? Ausschnitte aus der theologischen Bildungsgeschichte von Frauen in Göttingen, in: Frauenforschungsprojekt zur Geschichte der Theologinnen, Göttingen (Hg.): Querdenken. Beiträge zur feministisch-befreiungstheologischen Diskussion. Festschrift für Hannelore Erhart zum 65. Geburtstag (TFF 1), Pfaffenweiler 1992, 179–216.

Herbrecht, Dagmar: Der „weibliche Talar" – Stationen auf dem langen Weg vom „Amt eigener Art" zur vollen Gleichberechtigung von Frauen und Männern im pfarramtlichen Dienst, in: MEKGR 55 (2006), 159–178.

Hering, Rainer: Art. „Braun, Margarete", in: BBKL XV (1999), Sp. 298–313.

Köhler, Heike: Die Entwicklung der Theologinnengesetzgebung bis 1932, in: Frauenforschungsprojekt zur Geschichte der Theologinnen, Göttingen (Hg.): „Darum wagt es, Schwestern ...". Zur Geschichte evangelischer Theologinnen in Deutschland (HTSt 7), Neukirchen-Vluyn 1994, 109–128.

Mantei, Simone: Pfarrberuf und Geschlecht. Von historischen Verhältnisbestimmungen zu den Konturen einer zeitgenössischen geschlechterbewussten Pastoraltheologie, in: Sommer, Regina / Koll, Julia (Hg.): Schwellenkunde. Ansichten und Aussichten für den Pfarrberuf im 21. Jahrhundert. Ulrike Wagner-Rau zum 60. Geburtstag, Stuttgart 2012, 69–82.

Rühl, Artur: Das Theologische Seminar Friedberg. Skizzen zur Gründung und Entwicklung in 150 Jahren, in: Dienst, Karl (Hg.): Festschrift 150 Jahre Theologisches Seminar Friedberg (JHKV 38 1987 1. Teil), Darmstadt 1987, 1–42.

Schäfer-Bossert, Stefanie: Das alte Wollkleid – versus Talar. Die textile Seite des Kampfs der Württemberger Theologinnen um das volle Pfarramt, in: Hartlieb, Elisabeth u. a. (Hg.): Das neue Kleid. Feministisch-theologische Perspektiven auf geistliche und weltliche Gewänder, Sulzbach/Taunus 2010, 89–107.

Internetquellen

EKHN (Hg.): Die Geschichte der EKHN, in: https://www.ekhn.de/ueber-uns/geschichte.html (abgerufen am 11.5.2022).

Carlotta Israel

Kirchenrechtliche Entwicklungsetappen auf dem Weg zur Frauenordination

Ein Überblick

1. Darstellungsgrundlage

Im Reformationsjubiläumsjahr 2017 veröffentlichten die Konferenz der Frauenreferate und die Gleichstellungsstellen in den Gliedkirchen der EKD sowie das Studienzentrum der EKD für Genderfragen in Kirche und Theologie die Publikation „Gleichstellung im geistlichen Amt. Ergänzungsband 1 zum Atlas zur Gleichstellung von Frauen und Männern in der evangelischen Kirche in Deutschland."[1] Der Band selbst „erhebt und erfüllt nicht den Anspruch einer wissenschaftlichen Aufarbeitung,"[2] aber bietet Anschauungsmaterial für einen Überblick über die historische juristische Entwicklung. Die Angaben basieren auf Eigenaussagen der jeweiligen Landeskirchen. Wie bereits im Forschungsstand in der Einleitung dieses Bandes aber auch im Vorwort des Projektteams[3] benannt, ist zwar schon einige Forschung betrieben worden, aber „[e]ine EKD-weite kirchen- und rechtsgeschichtliche Aufarbeitung dieses reformatorischen Erbes gibt es allerdings nicht."[4] Da nach wie vor kein Rundumblick möglich ist, beschränkt sich dieser

---

1 Konferenz der Frauenreferat- und Gleichstellungsstellen in den Gliedkirchen der EKD / Studienzentrum der EKD für Genderfragen in Kirche und Theologie (Hg.): Gleichstellung im geistlichen Amt. Ergänzungsband 1 zum Atlas zur Gleichstellung von Frauen und Männern in der evangelischen Kirche in Deutschland, Hannover 2017, online abrufbar unter: https://www.gender-ekd.de/download/Gleichstellung%20im%20geistlichen%20Amt.pdf (abgerufen am 10.8.2022).

2 Konferenz, Gleichstellung, 2.

3 Dr. Kristin Bergmann, Dr. Johanna Beyer, Beate Ludwig, Dr. Simone Mantei, Stephanie Meins, Carmen Prasse, Gabriele Rüsch-Tillmanns.

4 Konferenz, Gleichstellung, 7.
Das Verständnis der Ordination von Frauen als „reformatorischem Erbe" wurde 2017 bspw. auch von der Gender- und Gleichstellungsstelle der Evangelischen Kirche im Rheinland angefertigten Ausstellung „Reformatorinnen. Seit 1517" so festgehalten. Darin wurden bspw. Argula von Grumbach (1492–1568), Elisabeth von Calenberg-Göttingen (1510–1558) oder Elisabeth Cruciger (1500–1535) mit Ilse Härter (1912–2012) oder Dorothee Sölle

Aufsatz darauf, die Ergebnisse dieses Gleichstellungsatlasses zusammenzufassen, um davon ausgehend Zusammenhänge und Einschnitte aufzuzeigen. Neben der rechtlichen Entwicklung bündelt der Atlas auch, inwiefern diese Geschichte z. B. in Form von Jubiläen memoriert[5] oder verschriftlicht[6] wurde. Ebenso wird der Blick auf herausstechende Frauen gelegt.[7] Inwiefern die Frauenordination ein globales Phänomen ist, zeigt „IV. Frauenordination weltweit,“[8] in dem eine Weltkarte veranschaulicht, dass Frauen nur in einzelnen Ländern der Welt nicht ordiniert werden. Darunter fielen – so die Angaben des Theologinnenkonvents, die dieser Übersicht zu Grunde lagen – z. B. Bosnien und Herzegowina, Albanien und Mazedonien, aber auch die Türkei und Papua-Neuguinea. Für die hiesige Kurzdarstellung ist allerdings das Kapitel „V. Meilensteine der rechtlichen Gleichstellung“[9] entscheidend.

2. Etappen

In vier Etappen unterteilten die Herausgeberinnen die rechtlichen Einschnitte: Erstens Theologiestudium und (teils) kirchliche Examina, zweitens erste Rechtsgrundlagen, drittens Ordination und Gemeindepfarramt und viertens Ende des Zölibats und kirchenrechtliche Gleichstellung.

2.1 *Theologiestudium und kirchliche Examina*

Gleich die erste Etappe weist darauf hin, dass der rechtliche und der gesellschaftliche Rahmen mindestens in der Frage des Studiums unmittelbaren Einfluss auf die kirchliche Entwicklung hatten. Das Frauenstudium fand erst sukzessive ab 1900 Eingang in die Länderverfassungen. Für eine Beschäftigung in der Kirche war jedoch ein kirchliches Examen von Nöten, was Frauen vorenthalten war; einige Kirchen konnten den genauen Zeitpunkt der Zulassung auch nicht mehr nachvollziehen. Im Zusammenhang mit der Weimarer Reichsverfassung (WRV) wurden Fakultätsexamina eingeführt, die gleichermaßen von Männern wie Frauen abgelegt werden konnten. Bis dahin hatten einige Theologinnen den

(1929–2003) gemeinsam portraitiert. Vgl. Gender- und Gleichstellungsstelle der Evangelischen Kirche im Rheinland (Hg.): Reformatorinnen. Seit 1517. Ausstellungskatalog mit Hörbuch, Düsseldorf 2017.

5 Vgl. „I. Würdigen und Feiern“ in Konferenz, Gleichstellung, 8f.

6 Vgl. „II. Erinnern und Erzählen“ in Konferenz, Gleichstellung, 10f.

7 Vgl. „III. Vorangehen und Neues wagen“ in Konferenz, Gleichstellung, 12f. Hier führten die Landeskirchen unterschiedliche Frauen an – teilweise erste ordinierte Theologinnen, teilweise erste Dekaninnen, Präses oder Bischöfinnen.

8 Vgl. Konferenz, Gleichstellung, 14f.

9 Vgl. Konferenz, Gleichstellung, 16–25.

Weg der Promotion (bzw. Lizentiat) beschritten, was die einzig mögliche Form eines Abschlusses vor der WRV gewesen war.

Unter den Angaben der Gliedkirchen sticht zunächst Baden hervor. Im Großherzogtum Baden war seit 1900 Frauen eine ordentliche Immatrikulation gestattet. Den wenigsten Kirchen war es möglich nachzuvollziehen, wann die erste Theologin wie geprüft wurde. Doch in Baden wurde bereits 1915 – und damit vor der WRV – Elsbeth Oberbeck (1871–1944)[10] zum Ersten und Zweiten Theologischen Examen einer evangelischen Kirche zugelassen, während es bspw. in Westfalen bis 1925 dauerte, bis Maria Weller (1893–1976) als erste Frau das Fakultätsexamen in Münster ablegte. 1929 legten erstmals im Rheinland zwei Studentinnen das Erste Kirchliche Examen ab. Besonders hervorzuheben sind noch zwei Daten: Einerseits berichtet Bayern, dass nach der Ersten kirchlichen Prüfung einer Theologin 1921 zwischen 1935 und 1938 diese Prüfungen wieder Frauen ausschlossen. Andererseits tritt erst 1965 die erste Frau ein von einer Reformierten Kirche abgenommenes Erstes Examen an. Damit sind zwar die einschneidenden Daten die Universitätsöffnungen und Zulassung zum Frauenstudium je nach Landesrecht, dann nach dem Ersten Weltkrieg das reichsrechtlich abgeleitete Fakultätsexamen, aber die lokalen Vorgänge wichen davon noch einmal ab: Zum einen wurden Elsbeth Oberbeck schon 1915 kirchliche Examina abgenommen; zum anderen dauerte es nach 1919 auch noch wie im Fall der Reformierten Kirche sogar Jahrzehnte, bis Theologinnen Prüfungen ablegen konnten.[11]

2.2 *Rechtsgrundlagen*

Auch die zweite Etappe weist nochmal auf die Besonderheit des Zusammenspiels von rechtlichem Rahmen und kirchlicher Praxis bzw. Eigengesetzlichkeit hin: Waren zwar nach der WRV staatlich oder kirchlich examinierte Theologinnen vorhanden, wurden sie dennoch nicht im kirchlichen Dienst beschäftigt. Und wenn es Beschäftigungsverhältnisse gab, dann waren diese teilweise noch nicht dienstrechtlich geregelt. Besonders das erste Gesetz der Evangelischen Kirche der Altpreußischen Union (APU) von 1927 markiert – sowohl wegen seines frühen Datums als auch der Größe dieser Kirche – einen wichtigen Einschnitt. Daher sei es kurz zusammengefasst, um einen Einblick in die Arbeit der ersten Theologinnen zu erhalten: Zunächst wurden Grundsätze zur theologisch-wissenschaftlichen Vorbildung, also dem Studium, festgehalten (§§ 1–3), worauf die praktische Ausbildungsphase als Kandidatin des sog. Vikarinnenamtes beschrieben

10 Zur Biographie Elsbeth Oberbecks vgl. Banhardt, Sarah: „Nicht bloß barmherzige Mitschwester, […] sondern […] Theologin, weiblicher Pfarrer" – Elsbeth Oberbeck (1871–1944): Leben und Wirken der ersten badischen Theologin, in: JBKRG 11 (2017), 297–312.

11 Vgl. Konferenz, Gleichstellung, 18f.

wird (§§ 6–12). Diese sollte sowohl angeleitet von einem Gemeindepfarrer als auch im Umfeld einer – in heutigem Sprachgebrauch – diakonischen Einrichtung absolviert werden. Ihr Kandidatinnenstatus (§§ 13–16) wird mit folgenden Befugnissen ausgestattet:

> „1. zur Wortverkündigung im Kindergottesdienst, ferner vor allem für Frauen und Mädchen in Bibelstunden, Bibelbesprechstunden, Andachten,
> 2. zur Lehrtätigkeit (kirchlicher Unterricht, Unterricht an Berufsschulen),
> 3. zur Seelsorge in der Gemeinde, insbesondere an der weiblichen Jugend in Mädchenheimen, in den Frauenabteilungen der Krankenhäuser und Gefangenenanstalten und in Altersheimen.
> [...] Sie ist nicht befugt zur pfarramtlichen Tätigkeit im Gemeindegottesdienst, zur Verwaltung der Sakramente sowie zur Vornahme der anderen herkömmlich vom Pfarrer zu vollziehenden Amtshandlungen.
> [...] Die Befugnisse ruhen während der Ehe.“[12]

An diesem Gesetzesausschnitt zeigt sich die deutliche Unterscheidung des Theologinnenamtes[13] vom Pfarramt und die Beschränkung ihrer Arbeit vornehmlich auf katechetische und poimenische Aufgaben, primär an weiblichen Personen in der Ausbildungsphase. Ihre Anstellung als Vikarin (§§ 17–24) – so lautete die Amtsbezeichnung – konnte, wenn die Gemeinde einwilligte, als Beamtin erfolgen (§ 19). Eine „Dienstordnung (Dienstanweisung)“[14] hatte der Gemeindekirchenrat zu verfassen und das Konsistorium zu beschließen. Bei der ersten Anstellung wurde zudem ein Einsegnungsgottesdienst gefeiert (§ 20), aber die Theologin wurde nicht ordiniert. Wie die Kandidatin hatte auch die Vikarin in der Regel aus dem Dienst auszuscheiden, wenn sie sich verheiratete (§ 21). Ihr Lohn bemaß sich nach dem Gehalt der Pfarrer: 70 %, wenn sie angestellt war oder 75 %, wenn sie verbeamtet war (§ 23). Diese Gesetzesgrundlagen schrieben die geschlechtsspezifischen Unterschiede fest. Allerdings gewannen die zuvor oder in anderen Kirchen zeitgleich beschäftigten Theologinnen rechtliche Anhaltspunkte und Klarheit über ihre Berufsaussichten und -sicherheiten.

---

12 § 13 des Kirchengesetzes betreffend Vorbildung und Anstellung der Vikarinnen, abgedruckt in: Herbrecht, Dagmar u. a. (Hg.): Der Streit um die Frauenordination in der Bekennenden Kirche. Quellentexte zu ihrer Geschichte im Zweiten Weltkrieg, Neukirchen-Vluyn 1997, 33–40, 37.

13 Die deutschen evangelischen Landeskirchen etablierten anfangs sehr unterschiedliche Bezeichnungen für das Theologinnenamt. So wurden die Frauen, die zumindest universitär dieselbe Ausbildung hatten, mal als Pfarrgehilfin, Pfarramtshelferin oder Vikarin bezeichnet. Nach dem Zweiten Weltkrieg setzte sich zunächst die Amtsbezeichnung „(Pfarr-)Vikarin“ durch, die zu unterschiedlichen Zeitpunkten durch den Titel „Pfarrerin“ abgelöst wurde. Auch in der Amtsbezeichnung spiegelt sich die Entwicklung eines eigenständigen Theologinnenamtes hin zu einem allen Geschlechtern offenstehenden Pfarramt wider.

14 § 18 des Kirchengesetzes, Quellentexte, 38.

Acht weitere Landeskirchen verabschiedeten noch vor 1933 erste Gesetze oder Verordnungen. Während der NS-Zeit kamen weitere Gesetze hinzu, insbesondere durch den Zweiten Weltkrieg waren (neue) Regelungen nötiger geworden. Auffällig ist aber auch, dass mit Anhalt (1958), Bremen (1951), Lippe (1960), Oldenburg (1955) und der Reformierten Kirche (1969[15]) diese Phase erster rechtlicher Grundlagen sich mit Gesetzesüberarbeitungsprozessen anderer Landeskirchen überlagerte – auch ohne auf Schaumburg-Lippe (1991) als „Schlusslicht" der Entwicklung zu blicken.

2.3 *Ordination und Gemeindepfarramt*

In der dritten Etappe „Ordination und Gemeindepfarramt" werden teils zusammen, teils getrennt beide Phänomene aufgeführt, denn in einigen Landeskirchen fallen sie in ein Gesetz, in anderen in zwei verschiedene. Der Zeitraum dieser Phase erstreckt sich von 1948, als in der Kirchenprovinz Sachsen das Gesetz über die Ordination der Pfarrvikarin verabschiedet wurde – wobei nicht gesetzlich grundgelegte aber vollzogene Ordinationen für die Evangelische Kirche Berlin-Brandenburg-schlesische Oberlausitz (EKBO) auf 1943 datiert werden[16] – bis 1991. Wiederum am Beispiel der APU-Kirchen, welche ab 1952/53 aufgrund von Einflussnahmen der DDR-Regierung in Evangelische Kirche der Union (EKU) umbenannt werden musste,[17] zeigt sich auch die Trennung beider Phänomene voneinander: War bereits im Kirchengesetz vom Mai 1952 die Ordination gestattet, garantierte diese nur den Zugang zu einem deutlich beschränkten Amt. Zehn Jahre später erfolgte die Zulassung zum Gemeindepfarramt in einer Gesetzesverordnung – und damit im Verhältnis früh. Mit den hessischen Landeskirchen, der Bremischen Landeskirche und der Pfälzischen Kirche sind vor allem nicht-

15 Auffällig hierbei ist, dass die erste gesetzliche Regelung in der Reformierten Kirche zugleich die Ordination und die Arbeit im Gemeindepfarramt sowie keine Zölibatsklausel enthielt. Hier ging mit der späten Rechtsgrundlage eine dann auch im Vergleich weder besonders auffällig zurückhaltende oder drängende Festlegung der Theologinnenarbeit einher. – Vgl. Konferenz, Gleichstellung, 21, 23, 25.

16 Dabei handelte es sich um vom Bruderrat der Bekennenden Kirche der APU gestattete Ordination von Lore Schlunk (1913–1967), Annemarie Grosch (1914–2005), Sieghild Jungklaus (1915–2010), Magarete Saar (1898–1992), Ruth Wendland (1913–1977) und Gisela von Witzleben (1915–1970) vollzogen durch den Präses Kurt Scharf. – Vgl. Scheepers, Rajah: Vorgängerinnen. Der steinige Weg von Frauen ins Pfarramt, in: Dies. (Hg.): Vorgängerinnen. Der Weg von Frauen in das geistliche Amt. Festschrift zum Jubiläum 45 Jahre Gleichstellung von Frauen und Männern im Pfarramt der Evangelischen Kirche Berlin-Brandenburg-schlesische Oberlausitz, Wittenberg 2019, 2f., 3 sowie dortiger Quellenabdruck aus dem Berlin-Brandenburgischen Sonntagsblatt vom 17. Januar 1993, 14.

17 Vgl. Fix, Karl-Heinz: Kirchliche Ordnungen und Strukturen, in: Hermle, Siegfried / Oelke, Harry: Kirchliche Zeitgeschichte_evangelisch. Band 3: Protestantismus in der Nachkriegszeit (1945–1961) (CuZ 9), Leipzig 2021, 78–100, 92.

lutherische Landeskirchen zügiger in dieser Entwicklung gewesen. Oldenburg hat demgegenüber eine gewisse Sonderstellung, aber auch in dieser lutherischen Landeskirche, wo zwar die Ordination 1955 gestattet wurde, wurde das Gemeindepfarramt „erst" 1966 zugänglich. In den übrigen lutherischen Kirchen – außer Schaumburg-Lippe – spielte sich diese Rechtsentwicklung in den 1960er und 1970er Jahren ab.[18] An dieser Stelle ist anzumerken, dass einen Hintergrund für diese innerprotestantisch heterogene Entwicklung unterschiedliche Amtsverständnisse in den lutherischen und nicht nur lutherischen Kirchen vorlagen: Während im lutherischen Verständnis nur ein Amt und eine Ordination bestehen, sind es in der reformierten Lehre mindestens zwei, drei oder vier.[19] So war die theologische Herausforderung der Zuordnung eines Theologinnenamtes für Theolog*innen und Kirchenrechtler*innen in lutherischen Kirchen größer. Dass aber die Umsetzung des reformierten Amtsverständnisses nicht per se auf ein Theologinnenamt hingedrängt hat, zeigt sich in der zurückhaltenden gesetzlichen Umsetzung in der Reformierten Kirche.

2.4 *Ende des Zölibats und kirchenrechtliche Gleichstellung*

In der vierten Etappe „Ende des Zölibats und kirchenrechtliche Gleichstellung im Pfarrberuf" wurden wiederum diese beiden Phänomene teilweise verbunden, teilweise getrennt voneinander verzeichnet. Wieder überlagert sich dieser Entwicklungsschritt in einigen Landeskirchen zeitlich mit dem vorigen in anderen Landeskirchen, da sich der Zeitraum[20] von 1962 (Anhalt, Bremen) bis 1996 (Bayern) erstreckt. Einen besonderen Ausnahmefall stellt hier Kurhessen-Waldeck dar: War das Zölibat erst 1961 ins Gesetz eingetragen worden, wurde es erst 1980 wieder – gemeinsam mit allen anderen Sonderparagraphen für Pfarrerinnen – aus dem Pfarrerdienstgesetz gestrichen. Für die Kirchen, die im Bund der Evangelischen Kirchen in der DDR (BEK) zusammengeschlossen waren, wird 1982 mit

---

18 Vgl. Konferenz, Gleichstellung, 22f.

19 Vgl. zu einem Überblick zum lutherischen und reformierten Amtsverständnis Penßel, Renate: Lutherisches Amtsverständnis, in: Reformation und Bekenntnisschriften, Workingpaper 1/09 der Tagung „Zwischen Würde und Bürde – Amt und Ämter in der evangelischen Kirche" der Hannoveraner Initiative Evangelisches Kirchenrecht, online abrufbar unter: https://www.kirchenrechtliches-institut.de/download/HIEK09_Penssel.pdf (abgerufen am 11.8.2022); Becker, Judith: Reformiertes Amtsverständnis, in: Reformation und Bekenntnisschriften, Workingpaper 2/09 der Tagung „Zwischen Würde und Bürde – Amt und Ämter in der evangelischen Kirche" der Hannoveraner Initiative Evangelisches Kirchenrecht, online abrufbar unter: https://www.kirchenrechtliches-institut.de/download/HIEK09_Becker.pdf (abgerufen am 11.8.2022).

20 Hier sei nur kurz noch einmal der eingangs und im Atlas stets wiederholte methodische Hinweis gegeben, dass es sich immer um Angaben der Gliedkirchen handelt, welche vom Kirchenrechtlichen Institut der EKD ergänzt wurden.

dem Pfarrerdienstgesetz des BEK in der Übersicht notiert.[21] Teilweise hatten ostdeutsche Landeskirchen aber bereits umfassende Gleichstellungsaspekte umgesetzt wie bspw. Thüringen, wo im Grunde 1971 keine Einschränkungen mehr wie eine Zölibatsklausel galten. Demgegenüber ist aber ein gemeinsames Pfarrdienstgesetz als deutlichstes Indiz der Gleichstellung, sofern sich keine Sonderregelungen darin befinden, zu werten.

Teilweise wurden von den Landeskirchen aber auch Aspekte benannt, die nicht in der Überschrift dieser vierten Tabelle aufgelistet sind – und zwar solche, die auch schon im APU-Gesetz von 1927 auf Differenzierungen hinwiesen: Bspw. gaben die Landeskirchen Bayern, Hessen-Nassau, die Kirchenprovinz Sachsen, Oldenburg und Westfalen die finanzielle Gleichstellung bzw. Eingruppierung in die gleiche Gehaltsgruppe extra an, welche gegenüber der weiteren rechtlichen Gleichbehandlung teils weitaus früher vorgenommen wurde.[22] Zudem zeigen sich in den erhobenen Antworten unterschiedliche Gesetzes- oder Verordnungsformen für die rechtliche Gleichstellung: In Baden und Westfalen beschloss die Synode in einem entsprechenden Beschluss die Gleichstellung, in Hessen-Nassau und Oldenburg wurden demgegenüber eigene Gesetze verabschiedet, die diese „Angleichung des Rechts der Frauen im pfarramtlichen Dienst an das Recht der Pfarrer"[23] beschlossen und umsetzten, während im bereits genannten Gesetz der BEK-Kirchen eine neue Gesetzesform gewählt wurde.

3. Kontextualisierungen

Der juristische Beitrag von Celina Windbiel in diesem Band schlüsselt die Entwicklungsgrundlagen des bundesrepublikanischen Beamt*innenrechts auf. Am 23. Mai 1949 wurde im Grundgesetz der Gleichberechtigungsgrundsatz (Art. 2 Abs. 2 GG) mit einer Übergangsfrist bis Ende März 1953 verabschiedet. Aber auch in der Verfassung der DDR vom 7. Oktober 1949 wurde die Gleichberechtigung festgeschrieben, noch umfassender – z. B. hinsichtlich Ehe und Familie (Art. 30 Verfassung der DDR von 1949) – konturiert sowie keine Übergangsfrist für widersprechende Gesetze erlassen (Art. 7 Verfassung der DDR von 1949).[24] Beide deutsche Staaten haben trotz unterschiedlicher Umgangs- oder Eingriffsformen in das kirchliche Leben den Gleichberechtigungsgrundsatz nicht von Kirchen

---

21 Die Vorbereitungen dieses Gesetzes erstreckten sich auf 12 Jahre – vgl. dazu den Beitrag der Verfasserin in diesem Band.

22 Bayern 1962 vor 1975 (bzw. 1996), Hessen-Nassau 1955 vor 1971, Kirchenprovinz Sachsen 1962 vor 1970, Oldenburg 1958 vor 1981 und Westfalen 1956 vor 1974. – Vgl. Konferenz, Gleichstellung, 24f.

23 So der Titel des hessen-nassauischen Gesetzes, welches am 1.1.1971 in Kraft getreten ist. Vgl. dazu den Beitrag von Jolanda Gräßel-Farnbauer in diesem Band.

24 Vgl. den selektiven Abdruck einzelner Artikel der Verfassung der DDR vom 7. Oktober 1949 in Helwig, Gisela: Frau und Familie. Bundesrepublik Deutschland – DDR, Köln [2]1987, 146.

eingefordert. Aufgrund des Staatskirchenrechts waren die Kirchen vor derlei Eingriffen geschützt und konnten sich aufgrund ihres Selbstbestimmungsrechts dabei auch unabhängig von staatlichen Vorgaben verhalten, wie sie es offensichtlich auch getan haben. Ebenfalls im Vergleich mit der staatlichen Ebene zeigt sich, dass jede Landeskirche für sich und nicht bspw. die EKD in dieser Frage agiert hat. Des Weiteren ist anzumerken, dass die kirchliche Gesetzgebung erst auf Erfahrungen in der Praxis basierte.[25]

Sowohl der historische Beitrag von Susanne Schötz als auch der soziologische Beitrag von Laura Hanemann aus diesem Band weisen auf Spezifika eines kirchlichen Frauenberufs hin. Schötz legt den Blick auf soziale Schichtung und Bildungskontexte. Proletarische Frauenarbeit war verbreiteter, während bürgerliche Ideale von Nichterwerbstätigkeit der Frau geprägt waren. Die Frauenrechtsbewegung des 19. Jahrhunderts öffnete Schritt um Schritt auch Universitäten, sodass sich die Fragestellung um die Theologin und ihre Berufsmöglichkeiten erst stellte.[26] Hanemann weist auf die enge Verbindung von Religion, Familie und Weiblichkeit im 19. Jahrhundert hin, woraus sich z. B. auch das Berufsbild der Diakonisse als Möglichkeit für Frauen in der Kirche zu arbeiten ableitete. Ähnlich geprägt ist auch das Bild der idealisierten Pfarrfrau, welches Theologinnen oder dann Pfarrerinnen ebenfalls anhaftet. An dem Blick in die Rechtsgeschichte – deutlich geworden an dem APU-Gesetz von 1927 – aber auch an der Dauer bis zur „Gleichstellung“ zeigt sich diese Prägung.

Diese kirchenrechtliche Entwicklung wurde und wird theologisch begleitet bzw. mitgeprägt. Das haben Lukas Bormann und Sabine Schmidtke gezeigt: Die Schrift als norma normans und dann auch die Bekenntnisschriften als norma normata waren aus dem protestantischen Selbstverständnis heraus zentral in der Diskussion um Theologinnen und Amt in der Kirche. Dabei verschränkten sich, wie an Johannes Leipoldt in Bormanns Aufsatz deutlich geworden ist, politische und Forschungsinteressen bzw. ergab sich das grundsätzliche hermeneutische Problem auch an dieser Frage. Bei Schmidtke entpuppte sich die Frage nach „Eignung“ für das Amt zudem als grundsätzlich kirchenleitender Prüfstein bzw. als Hinweis für eine selbstkritische oder epistemologische Befassung damit, wer wie über was aufgrund welcher Vorprägungen bestimmt.

Dies veranschaulicht Ulrike Wagner-Raus praktisch-theologische Einordnung der eignen beruflichen Genese auch in ihrem feministischen Umfeld. Sie zeigt, wie eng verbunden die Entwicklung zur rechtlichen Gleichstellung einerseits mit einer Demokratisierung und Liberalisierung des Pfarrberufs verzahnt sind, parallel verlaufen, einander prägen und durchdringen; andererseits aber

[25] Vgl. dazu aus dem Beitrag der Verfasserin in diesem Band insbesondere den Abschnitt zur EKD-Umfrage kurz nach dem Zweiten Weltkrieg.

[26] Sarah Banhardts Beitrag in diesem Band spannt den Bogen davon ausgehend und fokussiert die Gegebenheiten in der Badische Landeskirche als auch individuelle Umgangsweisen einzelner Theologinnen damit.

auch persönliche Begegnungen z. B. in feministischen Gruppen aber auch Theorien für eigene Reflexion und Aktivitäten sind und so wiederum wechselseitige Prägungen erfahren.

4. Schluss

Der die Eigenaussagen der Landeskirchen kompilierende Atlas macht bei methodischer Transparenz und Begrenztheit die Entwicklung zur Gleichstellung von Frauen im Pfarramt grundsätzlich deutlich. Diese landeskirchenspezifische Entwicklung zur Frauenordination ist geprägt von Ungleichzeitigkeiten. Diese Ungleichzeitigkeiten betreffen zum einen die heterogene teils diametral entgegengesetzten kirchenrechtlichen Grundlagen in den verschiedenen Landeskirchen; zum anderen sind diese Ausweis einer gegenüber allgemeinem Recht äußerst verzögerten Entwicklung. Diese Verzögerung lässt sich historisch-soziologisch einordnen und fußt auf theologische Binnendiskurse.

Quellen- und Literaturverzeichnis

Fix, Karl-Heinz: Kirchliche Ordnungen und Strukturen, in: Hermle, Siegfried / Oelke, Harry: Kirchliche Zeitgeschichte_evangelisch. Band 3: Protestantismus in der Nachkriegszeit (1945–1961) (CuZ 9), Leipzig 2021, 78–100.

Gender- und Gleichstellungsstelle der Evangelischen Kirche im Rheinland (Hg.): Reformatorinnen. Seit 1517. Ausstellungskatalog mit Hörbuch, Düsseldorf 2017.

Helwig, Gisela: Frau und Familie. Bundesrepublik Deutschland – DDR, Köln [2]1987.

Herbrecht, Dagmar / Härter, Ilse / Erhart, Hannelore (Hg.): Der Streit um die Frauenordination in der Bekennenden Kirche. Quellentexte zu ihrer Geschichte im Zweiten Weltkrieg, Neukirchen-Vluyn 1997.

Scheepers, Rajah: Vorgängerinnen. Der steinige Weg von Frauen ins Pfarramt, in: Dies. (Hg.): Vorgängerinnen. Der Weg von Frauen in das geistliche Amt. Festschrift zum Jubiläum 45 Jahre Gleichstellung von Frauen und Männern im Pfarramt der Evangelischen Kirche Berlin-Brandenburg-schlesische Oberlausitz, Wittenberg 2019, 2f.

Internetquellen

Becker, Judith: Reformiertes Amtsverständnis, in: Reformation und Bekenntnisschriften, Workingpaper 2/09 der Tagung „Zwischen Würde und Bürde – Amt und Ämter in der evangelischen Kirche“ der Hannoveraner Initiative Evangelisches Kirchenrecht, online abrufbar unter: https://www.kirchenrechtliches-institut.de/download/HIEK09_Becker.pdf (abgerufen am 11.8.2022).

Konferenz der Frauenreferat- und Gleichstellungsstellen in den Gliedkirchen der EKD / Studienzentrum der EKD für Genderfragen in Kirche und Theologie (Hg.): Gleichstellung im geistlichen Amt. Ergänzungsband 1 zum Atlas zur Gleichstellung von Frauen und Männern in der evangelischen Kirche in Deutschland, Hannover 2017, online abrufbar unter: https://www.gender-ekd.de/download/Gleichstellung%20im%20geistlichen%20Amt.pdf (abgerufen am 10.8.2022).

Penßel, Renate: Lutherisches Amtsverständnis, in: Reformation und Bekenntnisschriften, Workingpaper 1/09 der Tagung „Zwischen Würde und Bürde – Amt und Ämter in der evangelischen Kirche" der Hannoveraner Initiative Evangelisches Kirchenrecht, online abrufbar unter: https://www.kirchenrechtliches-institut.de/download/HIEK09_Penssel.pdf (abgerufen am 11.8.2022).

II. Interdisziplinäre Perspektiven auf Gleichstellungsprozesse

Susanne Schötz

Weibliche Erwerbsarbeit seit der Industrialisierung

Frauen waren die gesamte Neuzeit über in großer Zahl in vielen Wirtschaftsbereichen tätig, doch besaßen sie selten die gleichen Erwerbschancen wie ihre männlichen Kollegen. Ihre Arbeit war in der Regel schlechter bezahlt, auf Nebentätigkeiten ausgerichtet und verlief, häufig in Mischerwerbsformen, diskontinuierlicher. Als Wirtschafts- und Sozialhistorikerin mit einem ausdrücklichen Schwerpunkt in der Frauen- und Geschlechtergeschichte nehme ich dieses Grundmuster ungleicher ökonomischer Teilhabe von Frauen zum Anlass, um von Zeit zu Zeit Vorlesungen zur Geschichte der Frauenarbeit anzubieten. Sie reichen zeitlich von etwa 1500, also vom Ausgang des Spätmittelalters bzw. Beginn der Frühen Neuzeit, bis zum ausgehenden 20. Jahrhundert. Im Mittelpunkt steht die Auseinandersetzung mit dem Phänomen der Jahrhunderte währenden überwiegend geschlechtsdifferenten und geschlechtshierarchischen Arbeitsteilung, die sich trotz enormen gesellschaftlichen bzw. epochalen Wandels als ziemlich stabil erwies.[1] Anliegen ist es, auf der Grundlage vorhandener Forschungsliteratur die großen Entwicklungstrends weiblicher Erwerbsarbeit und die dem zugrunde liegenden ökonomischen, technischen, sozialen, rechtlichen, geistigen und kulturell-mentalen Bedingungen und Voraussetzungen, aber auch gesellschaftlichen Folgen und Wirkungen zu verdeutlichen. Von besonderem Interesse sind dabei die der geschlechtshierarchischen Arbeitsteilung zugrundeliegenden Vorstellungen von angemessener Männlichkeit und Weiblichkeit und vom gesellschaftlichen Platz der Geschlechter, sowie die daraus erwachsenden sozialen Praktiken. Aus der Perspektive einer in unserer heutigen Gesellschaft vergleichsweise größeren Erwerbsgerechtigkeit der Geschlechter ergibt sich nicht zuletzt die Frage nach Kontinuitäten, Zäsuren und Wandel sowie nach Mechanismen, die das eine wie das andere, die Fortsetzung ungerechter wie die Schaffung gerechter Arbeitsverhältnisse der Geschlechter, befördern. Dazu ist

---

1 Die Historikerin Judith Bennet spricht am Beispiel Englands von einem Wandel der Oberflächen bei Beibehaltung des Grundmusters oder vom „patriarchal equilibrum". Sie tut das allerdings im Hinblick auf den Übergang vom Mittelalter zur Frühen Neuzeit, was das Grundmuster schlechterer ökonomischer Teilhabechancen von Frauen noch weitaus älter erscheinen lässt. Vgl. Bennet, Judith: Medieval Women, Modern Women: Across the Great Divide, in: Aers, David (Hg.): Culture and History 1350–1600. Essays on English Communities, Identities and Writing, Detroit 1992, 147–175.

es allerdings unerlässlich, den Blick auf die Verteilung von Arbeit insgesamt, nicht nur von Erwerbsarbeit zu richten. Das ist ein „Riesenthema", das in 13 oder 14 Vorlesungen zu je 90 Minuten nicht so einfach zu bewältigen ist. Dabei befasst sich etwa die Hälfte der Vorlesungen mit der vorindustriellen Zeit oder Vormoderne, die andere Hälfte, also sechs bis sieben Vorlesungen, mit der Entwicklung weiblicher Erwerbsarbeit in der Moderne. Die Moderne – das ist im Geschichtsstudium an der Technischen Universität Dresden der Zeitraum ab 1800, der wirtschaftlich stark durch die Industrialisierung geprägt wurde. Meist verwende ich zwei Vorlesungen, um grundlegende Entwicklungen im langen 19. Jahrhundert, womit die Zeitperiode vom ausgehenden 18. Jahrhundert bis zum Ersten Weltkrieg gemeint ist, zu besprechen, sodann eine Vorlesung, die auf den Ersten Weltkrieg und die Weimarer Republik eingeht, eine weitere für die Zeit des Nationalsozialismus einschließlich des Zweiten Weltkriegs und je eine Vorlesung für die unmittelbare Nachkriegszeit und die Entwicklung weiblicher Erwerbsarbeit in der alten Bundesrepublik und in der DDR sowie schließlich für einen Ausblick auf die Zeit nach 1990.

Genau dieser zweite Teil meiner Vorlesungsreihe, die Moderne, umfasst inhaltlich die Thematik weiblicher Erwerbsarbeit seit der Industrialisierung. Da ich dieses sehr umfassende Thema nicht in einem Beitrag von circa 30 Seiten abzuhandeln vermag, habe ich mich entschieden, einen Schwerpunkt zu setzen. Ich werde im Folgenden die Problematik von bürgerlichem Geschlechter- und Familienideal, Industrialisierung und der Entwicklung weiblicher Erwerbsarbeit im langen 19. Jahrhundert etwas eingehender erläutern. Das erscheint gerechtfertigt, weil es sich um grundlegende Entwicklungen in der Geschichte der Arbeit seit 1800 handelt, die vielfach, trotz unterschiedlicher gesellschaftspolitischer Systeme im 20. Jahrhundert und weiterem ökonomischen Wandel mit zunehmender Globalisierung und Digitalisierung sowie angesichts der Herausforderungen von Klimaschutz und Energiewende, bis in die Gegenwart hineinwirken.

1. Ideal(e) und Wirklichkeit(en) – Zur Einführung

Traut man den Verlautbarungen „bürgerlicher Meisterdenker",[2] also von Philosophen, Theologen, Pädagogen, Schriftstellern, Staatswissenschaftlern, Medizi-

[2] Der Begriff geht auf Ute Frevert zurück. Sie bezeichnet die geistigen Väter der bürgerlichen Gesellschaft, die an der Wende vom 18. zum 19. Jahrhundert konzeptionell deren politische Theorie und Programmatik entwickelten, als „bürgerliche Meisterdenker". Auffällig ist dabei, wie intensiv sich die „Meisterdenker" mit den aus ihrer Sicht wünschenswerten Geschlechterverhältnissen der künftigen neuen bürgerlichen Gesellschaft auseinandersetzten. Vgl. Frevert, Ute: Bürgerliche Meisterdenker und das Geschlechterverhältnis. Konzepte, Erfahrungen, Visionen an der Wende vom 18. zum 19. Jahrhundert, in: Dies. (Hg.): Bürgerinnen und Bürger. Geschlechterverhältnisse im 19. Jahrhundert (KSG 77), Göttingen 1988, 17–48.

nern und anderen männlichen Bildungsbürgern, dann dürfte es weibliche Erwerbsarbeit im 19. Jahrhundert nicht gegeben haben.[3] Wie die historische Frauen- und Geschlechterforschung seit den späten 1970er Jahren herausarbeitete, kündeten nicht nur große Familienjournale und Zeitungen, Konversationslexika, Ratgeberliteratur und Romane, sondern auch Schulbücher, Lehrpläne und Gesetzestexte von der „wahren Bestimmung des Weibes" zum sog. natürlichen Beruf der Gattin, Hausfrau und Mutter im Inneren des Hauses, während sie für Männer, neben der Rolle des Oberhauptes in Ehe und Familie, die Außenwelt des Erwerbs, des allgemeinen öffentlichen Lebens, der Wissenschaft und Politik vorsahen.[4] Begründet wurde diese polar und hierarchisch gedachte Arbeitsteilung mit einer aus dem Fortpflanzungszweck abgeleiteten sog. natürlichen Wesensverschiedenheit der Geschlechter in physischer und psychischer Hinsicht. Besonders prägnant kommt dieses Denken im Lexikonartikel „Geschlechtsverhältnisse" aus dem Jahr 1847 von Carl Welcker (1790–1869), einem führenden Vertreter des süddeutschen Liberalismus, zum Ausdruck: Die ganze physische Natur

> „... bezeichnet den stärkeren, kühneren, freieren Mann als schaffenden Gründer, Lenker, Ernährer und Schützer der Familie und treibt ihn hinaus ins tägliche Leben zum äußeren Wirken und Schaffen, in den Rechts- und Waffenkampf, zu schöpferischen neuen Erzeugungen, zur Erwerbung und Verteidigung. Sie bezeichnete die schwächere, abhängige, schüchterne Frau zum Schützling des Mannes, wies sie an auf das stillere Haus, auf das Tragen, Gebären, Ernähren und Warten, auf die leibliche und humane Entwicklung und Ausbildung der Kinder, auf die häusliche Bewirtung und Pflege des Mannes und der häuslichen Familie, auf Erhaltung des vom Manne Erworbenen, auf die Führung des Haushalts, auf die Bewahrung der heiligen Flammen des häuslichen Herdes."[5]

Derartige biologistisch-essentialistische Begründungen einer entgegengesetzten natürlichen Beschaffenheit der Geschlechter waren keinesfalls neu, gewan-

---

3 Nachgedacht wurde von Immanuel Kant (1724–1804) und Johann Gottlieb Fichte (1762–1814) lediglich über die als traurig, unbefriedigend und nicht verallgemeinerungsfähig angesehene Existenz der alleinstehenden Frauen, die gezwungen waren, für ihren Lebensunterhalt selbst zu sorgen – von Witwen und Waisen zumeist. Vgl. Frevert, Bürgerliche Meisterdenker, 24f.

4 Vgl. u. a. aus der Anfangszeit: Hausen, Karin: Die Polarisierung der „Geschlechtscharaktere". Eine Spiegelung der Dissoziation von Erwerbs- und Familienleben, in: Conze, Werner (Hg.): Sozialgeschichte der Familie in der Neuzeit Europas, Stuttgart 1976, 363–393; Duden, Barbara: Das schöne Eigentum. Zur Herausbildung des bürgerlichen Frauenbildes an der Wende vom 18. zum 19. Jahrhundert, in: Kursbuch 48 (1977), 125–140; Gerhard, Ute: Verhältnisse und Verhinderungen. Frauenarbeit, Familie und Recht der Frauen im 19. Jahrhundert, Frankfurt am Main 1978.

5 Vgl. Welcker, Carl: Art. „Geschlechtsverhältnisse", in: Rotteck, Carl von / Welcker, Carl (Hg.): Das Staats-Lexikon: Encyklopädie der sämmtlichen Staatswissenschaften für alle Stände 5, zweite neubearbeitete und vermehrte Auflage, Altona 1845–48: https://ghdi.ghi-dc.org/pdf/deu/7_GFG_Geschlechtsverh%C3%A4ltnisse.pdf, (abgerufen am 18.8.2022).

nen jedoch mit dem Aufschwung der naturalistischen Wissenschaften in der zweiten Hälfte des 18. Jahrhunderts und im 19. Jahrhundert neue Bedeutsamkeit. Sie ergänzten und modifizierten ältere theologische Begründungen der angeblich schöpfungsbedingten Zweitrangigkeit und Minderwertigkeit von Frauen. Ärzte und Medizinphilosophen erhoben nun zunehmend den Anspruch, die menschliche Natur aus der Perspektive eines objektiven Tatsachenblicks wissenschaftlich zu erfassen. Die Methode des anatomischen Vergleichs nutzend, hielten sie sich für berechtigt, aus der unterschiedlichen körperlichen Organisation von Mann und Frau auch geistig-moralische Verschiedenheiten ableiten zu können.[6] Dabei wurde Männern aufgrund ihres tendenziell kräftigeren Knochenbaus, strafferer Muskeln und größerer Schädel im Allgemeinen erhöhte Tatkraft und Mut sowie größerer Verstand zugeschrieben, während man Frauen aufgrund ihrer häufig zierlicheren Gestalt, ihres „weicheren Fleisches" und ihrer kleineren Gehirne größere Emotionalität, aber auch Flatterhaftigkeit, Passivität, geringeres Selbstvertrauen und einen weniger weitblickenden, eingeschränkten Verstand attestierte.[7] Daraus ergaben sich gleichsam logisch die getrennt vorgestellten und hierarchisch angeordneten Wirkungsbereiche und Zuständigkeiten der Geschlechter und zwar nicht nur im Hinblick auf die eigene Herkunftsgruppe, für Männer und Frauen des Bürgertums, sondern universell gedacht für sämtliche Männer und Frauen als Geschlechtswesen.[8]

Allerdings widersprach die sich wandelnde ökonomische, soziale und politische Realität dem propagierten Geschlechter- und Familienideal stark, das haben Studien zu den alltäglichen Lebenswelten von Männern und Frauen im 19. Jahrhundert ebenso zweifelsfrei ergeben. Mit Blick auf die Arbeitswelt bewirkten technologische Innovationen während der Industrialisierung den Übergang von der jahrhundertelang dominierenden Familienwirtschaft zu großbetrieblichen Organisationsformen der Arbeit.[9] Die industrielle Revolution oder Industrialisierung setzte in den letzten Jahrzehnten des 18. Jahrhunderts in Großbritannien ein und verbreitete sich im 19. Jahrhundert von Westeuropa aus regional in unterschiedlicher Geschwindigkeit und Intensität. Die mit ihr fortschreitende massenhafte Durchsetzung außerhäuslicher Lohnarbeit in Werkstätten und Fabriken, die breite unternehmerische Nachfrage nach den

---

6 Siehe hierzu Honegger, Claudia: Die Ordnung der Geschlechter: Die Wissenschaft vom Menschen und das Weib, 1750–1850, Frankfurt am Main 1991.

7 Vgl. als eine sehr einschlägige Konstruktion von Weiblichkeit: Campe, Joachim Heinrich: Über die allgemeine und besondere Bestimmung des Weibes. Auszüge aus Ders.: Väterlicher Rath für meine Tochter. Ein Gegenstück zum Theophron. Der erwachsenen weiblichen Jugend gewidmet, Braunschweig 1789, in: Gerhard, Ute: Verhältnisse und Verhinderungen. Frauenarbeit, Familie und Recht der Frauen im 19. Jahrhundert, Frankfurt am Main 1978, 359–381.

8 Der Diskurs bezog sich ganz auf Zweigeschlechtlichkeit oder Heteronormativität.

9 Vgl. Mitterauer, Michael: Familie und Arbeitswelt in historischer Sicht, in: Ders.: Familie und Arbeitsteilung. Historisch vergleichende Studien, Wien u. a. 1992, 355–362.

traditionell deutlich geringer entlohnten weiblichen Arbeitskräften und die Notwendigkeit der Mehrheit der Frauen, angesichts krisenhafter, prekärer Lebensverhältnisse zum Familieneinkommen beizutragen, widersprachen den unermüdlich propagierten Geschlechter- und Familienentwürfen.

Diese sich in den Quellen massenhaft widerspiegelnde Realität legt nahe, dass das von „bürgerlichen Meisterdenkern" entworfene Frauenideal der Gattin, Hausfrau und Mutter in seiner reinen Form nur von einer relativ kleinen Gruppe von Frauen aus dem wohlhabenden Bürgertum bzw. den Oberschichten tatsächlich gelebt werden konnte. Es mochte vielen Frauen als Orientierung, vielleicht auch als Wunschvorstellung gedient haben, war für die individuelle Lebensführung der Mehrheit jedoch wenig hilfreich. Schätzungen zufolge umfasste die Oberklasse des Adels, der „Spitzenbourgeoisie", des Wirtschafts- und des Bildungsbürgertums 1914 gerade einmal fünf Prozent der deutschen Bevölkerung, das Kleinbürgertum aus Handwerksmeistern, kleinen Kaufleuten, Gastwirten, sonstigen Gewerbetreibenden und Selbständigen noch einmal acht bis zehn Prozent. Trotz einer relativen Verbesserung der Realeinkommen seit den 1880er Jahren blieben in den 1890er Jahren noch 75 und kurz vor dem Ersten Weltkrieg noch etwa 70 % der Bevölkerung unter der Grenze des niedrigsten Jahreseinkommens, bei dem eine Besteuerung überhaupt erst einsetzte. Die Mehrheit der Bevölkerung lebte in proletarischen bzw. proletaroiden Verhältnissen, gekennzeichnet durch Unsicherheit und Knappheit.[10] Frauen aus unteren und mittleren Gesellschaftsschichten konnten nicht ausschließlich für ihre Familien zuständig sein, sondern mussten jede sich nur bietende Möglichkeit wahrnehmen, um, zumindest phasenweise, durch Erwerbsarbeit zum Familieneinkommen beizutragen. Damit war Erwerbstätigkeit im 19. Jahrhundert für die meisten Frauen der entstehenden Arbeiterschaft, des Kleinbürgertums und bürgerlicher Mittelschichten – und damit für die Mehrzahl der Frauen – eine Selbstverständlichkeit.

Es lässt sich schlussfolgern, dass die von Heide Wunder als für die Frühe Neuzeit typisch beschriebene Konstellation der Familienwirtschaft, deren Kern im Ehepaar als Arbeitspaar mit aufeinander verwiesenen Arbeitsrollen bestand, wo der Ehefrau neben der Haushaltsführung im engeren Sinne auch die Mit-

---

10 Vgl. Wehler, Hans-Ulrich: Strukturen und Prozesse sozialer Ungleichheit 6. Die Sozialhierarchie des kaiserlichen Deutschlands, in: Ders.: Deutsche Gesellschaftsgeschichte 3: Von der „Deutschen Doppelrevolution" bis zum Beginn des Ersten Weltkrieges 1849–1914, München 1995, 845f.; Flemming, Jens: „... von Jahr zu Jahr ein Sorgen und Bangen ohne Ende". Einkommen, Lohn, Lebensstandard, in: Ruppert, Wolfgang (Hg.): Die Arbeiter. Lebensformen, Alltag und Kultur, München 1986, 137–145. Noch weitaus schwieriger war die soziale Lage in den Übergangsjahrzehnten vor dem „Anspringen" der Industriellen Revolution, die massenhaft neue Arbeitsplätze entstehen ließ. Vor allem im Vormärz verbreitete sich der Pauperismus und es kam zu zahlreichen sozialen Verwerfungen. Vgl. Wehler, Hans-Ulrich: Die Gesellschaftskrise des „Pauperismus" im Vormärz, in: Ders.: Deutsche Gesellschaftsgeschichte 2: Von der Reformära bis zur industriellen und politischen „Deutschen Doppelrevolution" 1815–1845/49, München ^{2}1989, 281–296.

arbeit im Betrieb oder Geschäft des Mannes zukam,[11] unter den Bedingungen der Industrialisierung nicht einfach verschwand, sondern sich neuen Gegebenheiten anpasste und wichtiger Orientierungspunkt blieb. Damit existierte eine gewisse Wertschätzung weiblicher Erwerbsfähigkeit und -bereitschaft weiter und stand in Konkurrenz zur beständig propagierten Weiblichkeitsvorstellung der Gattin, Hausfrau und Mutter. Erwerbsarbeit erhielt darüber hinaus für einige besser gestellte bürgerliche Frauen einen besonderen emanzipatorischen Stellenwert. Unter Bezugnahme auf große aufklärerische Ideen nahmen sie für sich das freiheitliche Recht auf die Entfaltung eigener Fähigkeiten im Beruf und auf wirtschaftliche Selbständigkeit als ersten Schritt zu einem selbstbestimmteren Leben in Anspruch. Sie wurden wie Louise Otto-Peters (1819–1895) zu Protagonistinnen der bürgerlichen Frauenbewegung oder standen in engerem Kontext zu deren vielfältigen Vereinen und Organisationen im Kaiserreich.[12]

Aus dem Widerspruch zwischen dem allgegenwärtigen, unablässig propagierten bürgerlichen Geschlechter- und Familienideal und abweichenden Wirklichkeiten resultierte ein vielstimmiger, permanent anhaltender Diskurs unterschiedlicher Beteiligter über weibliche Bildung und Arbeitskraft. In ihm wurde ausgehandelt, was Mädchen lernen sollten, unter welchen Bedingungen weibliche Erwerbsarbeit gebilligt werden könnte und zu welchen Bereichen Frauen Zugang haben sollten.[13] Vereinfacht gesagt, zeichnete sich dabei als Kompromiss ab, dass weibliche Erwerbsarbeit vor allem in zwei Konstellationen gerechtfertigt erschien: Erstens, wenn die Versorgung durch einen Mann bzw. Familienvater nicht möglich war, weil der männliche Ernährer ausfiel – der uralte „klassische Fall" der zur eigenen Erwerbsarbeit gezwungenen Witwen, Waisen, Alleinstehenden. Und zweitens, wenn durch Bezugnahme auf angebliche Besonderheiten des weiblichen Geschlechts nachgewiesen werden konnte, dass eine bestimmte Arbeit durch Frauen am effektivsten zu leisten sei – diese Begründung finden wir von unterschiedlicher Seite und in unterschiedlichen Bereichen

---

11 Vgl. zum Konzept des Ehepaares als Arbeitspaar: Wunder, Heide: Die Familiarisierung von Arbeiten und Leben, in: Dies.: „Er ist die Sonn', sie ist der Mond". Frauen in der Frühen Neuzeit, München 1992, 89–117, insbesondere 95–99; Dies.: „Jede Arbeit ist ihres Lohnes wert". Zur geschlechtsspezifischen Teilung und Bewertung von Arbeit in der Frühen Neuzeit, in: Hausen, Karin (Hg.): Geschlechterhierarchie und Arbeitsteilung. Zur Geschichte ungleicher Erwerbschancen von Männern und Frauen, Göttingen 1993, 19–39, 24f.

12 Vgl. u. a. Ludwig, Johanna: Eigner Wille und eigne Kraft. Der Lebensweg von Louise Otto-Peters bis zur Gründung des Allgemeinen Deutschen Frauenvereins 1865, Leipzig 2014; Schötz, Susanne: Louise Otto-Peters (1819–1895), in: Wiemers, Gerald (Hg.): Leipziger Lebensbilder. Der Stadt Leipzig zu ihrer Ersterwähnung vor 1000 Jahren (Sächsische Lebensbilder 7), Stuttgart 2015, 411–460; Beuys, Barbara: Die neuen Frauen. Revolution im Kaiserreich: 1900–1914, Berlin 2015.

13 Siehe beispielsweise zur Intensivierung dieses Diskurses während der Revolution von 1848/49: Schötz, Susanne: Frauenarbeit im Diskurs der Revolution 1848/49: Die sächsische „Kommission für die Erörterung der Gewerbs- und Arbeitsverhältnisse", in: Ludwig, Johanna u. a. (Hg.): Frauen in der bürgerlichen Revolution von 1848/49, Bonn 1998, 114–135.

das ganze 19. Jahrhundert über (und darüber hinaus): So wenn ihre „zarten, flinken Finger" zu textilen Arbeiten oder zum mechanischen Tippen an Schreibmaschinen besonders geeignet erschienen, wenn Frauen sich aufgrund ihrer vermeintlich großen Genügsamkeit, Geduld, Ausdauer und Fürsorglichkeit bestens als Telegrafistinnen und Fräulein vom Amt in den Fernsprechanstalten bewährten oder wenn sie aufgrund ihrer, wie man meinte, angeborenen spezifischen Fähigkeit zur Mütterlichkeit – wiederum als besonderer Mix aus Fürsorglichkeit, Geduld und Ausdauer gedacht – als prädestiniert für pflegerische und bestimmte erzieherische Berufe galten. Mithin entstand das Konzept von Frauenberufen mit der Segregation männlicher und weiblicher Arbeitsbereiche als Reaktion auf die Notwendigkeit, weibliche Erwerbstätigkeit gegen das bürgerliche Familienideal zu verteidigen bzw. beides in einem gewissen Maß zu vereinbaren.[14]

Wie die weiteren Ausführungen zeigen werden, gehört es zur Widersprüchlichkeit und Komplexität der bürgerlich-kapitalistischen Gesellschaft des 19. Jahrhunderts dazu, dass Frauen auch in Berufe und Tätigkeitsfelder eindrangen, ohne dass sich ernstlich eine der beiden Grundkonstellationen als Begründung anführen ließe. Die Grenzen im Aushandlungsprozess weiblicher Erwerbstätigkeit waren insofern nicht starr, sondern dehn- und verschiebbar. Aber so unentbehrlich sich weibliche Erwerbsarbeit letztlich erwies, in Abhängigkeit von wirtschaftlichen Wechsellagen und gesellschaftlichen Krisen wurde sie dennoch immer wieder abgewertet und diskreditiert: Als die Stellung und Autorität des Mannes als Familienernährer und Familienoberhaupt untergrabend; als drohende, die allgemeine Moral gefährdende, unkontrollierte Sexualität; als Vernachlässigung von häuslichen und Mutterpflichten; als unbedeutende, letztlich verzichtbare „Hilfstätigkeit" oder als egoistische Emanzipation auf Kosten Dritter. Im konservativen Lager galt dabei vor allem *außerhäusliche* weibliche Erwerbsarbeit als gleichbedeutend mit einem allgemeinen Sittenverfall und der Destabilisierung der Gesellschaft.[15] Vor diesem Hintergrund wagte im 19. Jahrhundert nur eine kleine Minderheit das ungerechte Grundmuster der ge-

---

14 Vgl. Zachmann, Karin: Typisch Mann, typisch Frau – geschlechtsspezifische Arbeitsteilung und technischer Wandel, in: Ferrum. Nachrichten aus der Eisenbibliothek, Stiftung der Georg Fischer AG, Schaffhausen 65 (1993), 50–58 sowie Dies.: Die produktive Kraft der Arbeit und die Geschlechterdifferenz: Deutsche Nationalökonomen zum Konflikt zwischen Arbeits- und Geschlechterordnung im 19. Jahrhundert, in: Hänseroth, Thomas (Hg.): Technik und Wissenschaft als produktive Kräfte der Geschichte. FS Rolf Sonnemann, Dresden 1998, 185–196.

15 Vgl. Hausen, Karin: Wirtschaften mit der Geschlechterordnung, in: Dies. (Hg.): Geschlechterhierarchie und Arbeitsteilung. Zur Geschichte ungleicher Erwerbschancen von Männern und Frauen, Göttingen 1993, 40–67, insbesondere 62–64; Baumann, Ursula: Frauenarbeit in kirchlicher Diskussion und Praxis im Kaiserreich, in: Hausen, Karin (Hg.): Geschlechterhierarchie und Arbeitsteilung. Zur Geschichte ungleicher Erwerbschancen von Männern und Frauen, Göttingen 1993, 147–166; Schmitt, Sabine: Der Arbeiterinnenschutz im deutschen Kaiserreich. Zur Konstruktion der schutzbedürftigen Arbeiterin, Stuttgart/

schlechtshierarchischen Arbeitsteilung zu kritisieren, welches Männer als Geschlechtswesen, trotz klassen- bzw. schichtspezifischer Unterschiede zwischen Angehörigen der Arbeiterklasse, bürgerlicher Mittelschichten und des gehobenen Bürgertums und Adels, vielfach privilegierte.[16] Männer besaßen in aller Regel bessere Zugangsmöglichkeiten zu schulischer Bildung und beruflicher Ausbildung als Mädchen und Frauen, erhielten deutlich höhere Löhne und Gehälter und profitierten von besseren beruflichen Aufstiegschancen. Nicht zuletzt verfügten sie über exklusiven Zugang zu „höheren" akademischen Berufen, bis es ab 1900 schrittweise zur regulären Öffnung deutscher Universitäten für Frauen kam und diese im Laufe des 20. Jahrhunderts allmählich, trotz enormer Widerstände und partieller Rückschritte, in die Wissenschaften und entsprechende Berufe eindrangen.[17]

Weimar 1995; Kocka, Jürgen: Frauen und Männer, Kinder und Erwachsene in der Fabrik, in: Ders.: Arbeitsverhältnisse und Arbeiterexistenzen: Grundlagen der Klassenbildung im 19. Jahrhundert (Geschichte der Arbeiter und der Arbeiterbewegung in Deutschland seit dem Ende des 18. Jahrhundert 2), Bonn 1990, 462–473, 467f.

16 Aus intersektionaler Perspektive konnten sich weitere soziale Differenzen unter Männern ergeben, die beispielsweise aus ethnischer oder konfessioneller Zugehörigkeit, aus dem Alter oder Gesundheitszustand erwuchsen. Die stärkste soziale Barriere resultierte im 19. Jahrhundert allerdings aus der Klassenzugehörigkeit, das Kaiserreich entwickelte sich mehr und mehr zu einer Klassengesellschaft. Vgl. zum Klassenbegriff und den Merkmalen der Klassengesellschaft vielfach Jürgen Kocka, zuletzt: Kocka, Jürgen: Ein bürgerliches Jahrhundert?, in: Ders.: Kampf um die Moderne. Das lange 19. Jahrhundert in Deutschland, Stuttgart 2021, 67–104, insbesondere 67–75 sowie Berghahn, Volker: Soziale Schichtung und Ungleichheit der Lebenslagen, in: Ders.: Das Kaiserreich 1871–1914. Industriegesellschaft, bürgerliche Kultur und autoritärer Staat, in: HDtG[10] 16 (2001), 101–121, 102.

17 Siehe hierzu Heinsohn, Kirsten: Der lange Weg zum Abitur: Gymnasialklassen als Selbsthilfeprojekte der Frauenbewegung, in: Kleinau, Elke / Opitz, Claudia (Hg.): Geschichte der Mädchen- und Frauenbildung 2: Vom Vormärz bis zur Gegenwart, Frankfurt am Main / New York 1996, 149–160; Glaser, Edith: „Sind Frauen studierfähig?" Vorurteile gegen das Frauenstudium, in: Kleinau, Elke / Opitz, Claudia (Hg.): Geschichte der Mädchen- und Frauenbildung 2: Vom Vormärz bis zur Gegenwart, Frankfurt am Main / New York 1996, 299–309; Dies.: Die erste Studentinnengeneration – ohne Berufsperspektive?, in: Kleinau, Elke / Opitz, Claudia (Hg.): Geschichte der Mädchen- und Frauenbildung 2: Vom Vormärz bis zur Gegenwart, Frankfurt am Main / New York 1996, 310–324; Costas, Ilse: Der Kampf um das Frauenstudium im internationalen Vergleich. Begünstigende und hemmende Faktoren für die Emanzipation der Frauen aus ihrer intellektuellen Unmündigkeit in unterschiedlichen bürgerlichen Gesellschaften, in: Schlüter, Anne (Hg.): Pionierinnen, Feministinnen, Karrierefrauen? Zur Geschichte des Frauenstudiums in Deutschland, Pfaffenweiler 1992, 115–144.

2. Überblick über die Entwicklung weiblicher Erwerbsarbeit im langen 19. Jahrhundert[18]

Verbreitung weiblicher Lohnarbeit

Vor allem in den Familien der handarbeitenden Lohnarbeiterschaft aus Stadt und Land, seit den 1840er Jahren zunehmend als „Arbeiter" oder „Proletariat" bezeichnet, ist der Verbreitungsgrad weiblicher Erwerbsarbeit hoch gewesen. Dabei waren Frauen *vor der stärkeren Verbreitung von Fabrikarbeit vor allem in der Landwirtschaft, sei es als Mägde oder Landarbeiterinnen, sowie in den sogenannten häuslichen Diensten* tätig. Nach den Berufszählungen des Deutschen Reiches ist das noch 1895 so gewesen, erst 1907 waren reichsweit die Anteile abhängig beschäftigter Frauen in der Landwirtschaft, den häuslichen Diensten sowie in Industrie und Gewerbe etwa gleich groß (28,2 %, 26,2 % und 27,0 %). Dagegen arbeiteten männliche abhängige Beschäftigte der Statistik zufolge bereits 1882 am häufigsten in Industrie und Gewerbe (45,9 %), gefolgt von der Landwirtschaft (15,7 %). Im häuslichen Dienst waren sie hingegen kaum anzutreffen (0,4 %).[19]

Der *Gesindedienst bzw. die sogenannten häuslichen Dienste* umfassten in den Städten diverses: die Anstellung als Dienstmädchen, Köchin, Haushälterin, Aufwärterin, Kinderfrau oder Gouvernante in bürgerlichen Haushalten, aber auch den Dienst als Magd und damit „Mädchen für alles" in kleinen und mittleren gewerblichen Betrieben des Handels, Handwerks und Gastgewerbes. Für Leipzig sind für das Jahr 1849 etwa 7100 weibliche Gesindepersonen bei einer Einwohnerschaft von rund 60 000 Personen belegt.[20] Insbesondere unter verheirateten Frauen mit Kindern aus den unteren Bevölkerungsschichten waren zudem ent-

---

[18] Im Folgenden beziehe ich mich vielfach auf die mir nahen Forschungen zu Leipzig und Sachsen, doch liegt einige Forschungsliteratur vor. Siehe u. a. Schildt, Gerhard: Frauenarbeit im 19. Jahrhundert, Paffenweiler 1993; Bolognese-Leuchtenmüller, Birgit / Mitterauer, Michael (Hg.): Frauen – Arbeitswelten. Zur Genese gegenwärtiger Probleme, Wien 1993; Hausen, Geschlechterhierarchie und Arbeitsteilung. Zudem bieten neuere Stadtgeschichten inzwischen empirisch gut untermauerte Überblicke zu einzelnen Orten. Vgl. beispielsweise Herres, Jürgen: „Kauffrauen", Fabrikarbeiterinnen und Dienstmädchen, in: Ders.: Geschichte der Stadt Köln 9: Köln in preußischer Zeit 1815–1871, Köln 2012, 373–379; oder auch meine an späterer Stelle zitierten Beiträge zur Geschichte weiblicher Erwerbsarbeit in Leipzig.

[19] Vgl. Willms, Angelika: Segregation auf Dauer? Zur Entwicklung des Verhältnisses von Frauenarbeit und Männerarbeit in Deutschland, 1882–1980, in: Müller, Walter / Handl, Johann u. a. (Hg.): Strukturwandel der Frauenarbeit 1880–1980, Frankfurt am Main 1983, 107–181, 176.

[20] Vgl. Schötz, Susanne: Weibliche Erwerbsarbeit und Kinderarbeit, in: Dies. (Hg.): Geschichte der Stadt Leipzig. Vom Wiener Kongress bis zum Ersten Weltkrieg, Leipzig 2018, 296–305, 297 sowie Gränitz, Frauke: Bevölkerung, in: Schötz, Susanne (Hg.): Geschichte der Stadt Leipzig. Vom Wiener Kongress bis zum Ersten Weltkrieg, Leipzig 2018, 234.

lohnte *Gelegenheitsarbeiten aller Art* üblich, wie das Waschen und Plätten, Scheuern, kleine Austrage- und Lieferdienste oder der Hausierhandel im Auftrag Dritter.

Mit der entstehenden *Fabrikindustrie* boten sich dann neue Frauenarbeitsplätze. So soll ein gutes Drittel der Belegschaften der mechanischen Spinnereien des frühen 19. Jahrhunderts aus Frauen bestanden haben, ihr Anteil wuchs bis 1850 auf mehr als 50 % an.[21] Die zunehmende Arbeitsteilung und Mechanisierung im Verlauf der Industrialisierung schuf bald über den Textilsektor hinaus Frauenarbeitsplätze in vielen Bereichen: Im Bekleidungs- und Reinigungsgewerbe, bei der Papier- und Lederwarenherstellung, der Produktion von Nahrungs- und Genussmitteln, der chemischen Industrie und selbst in der Metallverarbeitung und bestimmten Bereichen des Maschinenbaus.[22]

Die zeitgenössische Statistik ermöglicht allerdings erst mit der Einführung der Berufsstatistik des Deutschen Reiches ab 1882 und entsprechender einzelstaatlicher Erhebungen genauere Aussagen.[23] In Leipzig war die Mehrheit der Erwerbstätigen zwischen 1871 und 1914 männlichen Geschlechts, aber der Anteil von Frauen wuchs allein zwischen 1882 und 1907 von einem knappen Viertel auf 30 %.[24] Dabei ist unklar, inwieweit die sogenannten mithelfenden weiblichen Familienangehörigen der kleinen Handwerks-, Handels- oder sonstigen Gewerbebetriebe überhaupt mitgezählt wurden. Vergleicht man die Strukturen männlicher und weiblicher Erwerbsarbeit, waren zwischen 1882 und 1907 in Leipzig sowohl die meisten Männer als auch die meisten Frauen am häufigsten in Industrie und Gewerbe tätig, gefolgt von Handel, Verkehr und Gastgewerbe – ein Unterschied zum Reichsdurchschnitt.[25] Dennoch dominierten Männer diese

21 Vgl. Kocka, Arbeitsverhältnisse und Arbeiterexistenzen, 464, sowie allgemein Schildt, Frauenarbeit.

22 Kocka, Arbeitsverhältnisse und Arbeiterexistenzen, 472f.

23 Vgl. Müller, Walter / Handl, Johann / Willms, Angelika: Frauenarbeit im Wandel. Forschungsfragen und Datenbasis, in: Dies. (Hg): Strukturwandel der Frauenarbeit 1880–1980, Frankfurt am Main 1983, 7–24, insbesondere 18–23. Siehe für Leipzig: Gränitz, Frauke: IV. Erwerbstätigkeit und Arbeitsmarkt, in: Dies.: Daten und Fakten zur Leipziger Stadtgeschichte (Quellen und Forschungen zur Geschichte der Stadt Leipzig 5), Leipzig, 2013, 223–274.

24 Vgl. Schötz, Susanne: Wirtschaftsstruktur, Erwerbstätigkeit, Frauen- und Kinderarbeit 1871–1914, in: Dies. (Hg.): Geschichte der Stadt Leipzig 3: Vom Wiener Kongress bis zum Ersten Weltkrieg, Leipzig 2018, 624–633, 625.

25 Das trifft auf Sachsen insgesamt zu. Nach der reichsweiten Volks- und Gewerbezählung von 1907 galt Sachsen als am stärksten industrialisierte Region Deutschlands und zählte zu den wirtschaftlich am meisten fortgeschrittenen Regionen Europas. Gemessen am Anteil der Beschäftigten in den drei Hauptsektoren der Wirtschaft – Landwirtschaft; Industrie, Bergbau und Gewerbe; Handel, Verkehr und Dienstleistungen – entfielen über 60 % der Erwerbstätigen auf den sekundären Sektor von Industrie, Bergbau und Handwerk. Dieser Wert wurde selbst in Berlin und den preußischen Provinzen Rheinland und Westfalen nicht erreicht. Vgl. Schäfer, Michael: Teil 1: Die Wirtschaftsgeschichte Sachsens von 1800 bis 1914, in: Karlsch, Reiner / Schäfer, Michael: Wirtschaftsgeschichte Sachsens im Industriezeitalter,

Wirtschaftsbereiche, Industrie und Gewerbe sogar nahezu unverändert zu drei Vierteln. Zwischen den einzelnen Branchen gab es allerdings deutliche Unterschiede: Vor allem der Maschinen-, Apparate- und Instrumentenbau, die Metallverarbeitung und das Baugewerbe waren die ganze Zeit mit über 90 % ausgesprochen männlich besetzt. Dagegen öffneten sich die 1882 ebenfalls noch stark männlich besetzten polygraphischen Gewerbe (86 %) und die chemische Industrie (92 %) für Frauen, die hier 1907 bereits 28 bzw. 35 % der jeweiligen Beschäftigten erreichten.[26] Umgekehrt waren im Bekleidungs- und Reinigungsgewerbe und in der Textilindustrie stets mehr Frauen als Männer beschäftigt, ihre Anteile lagen leicht schwankend um die 60 %. In beiden Branchen waren auch zahlenmäßig die meisten Frauen des industriell-gewerblichen Bereichs tätig – 1907 nahe 17000.[27] Frauen fanden zunehmend auch in der Papier- sowie in der Nahrungs- und Genussmittelindustrie Arbeit. In der Papierindustrie machten sie 1907 fast die Hälfte aller Beschäftigten aus.[28]

Wenn weibliche Arbeitskraft in den einzelnen Wirtschaftszweigen höchst unterschiedlich zum Einsatz kam, ist das verschiedenartigen Konstellationen und gesellschaftlichen Aushandlungsprozessen geschuldet, in denen ökonomische Interessen, Geschlechtervorstellungen und Verhandlungsmacht zum Tragen kamen. Im ausgesprochen männlich dominierten Maschinen-, Apparate- und Instrumentenbau waren Ingenieure und Facharbeiter, also ausgebildete Techniker, Maschinenbauer, Schlosser und Schmiede unentbehrlich. Frauen besaßen zu handwerklichen Berufsausbildungen bis zur Einführung der Gewerbefreiheit 1861 keinen Zugang, und auch im Kaiserreich öffnete sich der technische Bereich für sie nur wenig. Hier spielten Vorstellungen von zu schmalen, schwachen Händen und geringeren Körperkräften der Frauen ebenso eine Rolle wie die von ihrer seelischen Andersartigkeit, der das raue Klima einer Werkstatt nicht zumutbar sei, wenn nicht gar die Auffassung herrschte, dass weiblicher Verstand und Technik unvereinbar seien.[29] Dass aber auch in diesem Bereich Bewegung herrschte, verdeutlichen die polygraphischen Gewerbe Leipzigs. Bereits seit 1863 bildete Albert Henry Payne (1812–1902) in seiner Kupfer- und Stahldruckerei Setzerinnen für sein Unternehmen aus, womit sich die Polygraphie für Frauen zu öffnen begann.[30] Auch in der Buchbinderei verbreitete sich Frauenarbeit. Die von den Gebrüdern Brehmer erfundene Drahtheftmaschine, mit der

Leipzig 2006, 134. Der Anteil der Beschäftigten im tertiären Sektor lag bei 27 %, in der Landwirtschaft bei nur noch 13 %, ebd.

26 Vgl. Schötz, Wirtschaftsstruktur, 625f.

27 Vgl. die Tabelle bei Gränitz, Daten und Fakten, 247.

28 Schötz, Wirtschaftsstruktur, 626.

29 Vgl. Schötz, Wirtschaftsstruktur, 627. Siehe auch Zachmann, Karin: Haben Frauen weniger Sehnsucht nach dem Perpetuum Mobile? Männerkultur und Frauenstudium an der Technischen Universität Dresden, in: Hänseroth, Thomas (Hg.): Wissenschaft und Technik – Studien zur Geschichte der Technischen Universität Dresden u. a. 2003, 85–108.

30 Siehe Schötz, Weibliche Erwerbsarbeit, 299.

sich das Binden von Büchern industrialisieren ließ, wurde 1878 sogar ausdrücklich mit der einfachen Handhabung durch Frauen beworben: „Ein einigermaßen geschicktes Mädchen lernt die Handhabung der Maschine in wenigen Tagen und ist dann fähig, je nach Gattung der Arbeit, das 4- bis 10-fache Quantum einer Handnäherin in derselben Zeit zu heften.“[31]

Vor allem verheiratete Frauen beendeten jedoch, wenn irgend möglich, nach der Geburt des ersten Kindes ihre außerhäusliche Arbeit in Fabriken und gewerblichen Betrieben. Sie schieden damit aber nicht aus der Erwerbstätigkeit aus, sondern suchten nach besseren Formen der Vereinbarkeit mit ihren Mutterpflichten, beispielsweise durch die schon genannten Gelegenheitsarbeiten aller Art, und sehr oft durch Heimarbeit. *Heimarbeit oder Hausindustrie* bedeutete, dass die Arbeiterinnen vorgegebene Arbeiten in der eigenen Wohnung für Kaufleute, Verleger oder Warenhäuser ausführten und Kinder oder zu pflegende Familienangehörige besser beaufsichtigen konnten. Mädchen und Frauen verdienten so ihr Geld als Strickerinnen und Näherinnen, als Zigarrenarbeiterinnen, Strohflechterinnen, bei der Rüschen- und Plisseeherstellung, mit Stickarbeiten und vielem anderen mehr.[32] Die Löhne waren hier besonders niedrig, oft handelte es sich um Saisonarbeit, was Abhängigkeitsverhältnisse verschärfte.[33] Mit derartig unstetigen, häufig wechselnden Lohnarbeiten sind sie in den offiziellen Gewerbestatistiken und Berufszählungen anfangs überhaupt nicht registriert worden. Neben der Beschäftigung in der Hausindustrie oder dem sog. Heimgewerbe waren weibliche Arbeitskräfte auch im 19. Jahrhundert in *Manufakturen* tätig, wenngleich beide Bereiche im Zuge der sich entwickelnden Großindustrie an Bedeutung verloren. Bei Manufakturen handelte es sich um Werkstätten, in denen Waren arbeitsteilig per Handarbeit gegen Stück- oder Stundenlohn produziert wurden. Sie waren in Leipzig beispielsweise seit den 1840er Jahren in der Zigarrenherstellung stark verbreitet, doch ging man hier später zur kostengünstigeren hausindustriellen Fertigung über.[34]

Grundsätzlich war das unternehmerische Interesse an weiblichen Arbeitskräften hoch, denn tendenziell wurden Männer im Vergleich zu Frauen und Kindern im Verhältnis 4:2:1 bezahlt.[35] So betrug beispielsweise 1884 der durchschnittliche Wochenlohn von Leipziger Arbeitern des Bekleidungsgewerbes 13,45 Mark, von Arbeiterinnen 7,20 Mark. In den polygraphischen Gewerben

---

[31] Heinker, Heinz-Helge: „Ein einigermaßen geschicktes Mädchen lernt die Handhabung der Maschine in wenigen Tagen“, in: Leipziger Blätter 46 (2005), 82.

[32] Vgl. Schlenkrich, Elke: Handwerk und Hausindustrie, in: Schötz, Susanne (Hg.): Geschichte der Stadt Leipzig. Vom Wiener Kongress bis zum Ersten Weltkrieg, Leipzig 2018, 622–624.

[33] Ebd., 624.

[34] Vgl. Zwahr, Hartmut: Zur Konstituierung des Proletariats als Klasse. Strukturuntersuchung über das Leipziger Proletariat während der industriellen Revolution, Berlin 1978, 94–99.

[35] Kocka, Arbeitsverhältnisse und Arbeiterexistenzen, 465.

Leipzigs waren es bei Männern 17,50 Mark, bei Frauen nur 7,80 Mark.[36] Das ließ den Sozialdemokraten August Bebel (1840–1913) 1879 in seinem Bestseller „Die Frau und der Sozialismus“ konstatieren, dass die Unternehmerklasse in Industrie und Gewerbe längst freiwillig der Forderung nach Öffnung von Erwerbszweigen für Frauen entgegengekommen sei – zur Erhöhung ihres Profits durch „billigere Frauenhände“. So gäbe es nur noch wenige Gewerbe und Industrien, von denen Frauen ausgeschlossen seien, während insgesamt ein rasches Wachstum weiblicher Arbeitskraft und zugänglicher Beschäftigungsarten zu verzeichnen sei. Dies geschehe ohne jede Rücksicht auf die schwächere physische Kraft der Frau. Um des Profites Willen würden „sowohl die körperlich *anstrengendsten*, wie die *unangenehmsten* und für die Gesundheit *gefährlichsten* Thätigkeiten“ eröffnet – jenseits „phantastischer Auffassungen von Dichtern und Romanschreibern“,[37] wie er sarkastisch kommentiert, die Frauen als zarte, fein besaitete Wesen beschrieben. Er fügte dem eine Aufzählung von rund 60 weiblichen Beschäftigungsfeldern hinzu und ging auf einige besonders gefährliche oder anstrengende Arbeiten ein, bei denen, wie in der Strohhut- oder Buntpapierfabrikation, Vergiftungen durch das Einatmen giftiger Dämpfe drohten, wo es, wie in der Textilindustrie, zu häufigen Verletzungen der Gliedmaßen aufgrund fehlender Abdeckvorrichtungen an Maschinen kam, oder wo, wie auf dem Bau, in Kohlen- und Eisenwäschereien oder der Flussschiffahrt, Frauen selbst im schwangerem Zustand schwerste Lasten bewegten, „wahrlich kein schöner Anblick“, so Bebel.[38]

Allerdings sahen sich nicht nur Frauen aus den Unterschichten vor die Notwendigkeit gestellt, durch Erwerbsarbeit den Lebensunterhalt entweder vollständig selbst zu bestreiten oder in irgendeiner Form zum Familieneinkommen beizutragen.[39] Auch viele Witwen und nicht wenige verheiratete Frauen und erwachsene Töchter aus mittleren Gesellschaftsschichten, so von Angestellten, Beamten, Lehrern, Pastoren, Advokaten, Künstlern, Privatgelehrten, suchten nach Erwerbsmöglichkeiten. Hier reichten Pensionen im Witwenstand, wenn sie denn überhaupt vorhanden waren, bzw. die Gehälter der Ehemänner und Väter oftmals nicht aus, um die Bedürfnisse der Familien befriedigen zu können. Das hat in starkem Maße mit dem durch die Industrialisierung bewirkten Wandel der Hausarbeit zu tun.[40] Was man früher selbst herstellte und wozu viele weibliche

36 Schötz Wirtschaftsstruktur, 627.

37 Vgl. Bebel, August: Ausgewählte Reden und Schriften.10/1: Die Frau und der Sozialismus, hg. v. Internationalen Institut für Sozialgeschichte Amsterdam, München u. a. 1996, 78f. Hervorhebung durch Bebel.

38 Ebd., 79f.

39 Vgl. zum Folgenden Schötz, Weibliche Erwerbsarbeit, 298.

40 Vgl. die entsprechenden Ausführungen bei Mitterauer, Michael: Sozialgeschichte der Familie. Kulturvergleich und Entwicklungsperspektiven (Basistexte Wirtschafts- und Sozialgeschichte 1), Wien 2009 und Gestrich, Andreas: Geschichte der Familie im 19. und 20. Jahrhundert (EDG 50), München ³2013.

Hände willkommen waren, um die unzähligen Arbeitsschritte einer Hauswirtschaft zu bewältigen, das produzierte jetzt die Industrie. Nahezu der gesamte Hausbedarf wurde in der sich entfaltenden Konsumgesellschaft gegen Geld erworben. Damit erwies sich die standesgemäße Versorgung erwachsener Töchter, aber auch von unverheirateten weiblichen Familienangehörigen, die einst ihren Platz im Haushalt von Verwandten gehabt hatten und ihre Arbeitskraft in der einen oder anderen Weise einbrachten, zunehmend als Problem – insbesondere für die Angehörigen des beamteten oder nur angestellten, nicht sonderlich gut bezahlten Bildungsbürgertums. Viele Frauen aus diesen Schichten trugen nun zumindest zeitweise zum Familienbudget bei, suchten dies jedoch zu verheimlichen. Sie wollten für reicher gehalten werden, als sie es waren, und hielten es für *„unwürdig“* zu arbeiten, weil dies ihrer *„wahren Bestimmung“* nicht entspräche.[41] Häufig verrichteten sie Näharbeiten, stellten Stickereien oder Strickwaren für Verleger zu niedrigsten Löhnen her und verschärften damit die Konkurrenz und den Lohndruck gegenüber den in diesen Gewerben tätigen Lohnarbeiterinnen. In Statistiken der Erwerbstätigen tauchten sie nicht auf. Die Frage, *„wohin nun mit diesen Allen, die sonst das Haus beschäftigte“*,[42] ist von liberalen Politikern in den 1860er Jahren eine Zeitlang als „soziale Frauenfrage“ debattiert worden. Einige von ihnen, so Adolf Lette (1799–1868), initiierten Projekte zur Förderung der Erwerbsfähigkeit unverheirateter Frauen aus den Mittelständen, um weibliche Angehörige der eigenen Sozialgruppe durch Integration in den Arbeitsmarkt statusadäquat zu versorgen und ihren sozialen Abstieg zu verhindern.[43]

Die grundlegende Voraussetzung für diese Entwicklungen stellte allerdings die Liberalisierung des Wirtschaftsrechts mit Einführung der Gewerbefreiheit

---

41 Vgl. die zeitgenössische Schilderung bei Otto-Peters, Louise: Das Recht der Frauen auf Erwerb, in: Franzke, Astrid u. a. (Hg.) / Götze, Ruth (Mitarb.): Wiederveröffentlichung der Erstausgabe aus dem Jahr 1866. Mit einer Reminiszenz der Verfasserin und Betrachtungen zu der Schrift aus heutiger Sicht (LOUISEum Sammlungen und Veröffentlichungen der Louise-Otto-Peters-Gesellschaft e. V. 7), Leipzig 1997, 56.

42 Zitiert nach Otto, Louise: Frauenleben im deutschen Reich. Erinnerungen aus der Vergangenheit mit Hinweis auf Gegenwart und Zukunft, Neudruck der Ausgabe Leipzig 1876, Lage 1997, 154.

43 Vgl. Bussemer, Herrad-Ulrike: Bürgerliche Frauenbewegung und männliches Bildungsbürgertum 1860–1880, in: Frevert, Ute (Hg.): Bürgerinnen und Bürger. Geschlechterverhältnisse im 19. Jahrhundert (KSG 77), 190–205, 195–199. Adolf Lette, der Vorsitzende des Preußischen Centralvereins für das Wohl der arbeitenden Klassen, hatte in Berlin 1866 die Gründung eines Vereins zur Förderung der Erwerbsfähigkeit des weiblichen Geschlechts in die Hand genommen. Der Lette-Verein begründete in den nächsten Jahrzehnten eine Handels- und Gewerbeschule für Frauen, ein Lehrerinnenseminar, eine Kochlehranstalt, eine Setzerinnenschule und eine Photographische Lehranstalt. Vgl. Haase, Jana: Die Lette-Schwestern. Eine biografische Zeitreise, in: Digitales Deutsches Frauenarchiv (2020), online: https://www.digitales-deutsches-frauenarchiv.de/themen/die-lette-schwestern-eine-biografische-zeitreise (abgerufen am 19.8.2022).

dar.[44] In Sachsen geschah das 1861. Jetzt wurde es „jedem dispositionsfähigen Inländer, welcher das vierundzwanzigste Lebensjahr vollendet hat, ohne Unterschied des Geschlechts" möglich, ein Gewerbe selbstständig zu betreiben. Damit erhielten Frauen erstmals die Möglichkeit, sich in allen Gewerben selbstständig zu etablieren, was die alte Innungsverfassung mit spezifischen Produktions- und Absatz- und Verbietungsrechten für Zunfthandwerker jahrhundertelang verhindert hatte. Gleichzeitig aber wurde das Recht zur freien Beschäftigung von Hilfspersonal eingeführt – das ermöglichte Unternehmern nun die unbegrenzte Beschäftigung weiblicher Arbeitskräfte in allen Branchen,[45] eine Zäsur in der Geschichte der Arbeit. Das waren wichtige Schritte, um Frauen gleiche Erwerbschancen wie Männern zu eröffnen.

Dennoch existierten weiterhin Möglichkeiten zur Behinderung der selbstständigen Gewerbeausübung von Frauen und von weiblicher Lohnarbeit. Die Gewerbefreiheit für Frauen war keinesfalls vollständig und umfassend. So galten Ehefrauen, die in Sachsen auch nach der 1838 erfolgten Abschaffung der Geschlechtsvormundschaft unter der Vormundschaft ihres Ehemannes standen, als nicht dispositionsfähig; gleiches traf auch auf Hauskinder zu, die zwar das 24. Lebensjahr vollendet hatten, aber noch im Haushalt des Vaters lebten. Solche Frauen konnten nur dann selbstständig ein Gewerbe ausüben oder außerhäuslich erwerbstätig werden, wenn sie dazu den ausdrücklichen Konsens vom Ehemann bzw. Vater erhielten. Auch hatten die Behörden das Recht zu entscheiden, ob der Betrieb eines Gewerbes *„aus dem einen oder anderen Grunde durch Frauenzimmer bedenklich fällt"*.[46] Da das Bürgerliche Gesetzbuch für das Königreich Sachsen, in Sonderheit sein Familien- und Vormundschaftsrecht, Ehefrauen zu Gehorsam gegenüber ihrem Ehemann sowie zu „Dienstleistungen zur Förderung seines Hauswesens und Gewerbes" verpflichtete, war zudem im Bedarfsfall, zum Beispiel bei einem Konflikt in der Familie oder auf der Arbeitsstelle, immer ein Grund vorhanden, um verheirateten Frauen wegen möglicher Vernachlässigung häuslicher Pflichten Zugänge zu bestimmten beruflichen Tätigkeiten oder Positionen zu verwehren.[47]

Daneben existierten für sämtliche Frauen unabhängig vom Familienstand noch weitere Schwierigkeiten, wollten sie auf dem Arbeitsmarkt Fuß fassen. Zum einen ist hier der anhaltende männliche Widerstand gegen das Eindringen

44 Vgl. Schötz, Weibliche Erwerbsarbeit, 298f.

45 Siehe: Das Königlich Sächsisches Gewerbegesetz nebst den dazugehörigen Ausführungsgesetzen und Verordnungen vom 15. October 1861. Nach den Quellen entwickelt und erläutert zum Handgebrauch für die Verwaltungspraxis und den Gewerbestand hg. v. Arthur W. Königsheim, Leipzig/Dresden 1861, insbesondere § 3, 107ff., sowie § 59, 151f.

46 Ebd., 107–109.

47 Vgl. Das Bürgerliche Gesetzbuch für das Königreich Sachsen nebst der Publikationsverordnung vom 2. Januar 1863, Leipzig 1863, § 1631, online abrufbar unter: https://www.deutsche-digitale-bibliothek.de/item/GHNYEC6E6LTUTT4ZJRBAPPIY4YMFJVDR (abgerufen am 29.8.2022).

von Frauen in bislang männlich dominierte Arbeitsbereiche zu nennen.[48] Zum anderen fehlte es Mädchen und Frauen schlichtweg an Bildung und beruflicher Ausbildung, um bestimmte Tätigkeiten ausüben zu können. Denn bis zur Einführung der Gewerbefreiheit, die in den meisten deutschen Staaten in den 1860er Jahren erfolgte, waren unter den Bedingungen des Zunftsystems fast sämtliche Berufe für Frauen und Mädchen verschlossen gewesen, ob es sich nun um handwerkliche, kaufmännische oder medizinische handelte. Nur sehr vereinzelt existierten in nichtzünftigen Gewerben Möglichkeiten beruflicher Ausbildung für Mädchen und Frauen. So blieben für die meisten Frauen dann, wenn sie aus den unterschiedlichsten Gründen ihren Lebensunterhalt selbst erwerben oder zum Familieneinkommen beitragen mussten, nur schlecht bezahlte Hilfstätigkeiten übrig. Sollten Frauen nicht als ungelernte Hilfskräfte am Ende der Wirtschaftshierarchie rangieren, dann mussten für sie Ausbildungsmöglichkeiten geschaffen werden.

In Leipzig begründete Otto Fiebig (1819–1872), Lehrer an der Nikolaischule, bereits 1863 mit dem „Lehrcursus für erwachsene Töchter zur Ausbildung für das practische Leben im kaufmännischen und gewerblichen Geschäftsbetriebe" die wohl erste Handelsschule für Frauen und Mädchen in Deutschland. Junge Frauen, darunter zwei Fiebig-Töchter, konnten hier erstmals eine formalisierte kaufmännische Ausbildung erhalten, die der der männlichen Handlungslehrlinge entsprach.[49] Die in seiner Lehranstalt vermittelten Kenntnisse sollten *„Töchtern aus dem gebildeten, aber unbegüterten Mittelstand"* die Möglichkeit eröffnen, als Kontoristinnen in den großen Handelshäusern einen *„angemessenen, ehrenvollen und lohnenden Erwerb"* zu erhalten.[50] Damit war der Grundstein für die Herausbildung einer neuen weiblichen Berufsgruppe im Handel, der weiblichen Handelsangestellten, gelegt.[51] Im Kaufmännischen Verein zu Leipzig stieß diese Initiative auf die vehemente Ablehnung männlicher Handelsangestellter, die die Herausbildung weiblicher Konkurrenz befürchteten.[52]

Erst ab den 1880er Jahren begann die Zahl weiblicher Handelsangestellter in Deutschland allmählich zu steigen und wuchs dann im Jahrzehnt vor dem Ersten Weltkrieg stärker an. Weibliche Handelsangestellte fanden jetzt nicht nur in traditionellen Handelsunternehmen, sondern auch in den entstehenden modernen Warenhäusern und in kaufmännischen Abteilungen industrieller Großunter-

---

48 Siehe u. a. Schaser, Angelika: VI. Der Kampf um bessere berufliche Bedingungen und erweiterte Berufschancen, in: Dies.: Frauenbewegung in Deutschland 1848–1933, Darmstadt 2006, 59–68, insbesondere 64 und 66.

49 Vgl. Schötz, Susanne: Der Kaufmännische Verein zu Leipzig und die Frauenfrage. Ein Beitrag zur Geschlechtergeschichte, in: Sächsische Heimatblätter (5/1994), 284–290, 288.

50 Ebd.

51 Vgl. Kisker, Ida: Die Frauenarbeit in den Kontoren einer Großstadt. Eine Studie über die Leipziger Kontoristinnen, Mit einem Anhang über die Berufsvereine der Handlungsgehilfinnen, Tübingen 1911.

52 Schötz, Kaufmännischer Verein.

nehmen Beschäftigung. Insgesamt entstand nun über den Handel und das Bankwesen hinaus die neue Sozialgruppe der Angestellten – der „neue" Mittelstand.[53] Angestellte verrichteten nicht-proletarische Lohnarbeiten, indem sie arbeitsvorbereitende, kontrollierende, koordinierende, kaufmännische und andere nicht-körperliche, verwaltungsmäßige Funktionen ausübten, die stärker an Schriftlichkeit gebunden waren. Vor allem Töchter aus mittleren Gesellschaftsschichten, die entsprechende Ausbildungen vorweisen konnten, drangen in die sich ausweitende Bürowelt ein. Sie wurden zunehmend als Sekretärinnen und Buchhalterinnen in öffentlichen Verwaltungen von Staat und Kommunen, bei der Post und Telegraphie, bei Versicherungen, in privaten Institutionen, Wohlfahrtseinrichtungen, als medizinisch-technisches Personal und Laborantinnen sowie als Lehrerinnen an Volksschulen eingestellt. An letzteren vor allem als Fachlehrerinnen für Zeichnen, Musik, Turnen und weibliche Handarbeiten.[54] 1907 lag der Anteil weiblicher Angestellter bei einem Viertel aller Angestellten in Deutschland. Allerdings waren weibliche Angestellte nahezu ausschließlich in ausführenden, den männlichen Kollegen untergeordneten Positionen mit entsprechend geringeren Gehältern tätig.[55] Als ein Grund hierfür wurde ihre zumeist kürzere, weniger umfassende Ausbildung in spezifischen, für Mädchen und Frauen eingerichteten, Lehrkursen angesehen, denn aufgrund anhaltenden männlichen Widerstands existierten kaum koedukative Ausbildungsmöglichkeiten. Zudem kam für Frauen der höhere, besser bezahlte öffentliche Dienst ohnehin nicht in Frage, da ihnen die erforderliche akademische Ausbildung aufgrund des fehlenden Zugangs zu den Universitäten bis zum Ende des 19. Jahrhunderts nicht zugänglich war.

„Mithelfende" weibliche Familienangehörige[56]

Die weitaus größte arbeitende Frauengruppe aus mittleren Gesellschaftsschichten waren die unzähligen sogenannten mithelfenden weiblichen Familienange-

---

53 Vgl. Wehler, Hans-Ulrich: Das Kleinbürgertum in der Expansion: „Alter" und „Neuer" Mittelstand, in: Ders.: Deutsche Gesellschaftsgeschichte 3, 750–763, 757–760.

54 Der Anteil der Volksschullehrerinnen wurde in Leipzig von den städtischen Gremien kontrovers diskutiert. Er lag 1909 bei 13 %, sollte aber aus der Sicht der meisten Stadtverordneten und Stadträte zehn Prozent nicht überschreiten. Vgl. Schötz, Wirtschaftsstruktur, 629.

55 Siehe z. B. Frevert, Ute: Die Entdeckung der „modernen Frau" 1914–1933, in: Dies.: Frauen-Geschichte. Zwischen bürgerlicher Verbesserung und neuer Weiblichkeit, Frankfurt am Main 1986, 146–199; Appelt, Erna: „Denn das Gesetz der Zeit heißt Ökonomie ..." Weibliche Angestellte im Prozess sozioökonomischer Modernisierung, in: Bolognese-Leuchtenmüller, Birgit / Mitterauer, Michael (Hg.): Frauen – Arbeitswelten. Zur Genese gegenwärtiger Probleme, Wien 1993, 133–148.

56 Siehe hierzu Schötz, Weibliche Erwerbsarbeit, 299f.

hörigen kleiner Selbstständiger in Handwerk, Handel und sonstigem Gewerbe.[57] Die mehr oder weniger permanente gewerbliche Mitarbeit, das sog. Mithelfen, von Ehefrauen, Töchtern, Nichten u. a. weiblichen Familienangehörigen erwies sich bereits seit Jahrhunderten nicht nur als kostengünstigste Form des Geschäftsbetriebs, sondern ermöglichte häufig überhaupt erst die wirtschaftliche Selbstständigkeit männlicher Firmeninhaber. Daran änderte sich im 19. Jahrhundert in jenen Bereichen nichts, in denen auch weiterhin eine kleingewerbliche Existenz möglich war – in bestimmten Handwerken und dem mit der Urbanisierung rasant wachsenden Kleinhandel und Gastgewerbe. So muss das sog. Mithelfen weiblicher Familienangehöriger als struktureller Bestandteil kleinbürgerlichen Lebens innerhalb der kapitalistischen Gesellschaft begriffen werden. Die Eigenschaft der Kleinbürgerfamilie, eine Wirtschaftseinheit zu bilden, die die Freistellung ihrer weiblichen Mitglieder nicht erlaubte, gilt dabei als ein zentrales Abgrenzungskriterium zum (Groß-)Bürgertum im 19. Jahrhundert in ganz Europa.[58] Das historisch alte Muster des Ehepaares als Arbeitspaar, bei dem Mann und Frau gemeinsam alles dafür taten, die Existenz der Familie zu sichern, war offensichtlich über die Jahrhunderte hinweg äußerst anpassungsfähig und nicht nur in unteren, sondern auch in kleinbürgerlichen, bestimmten bürgerlichen sowie auch bäuerlichen Schichten stark verbreitet.

Selbstständige Geschäftsfrauen[59]

Solange das Zunftsystem mit seinen Verbietungsrechten existierte, war es Frauen kaum möglich, sich als selbständige Handwerkerinnen oder Händlerinnen niederzulassen. Sie wurden meist schon im Spätmittelalter bzw. am Beginn der Frühen Neuzeit von regulären Berufsausbildungen und dem Erwerb entsprechender Ausbildungszertifikate wie Lehr- und Meisterbriefen ausgeschlossen

---

57 Die Bedeutung dieser erwerbstätigen, jedoch nicht den Unterschichten angehörenden Frauengruppe nahm im Laufe des 19. Jahrhunderts nicht, wie häufig angenommen wird, ab. Ihre Bedeutung wuchs zwischen 1882 und 1970, beruhte die zunehmende Erwerbsbeteiligung der Frauen in diesem Zeitraum doch bei verheirateten Frauen hauptsächlich auf ihrer zunehmenden Anerkennung als mithelfende Familienangehörige. Vgl. Willms, Angelika: Die Entwicklung der Frauenerwerbstätigkeit im Deutschen Reich. Eine historisch-soziologische Studie, Nürnberg 1980, 173. Insgesamt stieg die weibliche Erwerbsquote in Deutschland von ca. 36 % 1882 auf ca. 42 % 1970. Vgl. ebd., 12. Offensichtlich unberücksichtigt bleibt bei Willms die Entwicklung der Frauenerwerbsarbeit in der DDR.

58 Vgl. Haupt, Heinz-Gerhard / Crossick, Geoffrey: Die Kleinbürger. Eine europäische Sozialgeschichte des 19. Jahrhunderts, München 1998, insbesondere den Abschnitt: Zwischen Selbstbild und der Macht der Umstände: Die Kleinbürgerfamilie, 120–151 sowie Einleitung, 11–28, 21.

59 Vgl. Schötz, Weibliche Erwerbsarbeit, 300–303.

und erfüllten damit nicht die Voraussetzungen für eine Innungsmitgliedschaft.[60] Die meisten Innungen sahen lediglich ein sog. Witwenrecht vor, das hinterlassenen Witwen eine gewisse Existenzgrundlage bot. Ihr Anteil war verschwindend gering und lag 1850 bei den Kramer*innen und Kaufleuten in Leipzig nur wenig über drei Prozent, bei den Schuhmacher*innen ebenfalls bei drei Prozent und bei den Schneider*innen bei sechs Prozent.[61] Mit der allmählichen Öffnung des Detailhandels seit den 1820er Jahren auf der Basis persönlicher Konzessionserteilungen, vor allem aber mit der Einführung der Gewerbefreiheit, wurden selbstständige Geschäftsfrauen häufiger. Hunderte Frauen nutzten mit großer Entschlossenheit neue sich bietende Chancen zur Begründung einer eigenständigen wirtschaftlichen Existenz, besonders häufig geschah das im Lebensmittel- und im Putz- und Modewarenhandel.[62]

Dieses Phänomen der Teilhabe von Frauen an der Expansion des Kleinhandels parallel zur Urbanisierung und Industrialisierung wurde nicht nur für Leipzig nachgewiesen, sondern auch für andere deutsche Städte sowie in Studien zu England und für den mittleren Westen der USA. Für England kommen Davidoff und Hall zu dem Ergebnis, dass der von Frauen betriebene Handel mit Putzwaren, Damenkleidern und Lebensmitteln die Hauptausnahme im ansonsten männlich dominierten Detailhandel darstellte. Eldersveld Murphy spricht für den mittleren Westen der USA sogar von „sex-typing of jobs", d. h. von einer Präsenz von Frauen im Bereich der Putz- und Modewaren, der Damenschneiderei und Näherei von über 95 %, ein Ergebnis das Gamber für Boston bestätigt.[63]

---

60 Siehe zu dieser Problematik u. a. Simon-Muscheid, Katharina / Jacobsen, Grethe: Resümee, in: Simon-Muscheid, Katharina (Hg.): „Was nützt die Schusterin dem Schmied?" Frauen und Handwerk vor der Industrialisierung, Frankfurt am Main / New York 1998, 159–165; Werkstetter, Christine: Frauen im Augsburger Zunftshandwerk. Arbeit, Arbeitsbeziehungen und Geschlechterverhältnisse im 18. Jahrhundert, Berlin 2001; González Athenas, Muriel: Kölner Zunfthandwerkerinnen 1650–1750. Arbeit und Geschlecht, Kassel 2010; Schötz, Susanne: Handelsfrauen in Leipzig. Zur Geschichte von Arbeit und Geschlecht in der Neuzeit, Köln u. a. 2004, hier insbesondere Abschnitt C. Zwischenbilanz: Weichenstellungen für die Verdrängung von Frauen aus dem eigenständigen Kramwarenhandel im 16. Jahrhundert, 88–102.

61 Vgl. ebd. 300.

62 Zwischen 1830 und 1868 ließen sich insgesamt 471 Frauen als Inhaberinnen von Handelsgeschäften in Leipzig nieder. Davon standen 103 Kramhandlungen, Buchhandlungen oder Großhandelsgeschäften vor. Weitere 149 Frauen etablierten sich als Lebensmittelhändlerinnen, 176 als Putz- und Modewarenhändlerinnen und 43 Frauen verteilten sich auf diverse sonstige Geschäfte. Die Angaben entstammen der eigenen Auswertung sämtlicher Bürgerrechtsanträge 1830–1868. Vgl. Schötz, Handelsfrauen, 320.

63 Vgl. Davidoff, Leonore / Hall, Catherine: Family Fortunes. Men and women of the English middle class 1780–1850, London u. a. 1987, insbesondere 301–308; Eldersveld Murphy, Lucy: Business Ladies: Midwestern Women and Enterprise, 1850–80, in: Yeager, Mary A. (Hg.): Women in Business Volume II, University of California / Los Angeles 1999, 275–299 (Erstveröffentlichung 1991 in Journal of Women's History); Gamber, Wendy: A Precarious Independence: Milliners and Dressmakers in Boston, 1860–1890, in: Yeager, Mary A. (Hg.):

Solche Werte sind in Leipzig nicht erreicht worden, aber immerhin ca. ein Drittel der Viktualien- und der Putz- und Modewarenhändler*innen war weiblich.

Dabei etablierten sich in der Lebensmittelbranche vor allem verwitwete und einige wenige verheiratete Frauen.[64] Es wirkte wohl erleichternd, dass mit Aufhebung der Geschlechtsvormundschaft für mündige ledige und verwitwete Frauen 1838 in Sachsen nun diese Frauen (im Unterschied zu Ehefrauen) nahezu in vollem Umfang geschäfts- und handlungsfähig waren und ihre Entscheidungen unabhängig von einem männlichen Geschlechtsvormund treffen konnten.[65]

Neben den historisch älteren Frauentypen der Witwe und der mithelfenden Ehefrau wurde in der Putz- und Modebranche des 19. Jahrhunderts ein neuer Frauentyp sichtbar: Der Typ der nicht unbemittelten ledigen Geschäftsgründerin.[66] Etwa jede zweite sich zwischen 1830 und 1868 im Putz- und Modewarenhandel etablierende Frau war ledig. Putz- und Modewarenhändlerinnen stammten bereits nach ihrer Geburt ganz überwiegend aus mittleren Gesellschaftsschichten, allein 70 % aus dem selbstständigen Kleinbürgertum und Bürgertum. Die Väter waren Handwerksmeister, Kaufleute und sonstige Gewerbetreibende. Sie sorgten für die Berufsausbildung ihrer Töchter in der „Putzmacherei", einem freien, nicht-zünftigen Gewerbe, wo dies möglich war. Die meisten Putz- und Modewarenhändlerinnen vervollkommneten zielstrebig ihre Berufskenntnisse und praktischen Fertigkeiten durch Anstellungen in Putz- und Modewarengeschäften oder -fabriken an anderen Orten, zum Beispiel in Frankfurt am Main, Stettin, Chemnitz oder Jena. Die Kaufmannstochter Elise Hasenclever ging sogar nach Paris, um hier die Fertigung der neuesten Modeartikel zu erlernen.[67]

Ein Schlüssel für die erfolgreiche Etablierung von Putz- und Modewarenhändlerinnen lag in ihrer Ausrichtung auf eine weibliche Klientel begründet. Sie boten in ihren Läden Waren und Dienstleistungen an, die für Frauen wertvoll waren: Leibwäsche, wie Unterhemden, Unterhosen, Mieder; weiße Baby- und Kleinkinderkleidchen; Manschetten, Halskragen, Vorhemden und Krawatten; Schals, Schleier, Handschuhe und Taschentücher; Mantillen, Schürzen, Hauben und anderes mehr. Und sie profitierten von einem immer umfangreicher werdenden Beiwerk an Spitzen, Rüschen, Volants, Stickereien, Bändern, Schleifen und Blumen als Ausdruck von Weiblichkeit in der Frauenkleidung, während die männliche Bekleidung im Laufe des 19. Jahrhunderts immer dunkler, sachlicher und schmuckloser wurde.[68] So fand der von den Philosophen viel diskutierte unernste, verspielte, launenhafte, dem Gefühl, Vergnügen und der Eingebung fol-

Women in Business Volume II, University of California / Los Angeles 1999, 223–251 (Erstveröffentlichung 1992 in Journal of Women's History).

64 Schötz, Handelfrauen, 320–336.

65 Ebd., 59.

66 Vgl. detailliert zum Folgenden ebd., 337–365.

67 Ebd., 351.

68 Vgl. zur Entwicklung der Kleidung im 19. Jahrhundert Jacobeit, Wolfgang und Sigrid: Illustrierte Alltagsgeschichte des deutschen Volkes 2: 1810–1900, Leipzig u. a. 1987, 214–

gende weibliche Geschlechtscharakter in der Kleidung des 19. Jahrhunderts ebenso seine Entsprechung wie der ernsthafte, an Rationalität, Leistung und Arbeit orientierte männliche.

Diese Frauenkleidung erforderte sorgfältige Anproben, bedingte ausgebildete Handwerkerinnen und machte Frauen für Frauen in der Mode unverzichtbar, sollten die Grenzen weiblicher Schamhaftigkeit gewahrt bleiben. Dabei wurden Accessoires wie Schleifen, Knöpfe, Bänder, Schnüre auch von den weniger wohlhabenden Frauen nachgefragt, erlaubten sie es doch, ihrem Äußeren mit vergleichsweise geringen Mitteln einen modischen Anstrich zu verleihen. Getragen von der rasch wachsenden städtischen Bevölkerung erlebte die Putz- und Modewarenbranche so einen enormen Aufschwung. Das Aufkommen der Konfektion, der industriellen Massenanfertigung von Kleidung nach genormten Größen, sowie von Warenhäusern gegen Ende des 19. Jahrhunderts beendeten diese Blüte.

In Leipzig waren zwischen 1830 und 1870 die Putz- und Modewarenhändlerinnen die erfolgreichste Gruppe weiblicher Handeltreibender. Ihre erzielten Einkünfte lagen mehrheitlich deutlich über denen der Masse der unteren und mittleren (männlichen) Angestellten und Beamten sowie der Mehrheit der Lebensmittelhändler, selbstständigen Handwerker und Gastwirte Leipzigs.[69] Diese Frauen waren weibliche Spitzenverdienerinnen, die selbstbewusst einen eigenen, frei gewählten Lebensweg jenseits der herrschenden bürgerlichen Frauenrolle der Gattin, Hausfrau und Mutter gingen.

Fragt man nach weiteren erfolgreichen bürgerlichen Frauen, die vor 1870 zielstrebig einen eigenen Beruf ergriffen hatten, um ggf. unabhängig von einer Eheschließung eine selbstständige Lebensgrundlage zu besitzen, so ist für Leipzig wohl an die erste Berufsfotografin Europas, Bertha Wehnert-Beckmann (1815–1901), an Musikerinnen wie Clara Schumann (1819–1896) oder Schriftstellerinnen wie Louise Otto-Peters (1819–1895) oder La Mara (Marie Lipsius, 1837–1927) zu denken. Auch Schauspielerinnen wie Hedwig Raabe (1844–1905) und Malerinnen wie Philippine Wolff-Arndt (1849– ca. 1933) gehören dazu. An Anna Marie Kuhnow (1859–1923), die erste in Leipzig praktizierende approbierte Ärztin (Fachärztin für Gynäkologie) wäre ebenfalls zu erinnern. Die weitaus größte Gruppe dürfte aber aus Lehrerinnen und Erzieherinnen bestanden haben. Einige von ihnen, wie z. B. Ottilie von Steyber (1804–1870), eröffneten private Erziehungsinstitute für Töchter aus bürgerlichen Schichten. Andere, so Emma Marwedel (1818–1893), solche zur gewerblichen Ausbildung im Weißzeugfertigen, Putzmachen und Schneidern. Sie machte später in Amerika als Leiterin eines Fröbelkindergartens und Instituts zur Ausbildung von Fröbelkindergärtnerin-

244. Siehe auch Brändli, Sabrina: Der herrlich biedere Mann. Vom Siegeszug des bürgerlichen Herrenanzuges im 19. Jahrhundert, Zürich 1998 – hier insbesondere das Kapitel zur Polarisierung der Geschlechterrollen in der Kleidung, 157–214.

[69] Vgl. Schötz, Handelsfrauen, 364.

nen Karriere. In Leipzig gründete ein solches privates Institut Angelika Hartmann (1829–1917).[70] Die Eröffnung derartiger Lehranstalten lässt sich ebenfalls als Weg in die Selbstständigkeit verstehen. Auch diese Frauen nutzten sich öffnende Chancen. Sie ergaben sich einerseits aus dem mit dem Bevölkerungswachstum verbundenen Bedarf an einem über die Volksschulen hinausgehenden Bildungs- und Ausbildungsprogramm für sog. „höhere Töchter", für Mädchen aus bürgerlichen Schichten, und andererseits aus dem Fehlen staatlicher bzw. kommunaler Angebote für sie bis in die 1870er Jahre. Wir finden hier als ein typisches Muster, dass Frauen für Frauen Angebote entwickelten, weil solche in einer Welt fehlten, in der es bis dahin (fast) nur Männern möglich war, formalisierte Bildungs- und Ausbildungsabschlüsse zu erlangen, die zum einen die notwendigen Kenntnisse und Fähigkeiten vermittelten und zum anderen zur Berufsausübung berechtigten. Damit einher ging die partielle Bekräftigung wie die partielle Ablehnung von Weiblichkeitsvorstellungen, wie sie die „Meisterdenker" favorisierten. Frauen nutzten als Expertinnen in Frauenangelegenheiten häufig das Postulat der Wesensverschiedenheit der Geschlechter, um eigene Lebensvorstellungen jenseits des Weiblichkeitsideals der „Meisterdenker" zu verwirklichen – so als Expertinnen weiblicher Bekleidung, weiblicher Bildung und Erziehung oder weiblicher Gesundheit.[71]

---

70 Vgl. zu den Genannten Voigt, Jochen: A German Lady. Bertha Wehnert-Beckmann. Leben und Werk einer Fotografiepionierin, Chemnitz 2014; Kaufmann, Christoph: „Eine begabte, geistvolle Frau". Zur Biografie Bertha Wehnert-Beckmanns, in: Rodekamp, Volker (Hg.): Die Fotografin. Bertha Wehnert-Beckmann 1815–1901. Begleitbuch zur Ausstellung des Stadtgeschichtlichen Museums Leipzig, 25. Januar – 26. April 2015, Leipzig 2015, 10–12; Borchard, Beatrix: Clara Schumann. Ihr Leben, Frankfurt am Main 1991; Schötz, Susanne: Louise Otto-Peters (1819–1895), in: Wiemers, Gerald (Hg.): Leipziger Lebensbilder. Der Stadt Leipzig zu ihrer Ersterwähnung vor 1000 Jahren (Sächsische Lebensbilder 7), Stuttgart 2015, 411–460; Ludwig, Johanna: Eigner Wille und eigne Kraft. Der Lebensweg von Louise Otto-Peters bis zur Gründung des Allgemeinen Deutschen Frauenvereins 1865, Leipzig 2014; La Mara [Ida Marie Lipsius]: Durch Musik und Leben im Dienste des Ideals, 2 Bde., Leipzig 1917; zu Hedwig Raabe: Vgl. Neue Bahnen (1866), 93; Jorek, Rita: Philippine Wolff-Arndt (1849– um 1933). Malerin und Vorsitzende des Vereins der Künstlerinnen, in: Louise-Otto-Peters-Gesellschaft e. V. (Hg.) / Ludwig, Johanna / Rothenburg, Hannelore (Red.): Leipziger Lerchen. Frauen erinnern, Beucha 1999, 21–27; Zink, Wencke: Anna Marie Kuhnow (1859–1923). Erste in Leipzig praktizierende approbierte Ärztin, in: Louise-Otto-Peters-Gesellschaft e. V. (Hg.) / Ludwig, Johanna / Rothenburg, Hannelore (Red.): Leipziger Lerchen. Frauen erinnern, 2. Folge, Beucha 2000, 16–22; Franzke, Astrid: Ottilie von Steyber (1804–1870). Erzieherin in der Familie Brockhaus und Schulvorsteherin, in: Louise-Otto-Peters-Gesellschaft e. V. (Hg.) / Ludwig, Johanna / Rothenburg, Hannelore (Red.): Leipziger Lerchen. Frauen erinnern, Beucha 1999, 10–14; zu Emma Marwedel: Vgl. Neue Bahnen (1868), 77 und 101, (1871), 59f., (1887), 172; Mundus, Doris: Angelika Hartmann (1829–1917), in: Kämmerer, Gerlinde / Pilz, Anett (Hg.): Leipziger Frauengeschichten. Ein historischer Stadtrundgang, Leipzig 1995, 131–133.

71 Siehe zu den einschlägigen Argumentationen u. a.: Goldschmidt, Henriette: Ideen über weibliche Erziehung im Zusammenhang mit dem System Fröbels, Leipzig 1882; Lange,

3. Frauenbewegung und weibliche Erwerbstätigkeit

Neben einigen liberalen männlichen Initiativen hat sich vor allem die herausbildende bürgerliche Frauenbewegung Deutschlands für die Verbesserung weiblicher Bildungs- und Erwerbsmöglichkeiten engagiert. Sie nahm mit dem im Oktober 1865 in Leipzig unter dem Vorsitz von Louise Otto-Peters gegründeten Allgemeinen Deutschen Frauenverein (ADF) ihren Anfang. Sein Vereinszweck zielte grundsätzlich auf die Beseitigung struktureller Ungleichheit und Benachteiligung von Frauen in der Gesellschaft – beginnend in den Bereichen Bildung und Arbeit, doch dann auch auf eine gleichberechtigte Stellung der Frauen im Ehe- und Familienrecht sowie auf ihre staatsbürgerliche Teilhabe in Form des Wahlrechts ausgerichtet.[72]

Dabei galten den Gründerinnen des ADF die Verbesserung der Frauenbildung und die Eröffnung breitester Erwerbsmöglichkeiten als grundlegende übergreifende Ziele für alle Frauen. Frauen sollten grundsätzlich in die Lage zur *Selbstständigkeit* versetzt werden. „Selbständig kann schon dem Sprachgebrauch nach nur sein", so Louise Otto-Peters, „wer selbst zu stehen vermag, d. h., wer sich selbst auf seinen eigenen Füßen und ohne fremde Beihilfe erhalten kann."[73] Den Frauen durch eine Berufsausübung zu ökonomischer Selbstständigkeit zu verhelfen, hielt sie daher für „das Fundament weiblicher Selbständigkeit" und für den wichtigsten Schritt, aus dem gleichsam alles Weitere folgen würde.[74] Allerdings begriff sie die Fähigkeit zur Selbstständigkeit durch Erwerbsarbeit nicht lediglich als einen Notbehelf bzw. als ein Mittel zur Existenzsicherung gegen die „Wechselfälle des Geschicks"[75] im Falle von Ehelosigkeit, Witwenschaft oder Erwerbsproblemen des Ehemanns. Für sie stellte eine existenzsichernde Erwerbsarbeit die Grundlage für ein Leben in Würde und Selbstentfaltung dar, „denn wer zu seinem Fortkommen in der Welt einzig und allein auf die Hilfe anderer angewiesen ist, kann ja niemals zum Vollgefühl der eigenen Kraft, noch der Würde der Unabhängigkeit und damit des wahren Menschthums kommen."[76] Mädchen sollten deshalb ebenso wie Knaben zu einer Arbeit erzogen werden, die ihren

Helene: Die „gelbe Broschüre". Die höhere Mädchenschule und ihre Bestimmung. Begleitschrift zu einer Petition an das preußische Unterrichtsministerium und das preußische Abgeordnetenhaus, in: Frederiksen, Elke (Hg.): Die Frauenfrage in Deutschland 1865–1915. Texte und Dokumente, Stuttgart 1981, 207–226; Weber, Mathilde: Aerztinnen für Frauenkrankheiten, eine ethische und sanitäre Notwendigkeit, Berlin 1888.

72 Vgl. Schötz, Susanne: Leipzig und die erste deutsche Frauenbewegung, in: Döring, Detlef (Hg.): Leipzigs Bedeutung für die Geschichte Sachsens, Leipzig 2014, 157–180.

73 Otto-Peters, Das Recht der Frauen, 59.

74 Vgl. Otto, Frauenleben im Deutschen Reich, 179.

75 Otto-Peters, Das Recht der Frauen, 48.

76 Otto, Frauenleben, 179.

Fähigkeiten und Neigungen entspricht; Töchter wie Söhne von den Eltern gefragt werden, „was sie gern lernen und werden möchten".[77]

Das Konzept weiblicher bürgerlicher Erwerbsarbeit von Louise Otto-Peters enthielt keine spezifischen Vorgaben bzw. Schranken für die Entfaltung von Begabungen. In ihrer programmatischen Schrift „Das Recht der Frauen auf Erwerb" von 1866 entwarf sie ein breites Spektrum weiblicher Erwerbsbereiche für bürgerliche Frauen. Es umfasste die Berufe der Künstlerin und Schriftstellerin, der Lehrerin und Kindergärtnerin, die nun zahlreicher werdenden Ladenmädchen und Verkäuferinnen, die Fotografinnen und Lithografinnen. Sie ging aufgrund der sich beginnenden Öffnung kaufmännischer und technischer Ausbildungen für Frauen aber auch von deren Anstellung in den Kontoren von Kaufleuten, in den Büros der Eisenbahnen, Telegrafen und Post sowie auf landwirtschaftlichen Gütern aus. Vor allem die 1865 fast überall in Deutschland eingeführte Gewerbefreiheit ließ sie über die eigenständige Geschäftseröffnung von Frauen in Handel und Handwerk nachdenken, wenn es diesen möglich wäre, sich die notwendige kaufmännische und handwerkliche Ausbildung anzueignen. Ebenso hielt sie das Medizinstudium von Frauen und Ärztinnen für möglich. Selbst „gehobene" Fabrikarbeit schloss sie für Frauen aus den Mittelschichten nicht aus und verwies dabei auf Beispiele aus Amerika, der Schweiz sowie auf in Leipzig bereits tätige Setzerinnen in einer Buchdruckerei.[78]

Weil es an Bildungs-, Ausbildungs- und Fortbildungsangeboten für Mädchen und Frauen mangelte, entwickelten die Mitglieder des ADF in den folgenden Jahrzehnten beeindruckende Initiativen. Sie riefen für Frauen Sonntags- und Fortbildungsschulen, Haushalts-, Landwirtschafts- und Handelsschulen, Mägdeherbergen, Kochlehranstalten mit angeschlossenen Damenspeiseanstalten, Stellenvermittlungsbüros, Kindergärtnerinnenseminare u. v. a. ins Leben. Sie forderten die Öffnung neuer Erwerbsfelder für Frauen durch den Staat und in den Gemeinden, so in Krankenhäusern, Strafanstalten, in der Armenpflege und Jugendfürsorge. Dort, wo sie nicht selbst tätig werden konnten, beauftragten sie den Vorstand des ADF, sich auf dem Weg der Petition an Länderregierungen und Reichstag zu wenden. Petitionsziele waren bspw. die Anstellung von Frauen im Post- und Telegraphendienst, die Schaffung von Seminaren für Volksschullehrerinnen, die Öffnung der Universitäten für Frauen im Höheren Lehramt und im Medizinstudium. So klein mancher Schritt gewesen sein mag – in der Summe erzeugten all diese Schritte eine innovative gesellschaftspolitische Wirkung und veränderten die Gesellschaft des Kaiserreichs nachhaltig.[79]

---

[77] Ebd., 171.

[78] Vgl. Otto-Peters, Das Recht der Frauen, insbesondere den letzten Abschnitt „Fortschritte und Aussichten weiblicher Erwerbstätigkeit", 99–107. Der ADF diskutierte bereits auf seiner Gründungskonferenz 1865 die Schaffung weiblicher Hochschulen und die Öffnung akademischer Berufe für Frauen. Siehe ebd., 93.

[79] Vgl. ausführlich Schötz, Leipzig und die erste deutsche Frauenbewegung.

Vor allem ab den späten 1880er Jahren differenzierte sich die Frauenbewegung stark aus, es entstand eine vielfältige Vereinslandschaft mit spezifischen Zielen. Dennoch blieb die Förderung weiblicher Bildung und besserer Berufschancen ein wichtiger Schwerpunkt. So gründete sich ausschließlich zur Propagierung des Frauenstudiums unter Vorsitz von Hedwig Kettler (1851–1937) 1888 in Weimar der Frauenverein Reform, der sich später Verein Frauenbildung – Frauenstudium nannte. Er forderte gleiche Bildungsmöglichkeiten für Mädchen wie für Knaben – damals eine radikale Forderung.[80] Auch Mitglieder des Vereins Frauenwohl, 1888 von Minna Cauer (1841–1922) in Berlin gegründet, setzten sich für die Öffnung der Universitäten und akademischen Berufe für Frauen ein und petitionierten dazu wie der ADF.[81] 1889 erfolgte unter Leitung von Helene Lange (1848–1930) die Einrichtung sogenannter Realkurse für Frauen in Berlin, die Frauen zunächst auf das schweizerische Abitur vorbereiteten, um ihnen ein Studium in der Schweiz zu ermöglichen. Die Kurse wurden 1893 in der Hoffnung auf die baldige Öffnung der deutschen Universitäten in Gymnasialkurse umgewandelt.[82]

Um die beruflichen Positionen von Frauen zu stärken, entstanden zudem seit dem letzten Jahrzehnt des 19. Jahrhunderts zahlreiche Frauenberufsvereine, wie der Allgemeine Deutsche Lehrerinnenverein (ADLV) von 1890 mit Auguste Schmidt (1833–1902) als Ehrenpräsidentin, Helene Lange als erster und Marie Loeper-Housselle (1837–1916) als zweiter Vorsitzender oder der Kaufmännische Verband für weibliche Angestellte von 1903, in dem Minna Cauer wirkte.

Der 1894 als Dachorganisation der bürgerlichen Frauenbewegung gegründete Bund Deutscher Frauenvereine (BDF) hatte kurz nach seiner Gründung eine Kommission zur Förderung der weiblichen Gewerbeinspektion eingesetzt, die sich mit Verbesserung der Arbeitsbedingungen von Heim- und Fabrikarbeiterinnen, dem Ausbau der Sozialversicherung für Frauen und der Organisation einzelner Berufsgruppen beschäftigte.[83] 1898 gründete er eine Kommission zur Förderung der praktischen Erwerbstätigkeit und wirtschaftlichen Selbstständigkeit der Frau, die zunächst von Jeanette Schwerin (1852–1899) und später von Josephine Levy-Rathenau (1877–1921) geleitet wurde. Aus ihr gingen u. a. Auskunftsstellen für Frauenberufe und später ein Frauenberufsamt mit dem Ziel der Berufsberatung von Frauen hervor.[84]

Der ADF hatte 1907 die Auskunftsstelle für die Gemeindeämter der Frau in Frankfurt am Main eingerichtet, die durch ihre kommunalpolitische Orientierung besonders erfolgreich war. Sie vermittelte Frauen in ehrenamtlicher und zunehmend in besoldeter Stellung in den Wohlfahrtsbereich der Armen- und

---

80 Gerhard, Ute: Unerhört. Die Geschichte der deutschen Frauenbewegung, Reinbek bei Hamburg 1990, 150–152.

81 Ebd., 217.

82 Ebd., 154–159.

83 Schaser, Frauenbewegung, 62.

84 Ebd., 63.

Säuglingspflege, der Wohnungspflege, als Polizeiassistentinnen, Schulschwestern und Schulärztinnen.[85] An der 1908 von Alice Salomon (1872–1948) gegründeten Sozialen Frauenschule in Berlin wurden Sozialfürsorgerinnen und Sozialpädagoginnen ausgebildet.[86]

Viele der Aktivitäten zur Förderung weiblicher Erwerbstätigkeit betonten die Geschlechterdifferenz. Anknüpfend an Theorien Johann Heinrich Pestalozzis (1746–1827) und Friedrich Fröbels (1782–1852) hatte sich in der Frauenbewegung seit den 1870er Jahren das Konzept „organisierter" oder „geistiger Mütterlichkeit" ausgeformt, bei welchem aus der biologischen Fähigkeit zur Mutterschaft spezifische weibliche Eigenschaften und Fähigkeiten abgeleitet wurden, wie eine besondere Empfindungs- und Liebesfähigkeit, größere Fürsorglichkeit und Aufopferungsbereitschaft. Diese Eigenschaften nicht mehr nur für die eigene Familie, sondern auch zugunsten der weiblichen Jugend oder von bedürftigen Frauen im Dienst des Allgemeinwohls zu nutzen, wie dies anfangs beispielsweise Henriette Goldschmidt (1825–1920) und später Helene Lange und Alice Salomon forderten, entfaltete im gesellschaftlichen Diskurs mehr und mehr Plausibilität. In Teilen der Frauenbewegung wurde „Muttersorge im öffentlichen Leben" nun als durchgehende „Kulturaufgabe" des weiblichen Geschlechts angesehen und zur Erweiterung der Handlungsspielräume in die Gesellschaft hinein genutzt.[87] Vor allem die erzieherischen, pflegerischen und Wohlfahrts- bzw. Sozialbereiche galten für Frauen als besonders geeignet;[88] viele Aktivitäten der Frauenbewegung zielten auf die Öffnung oder Festschreibung entsprechender Berufe und Ehrenämter für Frauen. Dabei spielten in den Argumentationen nicht nur die sog. spezifischen weiblichen Eigenschaften als Eignungsgrund eine besondere Rolle, sondern auch der Glaube an die gleichsam naturhaft gegebene Fähigkeit eines tieferen Verständnisses von Frauen für Mädchen, von Ärztinnen für Patientinnen usw. Diese Strategie der Nutzung des Ge-

---

85 Ebd., 62f.

86 Ebd., 64f.

87 Vgl. Bussemer, Bürgerliche Frauenbewegung und männliches Bildungsbürgertum, 199–203. Auch Louise Otto-Peters nahm eine natürliche Wesensverschiedenheit der Geschlechter und das Wirken eines Ewig-Weiblichen an, leitete daraus aber keine Beschränkung weiblichen Engagements auf die genannten Bereiche ab. Sie war überzeugt, dass spezifische weibliche Eigenschaften in allen Bereichen nützlich seien, ob in Wirtschaft, Justiz, Politik, Wissenschaft oder Kunst. Vgl. Schötz, Susanne: Emanzipationsvorstellungen bei Louise Otto-Peters, in: APuZ (Louise Otto-Peters, 8/2019), 4–10.

88 Siehe zu den einschlägigen Argumentationen u. a.: Goldschmidt, Henriette: Ideen über weibliche Erziehung im Zusammenhang mit dem System Fröbels, Leipzig 1882; Lange, Helene: Die „gelbe Broschüre". Die höhere Mädchenschule und ihre Bestimmung. Begleitschrift zu einer Petition an das preußische Unterrichtsministerium und das preußische Abgeordnetenhaus, in: Frederiksen, Elke (Hg.): Die Frauenfrage in Deutschland 1865–1915. Texte und Dokumente, Stuttgart 1981, 207–226; Weber, Mathilde: Aerztinnen für Frauenkrankheiten, eine ethische und sanitäre Notwendigkeit, Berlin 1888.

schlechterdualismus ist durchaus erfolgreich gewesen, entwickelte sich langfristig aber zu einer Sackgasse für die berufliche Gleichberechtigung der Frauen.[89]

4. Fazit

Obgleich vom Frauenideal der Gattin, Hausfrau und Mutter, das „bürgerliche Meisterdenker" popularisierten, bedeutende Wirkungen auf das politische Denken und Handeln, auf die Ausgestaltung des Rechtssystems, auf Bildungskonzepte und viele andere Bereiche des öffentlichen wie privaten Lebens ausgingen, war im 19. Jahrhundert ein an Erwerbsarbeit orientierter Alltag für die Mehrheit der Frauen nicht weniger entscheidend. Die meisten Frauen mussten jede nur erdenkliche Möglichkeit nutzen, um angesichts prekärer Lebensverhältnisse im schwierigen Übergangszeitalter zur Industriegesellschaft einen Beitrag zum Familieneinkommen zu leisten. Das alte Muster des Ehepaars als Arbeitspaar wurde nicht obsolet, sondern passte sich neuen bürgerlich-kapitalistischen Gegebenheiten an. Zudem entstanden neuartige emanzipatorische Vorstellungen, die bürgerliche Frauen mit Berufstätigkeit und ökonomischer Selbstständigkeit verbanden. Damit existierten beständig konkurrierende Weiblichkeitsvorstellungen, die zu Aushandlungsprozessen um den Platz und die Aufgaben von Frauen führten.

Weibliche Erwerbsarbeit war als Lohnarbeit in der Landwirtschaft sowie in den sog. häuslichen Diensten der Städte, als Gelegenheitsarbeit aller Art, als Heimarbeit, als Arbeit in Manufakturen und zunehmend als industrielle Fabrikarbeit und Angestelltentätigkeit verbreitet. Darüber hinaus arbeiteten Frauen als sog. mithelfende weibliche Familienangehörige kleiner Selbstständiger in Handwerk, Handel und sonstigem Gewerbe sowie in der Landwirtschaft. Daneben existierten auch erfolgreiche selbstständige Geschäftsfrauen und Unternehmerinnen, doch war ihr Anteil wesentlich geringer als der der männlichen Selbstständigen.[90]

Weibliche Erwerbsarbeit war insgesamt schlechter entlohnt und verlief diskontinuierlicher, doch gelang einigen Frauen aus bürgerlichen Schichten eine

89 Schaser, Frauenbewegung, 67f.

90 Bis 1945 blieb die Übernahme einer vorhandenen Firma durch eine Witwe der häufigste Weg von Frauen in die Selbstständigkeit. Vgl. Hlawatschek, Elke: Die Unternehmerin (1800–1945), in: Pohl, Hans / Treue, Wilhelm: Die Frau in der deutschen Wirtschaft, Stuttgart 1985, 127–146. Das geschah nicht ausschließlich aber vorwiegend im Interesse der unmittelbaren Existenzsicherung sowie im Interesse des Unternehmenserhalts für die nächste, noch nicht volljährige Söhne-Generation. Verbreitet war diese Praxis vor allem in kleineren und mittleren Unternehmen. In Großunternehmen erwies sie sich als zunehmend schwieriger, weil die komplexen Wissensanforderungen im deutlichen Gegensatz zur weiblichen Sozialisation im Bürgertum standen, so Hlawatschek.

erfolgreiche Geschäftstätigkeit oder das Eindringen in neue mittlere Angestelltenberufe. Als grundlegende Voraussetzung erwies sich die Einführung der Gewerbefreiheit und eine gewisse Liberalisierung der Marktzugänge für Frauen, wenngleich die Erwerbstätigkeit verheirateter Frauen auch durch das neue bürgerliche Ehe- und Familienrecht limitiert wurde und vom ehemännlichen Konsens abhängig blieb – bis weit ins 20. Jahrhundert hinein.

Neben einigen liberalen Politikern hat v. a. die entstehende bürgerliche Frauenbewegung die Verbesserung der Bildungs- und Ausbildungsmöglichkeiten für Mädchen und Frauen und die Eröffnung breiter Erwerbsfelder zu ihrem Anliegen gemacht. Indem ihre Pionierinnen die ungleichen, prinzipiell schlechteren Bildungs- und Erwerbschancen von Frauen und Mädchen zum öffentlichen Thema machten, leiteten sie eine grundlegende Auseinandersetzung mit der dominierenden bürgerlich-männlichen Idealvorstellung von Frauen als Gattinnen, Hausfrauen und Müttern ein. Fast zwangsläufig führte das zu Debatten über die völlig rechtlose Stellung von Frauen in Ehe und Familie, Gesellschaft und Staat. Der unwürdigen Unterordnung und Benachteiligung der Frauen ein Ende zu bereiten wurde eine Forderung, die aus dem öffentlichen Diskurs nicht mehr verschwand. Das revolutionierte jahrtausendealte patriarchale Denktraditionen und Geschlechterbeziehungen.

Einen ersten großen Erfolg erzielte die Frauenbewegung mit der regulären Öffnung der deutschen Universitäten und von akademischen Berufen für Frauen ab 1900 – ihre Petitionen und Selbsthilfeprogramme hatten wesentlich zu einem Meinungswandel und zu einer Diskursverschiebung über Weiblichkeit in Deutschland beigetragen.[91] Andererseits gelang es Frauen seit dem letzten Drittel des 19. Jahrhunderts mit Verweis auf „besondere weibliche Fähigkeiten" v. a. in erzieherische, pflegerische und sozialfürsorgerische Berufe einzudringen; meist in angestellten, nicht-selbstständigen Positionen und häufig die Berufstätigkeit mit der Eheschließung aufgebend. Diese Frauen nutzten den von den „Meisterdenkern" konstruierten Diskurs der Geschlechterdifferenz zur Erweiterung ihrer Chancen auf gesellschaftliche Teilhabe und individuelle Entfaltung und blieben ihm dennoch verwoben. Zudem bestärkte das Favorisieren bestimmter, angeblich spezifisch weiblicher, Potentiale kreislaufartig auch entsprechende Vorstellungen von Weiblichkeit und weiblicher Zuständigkeit – in gewissem Maße bis zum heutigen Tag.

Der andere, stärker von Louise Otto-Peters als von vielen ihrer Mitstreiterinnen bevorzugte Pfad möglichst gleichberechtigter Teilhabe an nahezu sämtlichen Bereichen menschlicher Tätigkeit wurde und wird noch immer zu wenig

91 Siehe zuletzt Neumann, Andreas: Produktive Popularisierung. Medizinisches Geschlechterwissen als Dynamisierungsfaktor in der Frauenbildungsfrage des späten 19. Jahrhunderts, in: González Athenas, Muriel / Schnicke, Falko (Hg.): Popularisierungen von Geschlechterwissen seit der Frühen Neuzeit. Konzepte und Analysen, Berlin/Boston 2020, 149–182.

beschritten. Damit besteht die seit Jahrhunderten existierende Asymmetrie in den Erwerbschancen von Männern und Frauen weiter.

Quellen- und Literaturverzeichnis

1. *Primärliteratur/-quellen*

Bebel, August: Ausgewählte Reden und Schriften.10/1: Die Frau und der Sozialismus, , hg. v. Internationalen Institut für Sozialgeschichte Amsterdam, München / New Providence / London / Paris 1996.

Campe, Joachim Heinrich: Über die allgemeine und besondere Bestimmung des Weibes. Auszüge aus Ders.: Väterlicher Rath für meine Tochter. Ein Gegenstück zum Theophron. Der erwachsenen weiblichen Jugend gewidmet, Braunschweig 1789, in: Gerhard, Ute: Verhältnisse und Verhinderungen. Frauenarbeit, Familie und Recht der Frauen im 19. Jahrhundert, Frankfurt am Main 1978, 359–381.

Das Königlich Sächsisches Gewerbegesetz nebst den dazugehörigen Ausführungsgesetzen und Verordnungen vom 15. October 1861. Nach den Quellen entwickelt und erläutert zum Handgebrauch für die Verwaltungspraxis und den Gewerbestand hg. v. Arthur W. Königsheim, Leipzig/Dresden 1861.

Das Bürgerliche Gesetzbuch für das Königreich Sachsen nebst der Publikationsverordnung vom 2. Januar 1863, Leipzig 1863, § 1631. Digital abrufbar unter: https://www.deutsche-digitale-bibliothek.de/item/GHNYEC6E6LTUTT4ZJRBAPPIY4YMFJVDR.

Goldschmidt, Henriette: Ideen über weibliche Erziehung im Zusammenhang mit dem System Fröbels, Leipzig 1882.

Kisker, Ida: Die Frauenarbeit in den Kontoren einer Großstadt. Eine Studie über die Leipziger Kontoristinnen, Mit einem Anhang über die Berufsvereine der Handlungsgehilfinnen, Tübingen 1911.

La Mara [Ida Marie Lipsius]: Durch Musik und Leben im Dienste des Ideals, 2 Bde., Leipzig 1917.

Lange, Helene: Die „gelbe Broschüre“. Die höhere Mädchenschule und ihre Bestimmung. Begleitschrift zu einer Petition an das preußische Unterrichtsministerium und das preußische Abgeordnetenhaus, in: Frederiksen, Elke (Hg.): Die Frauenfrage in Deutschland 1865–1915. Texte und Dokumente, Stuttgart 1981, 207–226.

Otto, Louise: Frauenleben im deutschen Reich. Erinnerungen aus der Vergangenheit mit Hinweis auf Gegenwart und Zukunft, Neudruck der Ausgabe Leipzig 1876, Lage 1997.

Otto-Peters, Louise: Das Recht der Frauen auf Erwerb, in: Franzke, Astrid / Ludwig, Johanna / Notz, Gisela (Hg.) / Götze, Ruth (Mitarb.): Wiederveröffentlichung der Erstausgabe aus dem Jahr 1866. Mit einer Reminiszenz der Verfasserin und Betrachtungen zu der Schrift aus heutiger Sicht (LOUISEum Sammlungen und Veröffentlichungen der Louise-Otto-Peters-Gesellschaft e. V. 7), Leipzig 1997.

Weber, Mathilde: Aerztinnen für Frauenkrankheiten, eine ethische und sanitäre Notwendigkeit, Berlin 1888.

Neue Bahnen, Jahrgänge 1866, 1868, 1871 und 1887.

2. *Sekundärliteratur*

Appelt, Erna: „Denn das Gesetz der Zeit heißt Ökonomie ...“. Weibliche Angestellte im Prozess sozioökonomischer Modernisierung, in: Bolognese-Leuchtenmüller, Birgit / Mitterauer, Michael (Hg.): Frauen – Arbeitswelten. Zur Genese gegenwärtiger Probleme, Wien 1993, 133–148.

Baumann, Ursula: Frauenarbeit in kirchlicher Diskussion und Praxis im Kaiserreich, in: Hausen, Karin (Hg.): Geschlechterhierarchie und Arbeitsteilung. Zur Geschichte ungleicher Erwerbschancen von Männern und Frauen, Göttingen 1993, 147–166.

Bennet, Judith: Medieval Women, Modern Women: Across the Great Divide, in: Aers, David (Hg.): Culture and History 1350–1600. Essays on English Communities, Identities and Writing, Detroit 1992, 147–175.

Berghahn, Volker: Soziale Schichtung und Ungleichheit der Lebenslagen, in: Ders.: Das Kaiserreich 1871–1914. Industriegesellschaft, bürgerliche Kultur und autoritärer Staat, in: HDtG[10] 16 (2001), 101–121.

Beuys, Barbara: Die neuen Frauen. Revolution im Kaiserreich: 1900–1914, Berlin 2015.

Bolognese-Leuchtenmüller, Birgit / Mitterauer, Michael (Hg.): Frauen – Arbeitswelten. Zur Genese gegenwärtiger Probleme, Wien 1993.

Borchard, Beatrix: Clara Schumann. Ihr Leben, Frankfurt am Main 1991.

Brändli, Sabrina: Der herrlich biedere Mann. Vom Siegeszug des bürgerlichen Herrenanzuges im 19. Jahrhundert, Zürich 1998.

Bussemer, Herrad-Ulrike: Bürgerliche Frauenbewegung und männliches Bildungsbürgertum 1860–1880, in: Frevert, Ute (Hg.), Bürgerinnen und Bürger. Geschlechterverhältnisse im 19. Jahrhundert (KSG 77), Göttingen 1988, 190–205.

Costas, Ilse: Der Kampf um das Frauenstudium im internationalen Vergleich. Begünstigende und hemmende Faktoren für die Emanzipation der Frauen aus ihrer intellektuellen Unmündigkeit in unterschiedlichen bürgerlichen Gesellschaften, in: Schlüter, Anne (Hg.): Pionierinnen, Feministinnen, Karrierefrauen? Zur Geschichte des Frauenstudiums in Deutschland, Pfaffenweiler 1992, 115–144.

Davidoff, Leonore / Hall, Catherine: Family Fortunes. Men and women of the English middle class 1780–1850, Chicago 1987.

Duden, Barbara: Das schöne Eigentum. Zur Herausbildung des bürgerlichen Frauenbildes an der Wende vom 18. zum 19. Jahrhundert, in: Kursbuch 48 (1977), 125–140.

Eldersveld Murphy, Lucy: Business Ladies: Midwestern Women and Enterprise, 1850–80, in: Yeager, Mary A. (Hg.): Women in Business Volume II, University of California / Los Angeles 1999, 275–299 (Erstveröffentlichung 1991 in Journal of Women's History).

Flemming, Jens: „... von Jahr zu Jahr ein Sorgen und Bangen ohne Ende“. Einkommen, Lohn, Lebensstandard, in: Ruppert, Wolfgang (Hg.): Die Arbeiter. Lebensformen, Alltag und Kultur, München 1986, 137–145.

Franzke, Astrid: Ottilie von Steyber (1804–1870). Erzieherin in der Familie Brockhaus und Schulvorsteherin, in: Louise-Otto-Peters-Gesellschaft e. V. (Hg.) / Ludwig, Johanna / Rothenburg, Hannelore (Red.): Leipziger Lerchen. Frauen erinnern, Beucha 1999, 10–14.

Frevert, Ute: Die Entdeckung der „modernen Frau“ 1914–1933, in: Dies.: Frauen-Geschichte. Zwischen bürgerlicher Verbesserung und neuer Weiblichkeit, Frankfurt am Main 1986, 146–199.

Frevert, Ute: Bürgerliche Meisterdenker und das Geschlechterverhältnis. Konzepte, Erfahrungen, Visionen an der Wende vom 18. zum 19. Jahrhundert, in: Dies. (Hg.): Bürgerinnen und Bürger. Geschlechterverhältnisse im 19. Jahrhundert (KSG 77), Göttingen 1988, 17–48.

Gamber, Wendy: A Precarious Independence: Milliners and Dressmakers in Boston, 1860–1890, in: Yeager, Mary A. (Hg.): Women in Business Volume II, University of California / Los Angeles 1999, 223–251 (Erstveröffentlichung 1992 in Journal of Women's History).
Gerhard, Ute: Verhältnisse und Verhinderungen. Frauenarbeit, Familie und Recht der Frauen im 19. Jahrhundert, Frankfurt am Main 1978.
Gerhard, Ute: Unerhört. Die Geschichte der deutschen Frauenbewegung, Reinbek bei Hamburg 1990, 150–152.
Gestrich, Andreas: Geschichte der Familie im 19. und 20. Jahrhundert (EDG 50), München ³2013.
Glaser, Edith: „Sind Frauen studierfähig?" Vorurteile gegen das Frauenstudium, in: Kleinau, Elke / Opitz, Claudia (Hg.): Geschichte der Mädchen- und Frauenbildung 2: Vom Vormärz bis zur Gegenwart, Frankfurt am Main / New York 1996, 299–309.
Glaser, Edith: Die erste Studentinnengeneration – ohne Berufsperspektive?, in: Kleinau, Elke / Opitz, Claudia (Hg.): Geschichte der Mädchen- und Frauenbildung 2: Vom Vormärz bis zur Gegenwart, Frankfurt am Main / New York 1996, 310–324.
González Athenas, Muriel: Kölner Zunfthandwerkerinnen 1650–1750. Arbeit und Geschlecht, Kassel 2010.
Gränitz, Frauke: IV. Erwerbstätigkeit und Arbeitsmarkt, in: Dies.: Daten und Fakten zur Leipziger Stadtgeschichte (Quellen und Forschungen zur Geschichte der Stadt Leipzig 5), Leipzig, 2013, 223–274.
Gränitz, Frauke: Bevölkerung, in: Schötz, Susanne (Hg.): Geschichte der Stadt Leipzig. Vom Wiener Kongress bis zum Ersten Weltkrieg, Leipzig, 2018, 233f.
Haupt, Heinz-Gerhard / Crossick, Geoffrey: Die Kleinbürger. Eine europäische Sozialgeschichte des 19. Jahrhunderts, München 1998.
Hausen, Karin: Die Polarisierung der „Geschlechtscharaktere". Eine Spiegelung der Dissoziation von Erwerbs- und Familienleben, in: Conze, Werner (Hg.): Sozialgeschichte der Familie in der Neuzeit Europas, Stuttgart 1976, 363–393.
Hausen, Karin: Geschlechterhierarchie und Arbeitsteilung. Zur Geschichte ungleicher Erwerbschancen von Männern und Frauen, Göttingen 1993.
Hausen, Karin: Wirtschaften mit der Geschlechterordnung, in: Dies. (Hg.): Geschlechterhierarchie und Arbeitsteilung. Zur Geschichte ungleicher Erwerbschancen von Männern und Frauen, Göttingen 1993, 40–67.
Heinker, Heinz-Helge: „Ein einigermaßen geschicktes Mädchen lernt die Handhabung der Maschine in wenigen Tagen", in: Leipziger Blätter 46 (2005), 82f.
Heinsohn, Kirsten: Der lange Weg zum Abitur: Gymnasialklassen als Selbsthilfeprojekte der Frauenbewegung, in: Kleinau, Elke / Opitz, Claudia (Hg.): Geschichte der Mädchen- und Frauenbildung 2: Vom Vormärz bis zur Gegenwart, Frankfurt am Main / New York 1996, 149–160.
Herres, Jürgen: „Kauffrauen", Fabrikarbeiterinnen und Dienstmädchen, in: Ders.: Geschichte der Stadt Köln 9: Köln in preußischer Zeit 1815–1871, Köln 2012, 373–379.
Hlawatschek, Elke: Die Unternehmerin (1800–1945), in: Pohl, Hans / Treue, Wilhelm (Hg.): Die Frau in der deutschen Wirtschaft, Stuttgart 1985, 127–146.
Honegger, Claudia: Die Ordnung der Geschlechter: Die Wissenschaft vom Menschen und das Weib, 1750–1850, Frankfurt am Main 1991.
Jacobeit, Wolfgang und Sigrid: Illustrierte Alltagsgeschichte des deutschen Volkes 2: 1810–1900, Leipzig/Jena/Berlin 1987.
Jorek, Rita: Philippine Wolff-Arndt (1849– um 1933). Malerin und Vorsitzende des Vereins der Künstlerinnen, in: Louise-Otto-Peters-Gesellschaft e. V. (Hg.) / Ludwig, Johanna / Rothenburg, Hannelore (Red.): Leipziger Lerchen. Frauen erinnern, Beucha 1999, 21–27.

Kaufmann, Christoph: „Eine begabte, geistvolle Frau". Zur Biografie Bertha Wehnert-Beckmanns, in: Volker Rodekamp (Hg.): Die Fotografin. Bertha Wehnert-Beckmann 1815–1901. Begleitbuch zur Ausstellung des Stadtgeschichtlichen Museums Leipzig, 25. Januar – 26. April 2015, Leipzig 2015, 10–12.
Kocka, Jürgen: Ein bürgerliches Jahrhundert?, in: Ders.: Kampf um die Moderne. Das lange 19. Jahrhundert in Deutschland, Stuttgart 2021, 67–104.
Kocka, Jürgen: Frauen und Männer, Kinder und Erwachsene in der Fabrik, in: Ders.: Arbeitsverhältnisse und Arbeiterexistenzen: Grundlagen der Klassenbildung im 19. Jahrhundert (Geschichte der Arbeiter und der Arbeiterbewegung in Deutschland seit dem Ende des 18. Jahrhundert 2), Bonn 1990, 462–473.
Ludwig, Johanna: Eigner Wille und eigne Kraft. Der Lebensweg von Louise Otto-Peters bis zur Gründung des Allgemeinen Deutschen Frauenvereins 1865, Leipzig 2014.
Mitterauer, Michael: Familie und Arbeitswelt in historischer Sicht, in: Ders.: Familie und Arbeitsteilung. Historisch vergleichende Studien, Köln/Wien/Weimar 1992, 355–362.
Mitterauer, Michael: Sozialgeschichte der Familie. Kulturvergleich und Entwicklungsperspektiven (Basistexte Wirtschafts- und Sozialgeschichte 1), Wien 2009.
Müller, Walter / Handl, Johann / Willms, Angelika: Frauenarbeit im Wandel. Forschungsfragen und Datenbasis, in: Dies. (Hg): Strukturwandel der Frauenarbeit 1880–1980, Frankfurt am Main 1983, 7–24.
Mundus, Doris: Angelika Hartmann (1829–1917), in: Kämmerer, Gerlinde / Pilz, Anett (Hg.): Leipziger Frauengeschichten. Ein historischer Stadtrundgang, Leipzig 1995, 131–133.
Neumann Andreas: Produktive Popularisierung. Medizinisches Geschlechterwissen als Dynamisierungsfaktor in der Frauenbildungsfrage des späten 19. Jahrhunderts, in: González Athenas, Muriel / Schnicke, Falko (Hg.): Popularisierungen von Geschlechterwissen seit der Frühen Neuzeit. Konzepte und Analysen, Berlin/Boston 2020, 149–182.
Schäfer, Michael: Teil 1: Die Wirtschaftsgeschichte Sachsens von 1800 bis 1914, in: Karlsch, Reiner / Schäfer, Michael: Wirtschaftsgeschichte Sachsens im Industriezeitalter, Leipzig 2006, 13–136.
Schaser, Angelika: Frauenbewegung in Deutschland 1848–1933, Darmstadt 2006.
Schildt, Gerhard: Frauenarbeit im 19. Jahrhundert, Paffenweiler 1993.
Schlenkrich, Elke: Handwerk und Hausindustrie, in: Schötz, Susanne (Hg.): Geschichte der Stadt Leipzig. Vom Wiener Kongress bis zum Ersten Weltkrieg, Leipzig 2018, 622–624.
Schmitt, Sabine: Der Arbeiterinnenschutz im deutschen Kaiserreich. Zur Konstruktion der schutzbedürftigen Arbeiterin, Stuttgart/Weimar 1995.
Schötz, Susanne: Der Kaufmännische Verein zu Leipzig und die Frauenfrage. Ein Beitrag zur Geschlechtergeschichte, in: Sächsische Heimatblätter (5/1994), 284–290.
Schötz, Susanne: Frauenarbeit im Diskurs der Revolution 1848/49. Die sächsische „Kommission für die Erörterung der Gewerbs- und Arbeitsverhältnisse", in: Ludwig, Johanna / Nagelschmidt, Ilse / Dies. (Hg.): Frauen in der bürgerlichen Revolution von 1848/49, Bonn 1998, 114–135.
Schötz, Susanne: Handelsfrauen in Leipzig. Zur Geschichte von Arbeit und Geschlecht in der Neuzeit, Köln/Wien/Weimar 2004.
Schötz, Susanne: Leipzig und die erste deutsche Frauenbewegung, in: Döring, Detlef (Hg.): Leipzigs Bedeutung für die Geschichte Sachsens (Quellen und Forschungen zur Geschichte der Stadt Leipzig 7), Leipzig 2014, 157–180.
Schötz, Susanne: Louise Otto-Peters (1819–1895), in: Wiemers, Gerald (Hg.): Leipziger Lebensbilder. Der Stadt Leipzig zu ihrer Ersterwähnung vor 1000 Jahren (Sächsische Lebensbilder 7), Stuttgart 2015, 411–460.

Schötz, Susanne: Weibliche Erwerbsarbeit und Kinderarbeit, in: Dies. (Hg.): Geschichte der Stadt Leipzig. Vom Wiener Kongress bis zum Ersten Weltkrieg, Leipzig, 2018, 296–305.

Schötz, Susanne: Wirtschaftsstruktur, Erwerbstätigkeit, Frauen- und Kinderarbeit 1871–1914, in: Dies. (Hg.): Geschichte der Stadt Leipzig 3: Vom Wiener Kongress bis zum Ersten Weltkrieg, Leipzig 2018, 624–633.

Schötz, Susanne: Emanzipationsvorstellungen bei Louise Otto-Peters, in: APuZ (Louise Otto-Peters, 8/2019), 4–10.

Simon-Muscheid, Katharina / Jacobsen, Grethe: Resümee, in: Simon-Muscheid, Katharina (Hg.): „Was nützt die Schusterin dem Schmied?" Frauen und Handwerk vor der Industrialisierung, Frankfurt am Main / New York 1998, 159–165.

Voigt, Jochen: A German Lady. Bertha Wehnert-Beckmann. Leben und Werk einer Fotografiepionierin, Chemnitz 2014.

Wehler, Hans-Ulrich: Die Gesellschaftskrise des „Pauperismus" im Vormärz, in: Ders.: Deutsche Gesellschaftsgeschichte 2: Von der Reformära bis zur industriellen und politischen „Deutschen Doppelrevolution" 1815–1845/49, München [2]1989, 281–296.

Wehler, Hans-Ulrich: Strukturen und Prozesse sozialer Ungleichheit 6. Die Sozialhierarchie des kaiserlichen Deutschlands, in: Ders.: Deutsche Gesellschaftsgeschichte 3: Von der „Deutschen Doppelrevolution" bis zum Beginn des Ersten Weltkrieges 1849–1914, München 1995, 843–847.

Wehler, Hans-Ulrich: Das Kleinbürgertum in der Expansion: „Alter" und „Neuer" Mittelstand, in: Ders.: Deutsche Gesellschaftsgeschichte 3: Von der „Deutschen Doppelrevolution" bis zum Beginn des Ersten Weltkrieges 1849–1914, München 1995, 750–763.

Werkstetter, Christine: Frauen im Augsburger Zunftshandwerk. Arbeit, Arbeitsbeziehungen und Geschlechterverhältnisse im 18. Jahrhundert, Berlin 2001.

Willms, Angelika: Die Entwicklung der Frauenerwerbstätigkeit im Deutschen Reich. Eine historisch-soziologische Studie, Nürnberg 1980.

Willms, Angelika: Segregation auf Dauer? Zur Entwicklung des Verhältnisses von Frauenarbeit und Männerarbeit in Deutschland, 1882–1980, in: Müller, Walter / Handl, Johann / Dies (Hg.): Strukturwandel der Frauenarbeit 1880–1980, Frankfurt am Main 1983, 107–181.

Wunder, Heide: Die Familiarisierung von Arbeiten und Leben, in: Dies.: „Er ist die Sonn', sie ist der Mond". Frauen in der Frühen Neuzeit, München 1992, 89–117.

Wunder, Heide: „Jede Arbeit ist ihres Lohnes wert". Zur geschlechtsspezifischen Teilung und Bewertung von Arbeit in der Frühen Neuzeit, in: Hausen, Karin (Hg.): Geschlechterhierarchie und Arbeitsteilung. Zur Geschichte ungleicher Erwerbschancen von Männern und Frauen, Göttingen 1993, 19–39.

Zachmann, Karin: Typisch Mann, typisch Frau – geschlechtsspezifische Arbeitsteilung und technischer Wandel, in: Ferrum. Nachrichten aus der Eisenbibliothek, Stiftung der Georg Fischer AG, Schaffhausen 65 (1993), 50–58.

Zachmann, Karin: Die produktive Kraft der Arbeit und die Geschlechterdifferenz: Deutsche Nationalökonomen zum Konflikt zwischen Arbeits- und Geschlechterordnung im 19. Jahrhundert, in: Hänseroth, Thomas (Hg.): Technik und Wissenschaft als produktive Kräfte der Geschichte. FS Rolf Sonnemann, Dresden 1998, 185–196.

Zachmann, Karin: Haben Frauen weniger Sehnsucht nach dem Perpetuum Mobile? Männerkultur und Frauenstudium an der Technischen Universität Dresden, in: Hänseroth, Thomas (Hg.): Wissenschaft und Technik – Studien zur Geschichte der Technischen Universität Dresden, Köln/Wien/Weimar 2003, 85–108.

Zink, Wencke: Anna Marie Kuhnow (1859–1923). Erste in Leipzig praktizierende approbierte

Ärztin, in: Louise-Otto-Peters-Gesellschaft e. V. (Hg.) / Ludwig, Johanna / Rothenburg, Hannelore (Red.): Leipziger Lerchen. Frauen erinnern, 2. Folge, Beucha 2000, 16–22.
Zwahr, Hartmut: Zur Konstituierung des Proletariats als Klasse. Strukturuntersuchung über das Leipziger Proletariat während der industriellen Revolution, Berlin 1978.

3. *Internetquellen*

Das Bürgerliche Gesetzbuch für das Königreich Sachsen nebst der Publikationsverordnung vom 2. Januar 1863, Leipzig 1863, https://www.deutsche-digitale-bibliothek.de/item/GHNYEC6E6LTUTT4ZJRBAPPIY4YMFJVDR (abgerufen am 29.8.2022).
Welcker, Carl: Geschlechtsverhältnisse, in: Rotteck, Carl von / Welcker, Carl (Hg.): Das Staats-Lexikon: Encyklopädie der sämmtlichen Staatswissenschaften für alle Stände 5, zweite neubearbeitete und vermehrte Auflage. Altona 1845–48, https://ghdi.ghi-dc.org/pdf/deu/7_GFG_Geschlechtsverh%C3%A4ltnisse.pdf (abgerufen am 18.8.2022).
Haase, Jana: Die Lette-Schwestern. Eine biografische Zeitreise, in: Digitales Deutsches Frauenarchiv (2020), https://www.digitales-deutsches-frauenarchiv.de/themen/die-lette-schwestern-eine-biografische-zeitreise (abgerufen am 19.8.2022).

Celina Windbiel

Vom „weiblichen Beamten" zur „Beamtin"

Die Frau im deutschen öffentlichen Dienst gestern und heute

1. Einleitung

Der öffentliche Dienst in Deutschland umfasst alle Tätigkeitsfelder von Beschäftigten deren Arbeitgeber öffentlich-rechtlicher Natur ist und gliedert sich in zwei Hauptbereiche, zum einen das Beamtentum, zum anderen die Angestellten im öffentlichen Dienst.

Auch wenn die Geschlechtergleichstellung im öffentlichen Dienst heute mit einem Frauenanteil von 57,5 % in der Gesamtbetrachtung verwirklicht wurde, bestehen weiterhin Unterschiede zwischen den Geschlechtern. So liegt der Frauenanteil bei Teilzeitarbeit und Elternzeit deutlich über dem Anteil der männlichen Kollegen.[1] Überdies ist der größte Anteil der Frauen im mittleren und gehobenen Dienst beschäftigt, was eine Unterrepräsentanz von Frauen im höheren Dienst bedeutet.[2] Dies spiegelt sich auch darin wider, dass überwiegend Männer Führungspositionen im höheren Dienst bekleiden.

Um dieses aktuelle Bild der Frau im öffentlichen Dienst einordnen zu können, lohnt sich der Blick in die Geschichte des 20. Jahrhunderts besonders, da es große Entwicklungen sowohl in rechtlicher als auch in gesellschaftlicher Hinsicht für Frauen mit sich brachte.

---

[1] Altris, Alesandros: Entwicklung der Beschäftigung im öffentlichen Dienst bis 2017, Statistisches Bundesamt, WISTA 5 (2018); vgl. https://www.destatis.de/DE/Methoden/WISTA-Wirtschaft-und-Statistik/2018/05/entwicklung-oeffentlicher-dienst-052018.pdf?__blob=publicationFile (abgerufen am 27.7.2022).

[2] Beispielhaft, gilt jedoch für nahezu alle Länder entsprechend: Bericht zur Evaluation des Gesetzes zur Verwirklichung der Chancengleichheit von Frauen und Männern im öffentlichen Dienst in Baden-Württemberg, vgl. Download in der Langfassung: https://sozialministerium.baden-wuerttemberg.de/fileadmin/redaktion/m-sm/intern/downloads/Downloads_Soziales/Bericht_Evaluation-ChancenG-BW_2021_Langfassung.pdf (abgerufen am 27.7.2022), vgl. zur historischen Entwicklung auf kommunaler Ebene in der Bundesrepublik: Mecking, Sabine: „Chefin oder Mauerblümchen?" – Frauen in der öffentlichen Verwaltung der Bundesrepublik, in: GeGe31 (2005), 465–497, 472f.

Im Folgenden wird nach einer kurzen Einordnung der Ausgangslage (2.) die Entwicklung des weiblichen öffentlichen Dienstes im 20. Jahrhundert anhand dreier Aspekte untersucht: des Zugangs zum (3.), der Bezahlung im (4.) sowie der Entlassung aus dem öffentlichen Dienst (5.). Den Abschluss bildet eine kurze Schlussbetrachtung (6.).

2. Ausgangslage 1900

Mit Gründung des Kaiserreichs 1871 und der damit verbundenen institutionellen Differenzierung zwischen dem deutschen Reich und den Bundesstaaten, musste auch zwischen Reichsbeamten und bundesstaatlichen bzw. kommunalen Beamten unterschieden werden.

Für die Reichsbeamten und Beamten, die nach der Verfassung den Anordnungen des Kaisers Folge zu leisten hatten[3] – eher ein kleiner Teil des öffentlichen Dienstes – galt ab März 1873 das Reichsbeamtengesetz[4], welches eine erste umfassende Kodifizierung des Beamtenrechts im Kaiserreich darstellte und neben allgemeinen Regelungen zu Besoldung, Amtsantritt, Pension und Hinterbliebenenversorgung auch disziplinarrechtliche Regelungen enthielt.

Für die bundesstaatlichen Beamten und Kommunalbeamten – den größten Teil des öffentlichen Dienstes – wurde das Beamtenrecht aufgrund der bei den Bundesstaaten verbliebenen Gesetzgebungskompetenz[5] in den jeweiligen bundesstaatlichen Gesetzen geregelt. Vor diesem Hintergrund wurde diese Untersuchung auf die Auswertung der bundesstaatlichen Kodifikationen aus Baden, Bayern, Preußen und Sachsen beschränkt.

Ob der fehlenden Einheitlichkeit sowie der Vielzahl der bundesstaatlichen Kodifikationen herrschte vorerst eine gewisse Unübersichtlichkeit innerhalb dieser Regelungsmaterie,[6] welche auch mit Angleichungen an das Beamtenrecht

3 Darunter fielen lediglich Beamte, die als obere Beamte angestellt waren oder die Aufsicht über den Post- und Telegraphendienst, die Reichseisenbahn sowie das Zoll- und Steuerwesen innehatten; § 1 Reichsbeamtengesetz vom 31. März 1873, Deutsches Reichsgesetzblatt (RGBl.) 1873, 61; Verordnung zur Zuständigkeit der Reichsbehörden zur Ausführung des Reichsbeamtengesetzes vom 31. März 1873 und die Anstellung von Reichsbeamten vom 23. November 1874, RGBl. 1874, 135.

4 Reichsbeamtengesetz 1873, 61.

5 Art. 4 Reichsverfassung vom 16. April 1871, Bundesgesetzblatt des deutschen Bundes 1871, 63.

6 Vgl. beispielhaft für Preußen die ausführliche Bestandsaufnahme der rechtlichen Grundlagen bei Brand, Arthur: Das Beamtenrecht. Die Rechtsverhältnisse der preußischen unmittelbaren und mittelbaren Staatsbeamten (Handbücher des Verwaltungsrechts), Berlin 1914, 5; für Sachsen: Mayer, Otto: Das Staatsrecht des Königreichs Sachsen, in: Jellinek, Georg u. a. (Hg.): Das öffentliche Recht der Gegenwart IX, Tübingen 1909, 232.

des Reiches nicht vollständig beseitigt werden konnte.[7] Ab 1873 zeigten sich jedoch regelungskonzeptionelle Parallelen in den genannten Bundesstaaten,[8] sodass 1900 bereits ein relativ einheitliches Bild des öffentlichen Dienstes im gesamten Reich vorhanden war.

Namentlich wurden die zuvor häufig bestehenden speziellen Gesetze[9] zum öffentlich-rechtlichen Angestelltenverhältnis abgeschafft und durch einheitliche beamtenrechtliche Regelungen ersetzt, wobei die statusrechtliche Differenzierung dennoch erhalten blieb. Dem Vorbild auf Reichsebene folgend, wurde in den bundesstaatlichen Beamtengesetzen zwischen *„etatmäßigen“* Beamten und *„nicht etatmäßigen“* Beamten unterschieden.[10] Danach entsprachen jene den klassischen Beamten auf Lebenszeit und ähnelten diese eher den unbefristeten Angestellten – mit dem Unterschied, dass deren Rechtsstellung häufig deutlich schlechter war als noch unter der Geltung der speziellen Angestelltengesetze.[11] Für Tätigkeiten, die keine zumindest mittelbare Förderung hoheitlicher Aufgaben bedeuteten – dies wäre Voraussetzung für eine Beschäftigung als Beamte – konnten weiterhin Personen in privatrechtlichen Angestelltenverhältnissen beschäftigt werden.

3. Zugang

Vor diesem Hintergrund sind nun die Zugangsmöglichkeiten der Frauen zum öffentlichen Dienst im Laufe des 20. Jahrhunderts zu betrachten.

---

7 Piloty, Robert: Streitfragen aus dem Beamtenrechte. Zwei Gutachten, in: AöR 33 (1915), 1–81, 9.

8 In Baden: Beamtengesetz des Großherzogtums Baden vom 24. Juli 1888, Gesetz- und Verordnungsblatt für das Großherzogtum Baden (GVBl. Baden) 1888, 399; in Bayern: Beamtengesetz vom 15. August 1908, Gesetz- und Verordnungsblatt für das Königreich Bayern (GVBl. Bayern) 1908, 581; in Sachsen: Gesetz, einige Änderungen der gesetzlichen Bestimmungen über die Verhältnisse der Civilstaatsdiener betreffend vom 3. Juni 1876, Gesetz- und Verordnungsblatt des Königreichs Sachsen (GVBl. Sachsen) 1876, 239; in Preußen gab es kein einheitliches Beamtengesetz, zu den rechtlichen Grundlagen (vgl. Brand, Beamtenrecht).

9 Bsp.: In Baden: Gesetz die dienstlichen Verhältnisse von Angestellten der Zivilstaatsverwaltung betreffend vom 26. Mai 1876, GVBl. Baden 1876, 145.

10 Zur begrifflichen Differenzierung in Bayern, die zwischen „pragmatischen“ und „nichtpragmatischen“ Beamten unterschied vgl. Verordnung die Rechtsverhältnisse der nichtpragmatischen Staatsbeamten und Staatsbediensteten betreffend vom 26. Juni 1894, GVBl. Bayern 1894, 321 und Art. 229 Beamtengesetz Bayern 1908, 669.

11 Bsp.: In Baden konnten die Angestellten im öffentlichen Dienst gemäß Art. 3 Angestelltengesetz Baden 1876 nach Ablauf des fünfjährigen Probedienstes nur unter bestimmten Voraussetzungen entlassen werden; unter Geltung des § 4 Beamtengesetz Baden 1888 wurden die nicht etatmäßigen Beamten stets auf Widerruf oder Kündigung angestellt und nur die etatmäßigen Beamten galten nach einer fünfjährigen Dienstzeit als unwiderruflich angestellt.

3.1 *Kaiserreich*

Der öffentliche Dienst gliederte sich zu Beginn des 20. Jahrhunderts in drei Laufbahngruppen, den „unteren“, den „mittleren“ sowie den „höheren“ Dienst. Daneben bestand die Lehrerschaft an unteren und mittleren Schularten, die entgegen der Lehrerschaft an höheren Schulen nicht unter die Beamtengesetze fiel, und deren Dienstverhältnisse in besonderen (Volks-)Schulgesetzen oder Verordnungen[12] geregelt waren.

Für die genannten Laufbahngruppen galten jeweils unterschiedliche *laufbahnrechtliche Zugangsvoraussetzungen*, wie z. B. Prüfungen und Anforderungen an die Schul- und Ausbildung, aber auch unterschiedliche *tätigkeitsbezogene Anforderungsprofile*, die innerhalb derselben Laufbahngruppe deutlich divergierten.

Sowohl im Bereich der Zugangsvoraussetzungen als auch im Bereich der tätigkeitsbezogenen Anforderungsprofile fanden sich Sonderbestimmungen für Frauen.

a) Öffentlicher Dienst

Für eine Tätigkeit im unteren und mittleren Dienst wurde geschlechterunabhängig stets eine abgeschlossene mittlere oder sogar höhere Schulbildung, teilweise auch eine abgeschlossene einschlägige Berufsausbildung gefordert. Durch die in den meisten Einzelstaaten bestehende Schul- bzw. Unterrichtspflicht[13] stellte diese Anforderung für Frauen keine besondere Zugangsbeschränkung zum unteren und mittleren Dienst dar. Dies spiegelt sich auch in den zahlreichen Tätigkeitsfeldern für Frauen in diesen Laufbahngruppen wider. Diese reichten, um nur einige Beispiele zu nennen, von den Polizeifürsorgerinnen oder Polizei-

---

[12] In Baden: Anwendung des Beamtengesetzes auf Lehrer vorgesehen, vgl. § 30 Gesetz über den Elementarunterricht vom 13. Mai 1892, GVBl. Baden 1892, 169; später § 48 Schulgesetz vom 7. Juli 1910, GVBl. Baden 1910, 400; in Bayern: Schulbedarfsgesetz vom 28. Juli 1902, GVBl. Bayern 1902, 265; daneben bestanden weitere Verordnungen; Übersicht über Verordnungen in: Grassmann, Josef: Aus dem Volksschulrechte des Königreichs Bayern, in: AöR 8 (1893), 480–512; in Preußen: Gesetz, betreffend das Diensteinkommen der Lehrer und Lehrerinnen an öffentlichen Volkschulen vom 3. März 1897, Gesetzessammlung Preußen (GS Preußen) 1897, 7; später in Gesetz, betreffend das Diensteinkommen der Lehrer und Lehrerinnen an öffentlichen Volkschulen vom 26. Mai 1909, GS Preußen 1909, 93; in Sachsen: § 2 Ziff. 7 Gesetz, die Verhältnisse der Civilstaatsdiener betreffend vom 7. März 1835, GVBl. Sachsen 1835, 100; Gesetz das Volksschulwesen betreffend vom 26. April 1873, GVBl. Sachsen 1873, 350; Übersicht in Mayer, Staatsrecht, 233.

[13] Schulpflicht in Sachsen ab 1835; Baden ab 1803, Preußen ab 1717 (Unterrichtspflicht, aber keine Schulpflicht), Württemberg ab 1649, Bayern ab 1771.

assistentinnen bei den Polizeibehörden[14], über die Telefon- und Telegraphengehilfinnen sowie Maschinenschreiberinnen im Post- und Telegraphenwesen[15], die Pflegerinnen[16] in psychischen Heilanstalten, zu den Aufseherinnen[17] in Frauenvollzugsanstalten.

Für den Zugang zum höheren Dienst zeigte sich hingegen ein anderes Bild. Dieser setzte eine akademische Ausbildung[18] voraus, welche jedoch bis Anfang des 20. Jahrhunderts ausschließlich Männern vorbehalten war. Frauen konnten zwar bereits seit 1890 an vereinzelten Universitäten als Gasthörerinnen Vorlesungen besuchen, einen akademischen Abschluss konnten sie damit jedoch mangels offizieller Immatrikulationsmöglichkeit vorerst nicht erzielen.

Zu dieser Zeit war Frauen lediglich der Besuch einer höheren Töchterschule möglich, der zwar eine zehnjährige Schulausbildung bedeutete, aber nicht mit dem Abitur abschloss.[19] Erst ab 1893 folgte die Zulassung von Frauen zum Abitur und zu Gymnasien in einzelnen Bundesstaaten.[20] Daran anknüpfend folgte ab 1900[21] in Baden und in weiteren Bundesstaaten[22] die Öffnung des Universitätsstudiums für Frauen mit der Möglichkeit einer offiziellen Immatrikulation und eines akademischen Abschlusses.[23]

---

14 Die erste Polizeifürsorgerin in Deutschland war Henriette Arendt (1874–1922), die 1903 in Stuttgart als Polizeiassistentin beschäftigt wurde; vgl. Wieking, Friederike: Die Entwicklung der weiblichen Kriminalpolizei in Deutschland, Lübeck 1958, 10f.

15 Vgl. Nienhaus, Ursula: Vater Staat und seine Gehilfinnen. Die Politik mit der Frauenarbeit bei der deutschen Post (1864–1945), Frankfurt a. M./New York 1995, 116; Bsp. Sachsen: Gruppe 4 Besoldungsordnung vom 20. Oktober 1909, GVBl. Sachsen 1909, 571.

16 In Baden: Gehalts-Tarif zum Beamtengesetz vom 24. Juli 1888, GVBl. Baden 1888, 508; in Sachsen: Gruppe 1 Besoldungsordnung Sachsen 1909, 570.

17 In Baden: Gehaltstarif Baden 1888, 506; in Bayern: Gehaltsordnung für die etatsmäßigen Staatsbeamten vom 6. September 1908, GVBl. Bayern 1908, 685; in Sachsen: Gruppe 6 Besoldungsordnung Sachsen 1909, 573.

18 In Baden: § 1 Verordnung, die Vorbereitung zum höheren öffentlichen Dienst in der Justiz und der inneren Verwaltung betreffend vom 15. Mai 1907, GVBl. Baden 1907, 183; in Preußen: § 1 Gesetz betreffend die Befähigung für den höheren Verwaltungsdienst vom 11. März 1879, GS Preußen 1879, 160.

19 Huerkamp, Claudia: Bildungsbürgerinnen. Frauen im Studium und in akademischen Berufen 1900–1945 (Bürgertum. Beiträge zur europäischen Gesellschaftsgeschichte 10), Göttingen 1996, 46.

20 Vgl. Kling, Gudrun: Frauen im öffentlichen Dienst im Großherzogtum Baden. Von den Anfängen bis zum Ersten Weltkrieg (Veröffentlichungen der Kommission für Geschichtliche Landeskunde in Baden-Württemberg Reihe B Forschungen 142), Stuttgart u. a. 2000, 183.

21 Bock, Gisela: Die Frauen in der europäischen Geschichte. Vom Mittelalter bis zur Gegenwart, München 2000, 171.

22 Darauffolgend in Bayern 1903, in Württemberg 1904, in Sachsen 1906, in Thüringen 1907, in Preußen, Hessen und Elsass-Lothringen 1908 und ab 1909 in Mecklenburg; vgl. Mazón, Patricia M: Gender and the Modern Research University – The Admission of women to German higher education 1865–1914, Stanford 2003, 137.

23 Huerkamp, Bildungsbürgerinnen, 46f; Mazón, Gender, 137.

Die einzige Stelle, die von Frauen im höheren Dienst in dieser Zeit bekleidet werden konnte, war das Amt der Gewerbeinspektorin.[24] Aufgabe dieser Frauen war es vorerst, die Einhaltung der rechtlichen Mindeststandards in den Fabriken zu kontrollieren.[25] Dieses Amt war ausschließlich in Baden dem höheren Dienst zugeordnet[26] und setzte eine akademische Ausbildung oder eine spezielle sozialpolitische und technische Bildung voraus.[27] In allen anderen Bundesstaaten wurden Gewerbeinspektorinnen im mittleren bzw. mittleren gehobenen Dienst beschäftigt, weswegen keine akademische Bildung erforderlich war.[28]

Darüber hinaus bestanden sehr unterschiedliche tätigkeitsbezogene Anforderungsprofile für die jeweiligen Stellen, welche sich überwiegend in untergesetzlichen Regelungen der jeweiligen Behörde oder Anstalt finden.[29] So wurden beispielsweise für die sog. „Fräuleins vom Amt" eher junge, unverheiratete und kinderlose Frauen mit guten technischen und sprachlichen Fähigkeiten sowie einem freundlichen Wesen verlangt.[30] Aufseherinnen in sog. „Weibervollzugsanstalten" sollten vorzugsweise über ein Mindestalter von 26–30 Jahren[31], ein gesetztes Benehmen und Erfahrung im Bereich der eigenständigen Haushaltsführung verfügen.[32] Diesem Profil entsprachen in dieser Zeit hauptsächlich kinderlose Witwen ehemaliger Staatsbediensteter, von denen man sich ohnehin eine „*bessere[n] und unabhängigere[n] Dienstleistung*" erhoffte.[33]

b) Lehrerinnen

Besondere Zugangsvoraussetzungen galten für Lehrerinnen. Frauen hatten mit Abschluss einer höheren Töchterschule vorerst die Möglichkeit an einem Lehrerinnenseminar eine dreijährige Ausbildung zur Lehrerin an Volksschulen sowie mittleren und höheren Töchterschulen zu absolvieren unabhängig davon,

---

24 Kling, Frauen, 219.

25 Durch die Gewerbeinspektorinnen sollte den Fabrikarbeiterinnen eine Ansprechpartnerin angeboten werden, der sie sich gerade bei sittlichen Verstößen eher öffnen würden als einem männlichen Kollegen.

26 Das Tätigkeitsfeld der Gewerbeinspektorinnen wurde schnell um eigenständige Revisionen der Fabriken, Organisation dieser Revisionen und Überprüfung der rechtlichen Anliegen der jungen Arbeiterinnen dort erweitert; vgl. Kling, Frauen, 220.

27 Vgl. Kling, Frauen, 209–221.

28 Vgl. Kling, Frauen, 209–221.

29 Kling, Frauen, 53; unter Hinweis auf die Dienstordnung für das höhere und niedere Dienstpersonal der Weiberstrafanstalt Bruchsal von 1868.

30 Nienhaus, Vater, 66; Mecking, Chefin, 466.

31 Kling, Frauen, 33.

32 Kling, Frauen, 31, 36.

33 Kling, Frauen, 31.

ob die Schulen in staatlicher oder privater Trägerschaft standen.[34] Eine Lehrtätigkeit an Gymnasien war damit jedoch nicht eröffnet. Erst nach der Zulassung von Frauen zum Abitur holten viele Frauen in Oberlehrerinnenkursen an Universitäten ein Studium nach.[35] Dies ermöglichte ihnen grundsätzlich zwar eine Tätigkeit an Gymnasien,[36] eine Anstellung erfolgte jedoch aufgrund einer restriktiven Einstellungspolitik bezüglich akademisch gebildeter Lehrerinnen bis zum Ersten Weltkrieg eher selten.[37]

Daneben bestanden für Lehrerinnen weitere Zugangsbeschränkungen, die zum Teil bereits vor der eigentlichen Beschäftigung auf Ebene der Zulassung zur Ausbildung ansetzten. So konnten beispielsweise nach der Prüfungsordnung des Königreichs Sachsen von 1859 nur *„unbescholtene Jungfrauen oder Witwen im Alter zwischen 17 und 25 Jahren"* Zugang zu einem Lehrerseminar und somit zur Ausbildung erlangen.[38]

Überdies regelten die meisten bundesstaatlichen (Volks-)Schulgesetze ausdrücklich, dass nur unverheiratete Lehrerinnen, beschränkt auf den Unterricht in gemischten Unter- und Mittelklassen an Volksschulen sowie in allen Klassen an Mädchenschulen und in Mädchenabteilungen an größeren Schulen, beschäftigt werden durften.[39]

3.2 *Weimarer Republik*

In der Weimarer Republik wurde der Zugang der Frau zum öffentlichen Dienst schrittweise erweitert. Aufgrund der starken Frauenbewegung am Ende des 19. und zu Beginn des 20. Jahrhunderts, folgte mit Art. 128 Abs. 2 der Weimarer Reichsverfassung (WRV)[40] von 1919, die erste verfassungsmäßige Verschriftli-

---

34 Bsp. Sachsen: Verordnung über die Verwendung von Lehrerinnen zum Unterrichte und wegen Erlassung eines Regulativs über die von denselben zu bestehenden Prüfungen vom 17. Juni 1859, GVBl. Sachsen 1859, 270; später dann Prüfungsordnung für Lehrer und Lehrerinnen an Volksschulen vom 8. Oktober 1874, GVBl. Sachsen 1874, 354.

35 Abschluss bildete das akademische Oberlehrerinnenexamen; vgl. Kling, Frauen, 184.

36 Bsp.: Maria Gernet, vgl. Kling, Frauen, 184f.

37 Kling, Frauen, 184.

38 Bsp. Sachsen: § 54 Ordnung der ev. Schullehrerseminare im Königreiche Sachsen vom Jahre 1859, GVBl. Sachsen 1859, 269.

39 Baden: § 8 Abs. 1 Gesetz, die Rechtsverhältnisse der an Mittelschulen für die weibliche Jugend angestellten Lehrerinnen betreffend vom 30. Januar 1879, GVBl. Baden 1879, 7; § 45 c Gesetz, Änderungen des Gesetzes über den Elementarunterricht betreffend vom 9. April 1880, GVBl. Baden 1880, 96; in Bayern: per Ministererlass vom 7. Januar 1876, die Verwendung von Lehrerinnen an Volkschulen betreffend, Nr. 300, Ministerialblatt für Kirchen- und Schulangelegenheiten im Königreich Bayern 1876, 9 sowie Ministererlass vom 29. Oktober 1875, Ministerialblatt für Kirchen und Schulangelegenheiten des Königreichs Bayern 1875, 424f.; in Sachsen: § 18 Abs. 1 Volkschulgesetz Sachsen, GVBl. Sachsen 1873, 359.

40 Die Verfassung des Deutschen Reiches, RGBl. 1919, 1383.

chung der Gleichstellung von Mann und Frau im Beamtentum. In den Entwürfen der Reichsverfassung war diese Vorschrift freilich noch nicht aufgeführt und auch in den Ausschussberatungen der Nationalversammlung wurde sie nicht besprochen. Erst in der Plenarsitzung auf einen Ergänzungsantrag mehrerer Parlamentarierinnen hin, fand die Vorschrift Aufnahme in den Verfassungstext.[41] Art. 128 Abs. 2 WRV lautete: *„Alle Ausnahmebestimmungen gegen weibliche Beamte werden beseitigt.“*

Als Verfassungsartikel in der neuen Republik wirkte er auf allen Ebenen im Staat, sowohl auf Reichs- als auch auf Länderebene.[42] Auch wenn Art. 128 Abs. 2 WRV den Eindruck erweckt, als seien dadurch sämtliche Ungleichbehandlungen gegenüber Beamtinnen beseitigt, wurde viel über die Wirkung des Artikels diskutiert. Hintergrund bildete dessen zweideutige Formulierung, die von manchen Anwendern[43] als zukünftige Bestimmung interpretiert und genutzt wurde, um Sonderbestimmungen für Beamtinnen weiterhin zu rechtfertigen.[44] Zwar gab es auch deutliche Stimmen,[45] die gegen eine solche zukünftige Wirkung sprachen – die auch durch die Reichsgerichtsrechtsprechung bestätigt wurden – allerdings wurden die meisten Sonderregelungen gegenüber Frauen aus bestehenden Verwaltungspraxen oder untergesetzlichen Regelungen weitergeführt.[46]

Auch wenn Art. 128 Abs. 2 WRV damit keinen sofortigen Zugang der Frauen zu allen Ämtern im öffentlichen Dienst nach sich zog, legte er dennoch den Grundstein für den Einzug der Frauen in weitere Bereiche des Beamtentums. So

41 Vgl. Drucksache der National Versammlung Anlage Nr. 540 (wobei der Änderungsantrag bzgl. Art. 127 Abs. 2 gestellt wurde, welcher Inhaltlich jedoch mit Art. 128 WRV identisch ist); Tilse, Gunther: Die Stellung der Frau als Beamtin nach der Reichsverfassung vom 11. August 1919, Woldeck 1933, 32; Grau, Richard: War die Aufrechterhaltung der Abbaubestimmungen für verheiratete weibliche Beamte ohne Erfüllung der Voraussetzungen verfassungsändernder Gesetzgebung zulässig?, in: AöR 49 (1926), 237–246, 241.

42 Art. 128 Abs. 1 WRV spricht von „alle[n] Staatsbürger[n] ohne Unterschied“ und Art. 128 Abs. 2 WRV spricht ausdrücklich von „weibliche Beamte[n]“. Die Wirkung wird somit nicht auf Reichsbeamtinnen beschränkt, sodass auch die Beamtinnen auf Landes-, Kommunal- oder Gemeindeebene umfasst sind; vgl. Weimarer Reichsverfassung, 1407; Reichsgerichtsentscheidung vom 10. Mai 1921 – III 68/20, Die Entscheidungssammlungen der Entscheidungen des Reichsgerichts in Zivilsachen Band 102, 147f.

43 Hier wurde bewusst die männliche Form verwendet, um deutlich zu machen, dass es ausschließlich Männer waren, die eine solche zukünftige Interpretation in der Diskussion heranzogen.

44 Friebe: Die Rechtsnatur der sog. „Verheiratungsklausel“, in: Preußisches Verwaltungsblatt 1924, 162–164, 163.

45 Tilse, Stellung, 31.

46 Vgl. Ausführungen des Reichsgerichts zu Verheiratungsklauseln in Verwaltungsvorschriften und Verwaltungspraxis, in: Reichsgerichtsentscheidung vom 10. Mai 1921 – AZ. III 68/20 – RGZ 102, 148.

konnten Frauen ab 1920 per Gesetz als Standesbeamtinnen bestellt werden.[47] Ein weiterer Meilenstein für die Stellung der Frau als Beamtin liegt in deren Zulassung zu Ämtern und Berufen in der Rechtspflege 1922.[48] Dadurch konnten Frauen zum ersten Mal in der Geschichte Deutschlands die Befähigung zum Richteramt erlangen, indem ihnen die Zulassung zum juristischen Vorbereitungsdienst (Referendariat) gewährt wurde.[49] Dies ist bis heute neben dem Jurastudium weitere Voraussetzung für die Bekleidung von Ämtern und Berufen in der Rechtspflege.[50] Danach konnten Frauen nicht nur zu Richterinnen, sondern auch zu Handelsrichterinnen, Amtsanwältinnen, Gerichtsschreiberinnen (heute Urkundsbeamtinnen[51]) und Gerichtsvollzieherinnen berufen werden.[52] Bereits 1924 wurde Marie Munk (1885–1978) zur ersten Richterin in Deutschland ernannt.[53] In den folgenden Jahren stiegen die Zahlen der Frauen in der Justiz stetig, sodass im Jahr 1930 bereits 74 Frauen mit richterlichen Aufgaben, sei es als planmäßige Richterinnen, „ständige Hilfsarbeiterinnen“ oder als Gerichtsassessorinnen, betraut waren.[54]

3.3 *NS-Zeit*

Ab April 1933 wurde unter dem diktatorischen Regime Hitlers nahezu jede Möglichkeit für Frauen Zugang zum öffentlichen Dienst zu erhalten erschwert. In der nationalsozialistischen Ideologie war das Frauenbild geprägt von einer starken Mutterrolle, die als Dienst am Volk angesehen wurde.[55] Dieses Frauenbild war nicht mit einem weiblichen Beamtentum vereinbar, sodass die meisten Frauen,

47 Gesetz über den Personenstand vom 11. Juni 1920, RGBl. 1920, 1209; seit 1875 wurden Standesbeamten als Staatsdiener bestellt, vgl. § 1 Gesetz über die Beurkundung des Personenstandes und die Eheschließung vom 6. Februar 1875, RGBl. 1875, 23.

48 Gesetz über die Zulassung der Frau zu Ämtern und Berufen in der Rechtspflege vom 9. Juli 1922, RGBl. 1922, 573.

49 Art. 1 Abs. 1 Gesetz über die Zulassung der Frau, 573.

50 Vgl. § 5 Abs. 1 Deutsches Richtergesetz (DRiG) (für Richter*innen), § 122 Abs. 1 DRiG (für Staatsanwält*innen), § 4 S. 1 Nr. 1 Bundesrechtsanwaltsordnung (BRAO) (für Rechtsanwält*innen), § 5 Abs. 5 S. 1 Bundesnotarordnung (BnotO) (für Notar*innen).

51 Kohleiss, Annelise: Frauen in und vor der Justiz. Der lange Weg zu den Berufen der Rechtspflege, in: Kritische Vierteljahresschrift für Gesetzgebung und Rechtswissenschaft 71 (1988), 115–127, 120.

52 Art. 1 Abs. 2 Gesetz über die Zulassung der Frau zu Ämtern und Berufen in der Rechtspflege vom 9. Juli 1922; RGBl. 1922, 573.

53 Vgl. Kohleiss, Frauen, 121.

54 Kohleiss, Frauen, 121; Deutscher Juristinnenbund (Hg.): Juristinnen in Deutschland – Eine Dokumentation (1900–1984), München 1984, 14.

55 Said, Erika: Zur Situation der Lehrerinnen in der Zeit des Nationalsozialismus, in: Frauengruppe Faschismusforschung (Hg.): Mutterkreuz und Arbeitsbuch. Zur Geschichte der Frauen in der Weimarer Republik und im Nationalsozialismus, Frankfurt a. M. 1981, 105–130, 108.

hauptsächlich aus dem höheren Dienst – insbesondere aus der Rechtsprechung – verschwanden.[56]

Im mittleren Dienst insbesondere im Fernsprech-, Post- und Telegraphenwesen blieb der Zugang aufgrund des hohen Bedarfs an Beschäftigten weiterhin unverändert möglich.[57]

Die Einschränkungen erfolgten überwiegend im Beamtenrecht, da dies der einzige Bereich war, den die nationalsozialistische Regierung einschränken konnte. Auf die Arbeit der Frauen in der freien Wirtschaft war sie, aufgrund des wirtschaftlichen Wachstums in Deutschland, zwingend angewiesen.[58]

Die Reduzierung des Frauenanteils im höheren Dienst wurde, wie bereits im Kaiserreich, überwiegend durch einen Eingriff auf den vorgeschalteten Qualifizierungsebenen erzielt. Nachdem die Reichsregierung durch das sogenannte Neuaufbaugesetz[59] von 1934 die zuvor den Ländern obliegende Hoheitsrechte an sich gezogen hatte,[60] folgte eine Umstrukturierung des Schulwesens.[61] Diese Umstrukturierung[62] bestand namentlich darin den Schwerpunkt der Bildung auf die Volksschulen zu konzentrieren, indem endgültig private Vorschulen abgebaut wurden[63] und das höhere Schulwesen[64] in der Weise neu geordnet wurde, dass Mädchen nur bei Wahl des sprachlichen Zweiges der Oberschule das Fach Latein besuchen konnten.[65] Diese Neuordnung legte neben der ab 1933 bestehenden gesetzlichen Beschränkung des Anteils der Abiturient*innen sowie Studierenden[66]

56 Bock, Frauen, 286; Weyrather, Irmgard: Numerus Clausus für Frauen – Studentinnen im Nationalsozialismus; in: Frauengruppe Faschismusforschung (Hg.): Mutterkreuz und Arbeitsbuch. Zur Geschichte der Frauen in der Weimarer Republik und im Nationalsozialismus, Frankfurt a. M. 1981, 131–162, 142f.

57 Vgl. Nienhaus, Vater, 175–216.

58 Bock, Frauen, 285f; Said, Situation, 109f.

59 Gesetz über den Neuaufbau des Reiches vom 30. Januar 1934, RGBl. 1934, 75.

60 Art. 2 Abs. 1 Neuaufbaugesetz 1934, 75.

61 Vgl. Erlass über die Errichtung des Reichsministeriums für Wissenschaft, Erziehung und Volksbildung vom 1. Mai 1934, RGBl. 1934, 365; Erlass über die Aufgaben des Reichsministers für Wissenschaft, Erziehung und Volksbildung vom 11. Mai 1934, RGBl. 1934, 375.

62 Überblick über sämtliche Verordnungen und Erlasse in Kluger, Alfons: Die Deutsche Volksschule im Großdeutschen Reich, Breslau 1940, 5.

63 Bereits 1920 wurde per Gesetz deren Abbau bestimmt, jedoch nicht durchgesetzt; mit dem Erlass des Reichs- und Preußischen Ministers für Wissenschaft, Erziehung und Volksbildung vom 4. April 1936 – E II e. 826 M 1, Amtsblatt des Reichsministeriums für Wissenschaft, Erziehung und Volksbildung 1936, 187.

64 Erlass des Reichs- und Preußischen Ministers für Wissenschaft, Erziehung und Volksbildung vom 29. Januar 1938, Amtsblatt des Reichsministeriums für Wissenschaft, Erziehung und Volksbildung 1938, 47.

65 Vgl. Kluger, Volksschule, 85; Mangelnde Lateinkenntnisse der Studentinnen erschwerten das Studium; vgl. Huerkamp, Bildungsbürgerinnen, 52f.

66 Gesetz gegen die Überfüllung deutscher Schulen und Hochschulen vom 25. April 1933, RGBl. 1933, 225; Begrenzung des Frauenanteils unter den Studierenden durch Anordnung des Reichsministeriums des Innern über die zahlenmäßige Begrenzung des Zugangs zu den

den Grundstein dafür, den Frauenanteil an den Universitäten und Hochschulen sowie in akademischen Berufen gering zu halten.[67] Die Beschränkungen sollten jedoch keinen völligen Ausschluss der Frauen aus akademischen Berufen begründen, vielmehr wurden beispielsweise Ärztinnen bei der Durchsetzung der Vorschriften zur „Rassenhygiene“ benötigt, damit sie die „Unerwünschten“ bei der zuständigen Stelle melden konnten.[68]

Aber es erfolgten auch direkte Zugangsbeschränkungen zu einzelnen Berufsfeldern. Namentlich wurde Juristinnen nach Absolvierung des zweiten Staatsexamens per Anordnungen des Reichskanzlers an den Reichsminister der Justiz[69] sowie Verordnungen oder Erlasse des Reichsministers der Justiz an die Gerichte und Staatsanwaltschaften[70] die Zulassung zum Richteramt oder der Anwaltschaft und somit zum höheren Staatsdienst verwehrt. Sie konnten danach ausschließlich in der Verwaltung tätig werden.

Auch für Lehrerinnen wurde die Situation schwieriger, da die für Beamtinnen geltenden Vorschriften durch die landesrechtlichen Schulgesetze auch auf Lehrerinnen für anwendbar erklärt wurden.[71] Dennoch bestand ein gewisser Bedarf an Lehrerinnen, die die Schülerinnen auf ihre Aufgabe als Hausfrau und Mutter vorbereiten sollten. Dieser Bedarf konzentrierte sich jedoch überwiegend auf die unteren und mittleren Klassen der höheren Schulen sowie die Volks- und Landschulen, sodass Lehrerinnen aus gehobenen Stellungen nahezu vollständig von Männern verdrängt wurden.[72]

3.4 *Bundesrepublik*

Mit Verkündung des Grundgesetzes am 23. Mai 1949[73] wurde Frauen der Zugang zu jeglichen Ämtern im öffentlichen Dienst verfassungsrechtlich eröffnet. Vornehmlich die klare Formulierung des Art. 33 Abs. 2 GG – *„Jeder Deutsche hat nach seiner Eignung, Befähigung und fachlichen Leistung gleichen Zugang zu jedem öffentlichen Amte.“* – eröffnete den Zugang zum öffentlichen Dienst ungeachtet des Geschlechts für alle Deutschen. Im Unterschied zu Art. 128 Abs. 2 WRV lässt sich

Hochschulen vom 28. Dezember 1933, Reichsministerialblatt 1934, 16f; Huerkamp, Bildungsbürgerinnen, 80; Said, Situation, 110.

67 Weyrather, Numerus Clausus, 143.

68 Bock, Frauen, 287.

69 Vgl. Dokumentenabdruck im Anhang Nr. 26 Deutscher Juristinnenbund, Juristinnen, 160.

70 Vgl. Dokumentenabdruck im Anhang Nr. 25 Deutscher Juristinnenbund, Juristinnen, 158.

71 Bsp. Baden: § 31 Gesetz über die Grund- und Hauptschule vom 29. Januar 1934, GVBl. Baden 1934, 31.

72 Said, Situation, 120.

73 Grundgesetz für die Bundesrepublik Deutschland vom 23. Mai 1949, Bundesgesetzblatt (BGBl.) 1949, 1.

dieser bereits dem Wortlaut nach gerade nicht als zweideutige oder zukünftige Bestimmung auslegen.

Daneben schützte Art. 3 Abs. 2 GG – *„Männer und Frauen sind gleichberechtigt."* – vor Ungleichberechtigung. Zwar bedeutete dies gemäß Art. 117 Abs. 1 GG keine sofortige Unwirksamkeit jeglicher Regelungen, die Ungleichbehandlungen vorsahen, aber mit Ablauf der Übergangsfrist am 31. März 1953 traten solche Regelungen spätestens außer Kraft.[74]

Heute bestehen keine geschlechtsspezifischen Zugangsbeschränkungen zum öffentlichen Dienst mehr.

Es lässt sich folglich eine deutliche Entwicklung ausgehend von einem überwiegend auf den unteren und mittleren Dienst beschränkten Zugang der Frau hin zu einem gleichberechtigten Zugang zum gesamten öffentlichen Dienst verzeichnen.

4. Bezahlung

Großen Entwicklungen unterlagen auch die Regelungen zur Bezahlung der Frau im öffentlichen Dienst.

4.1 Kaiserreich

Im Kaiserreich waren geschlechtsspezifische Bezahlungsunterschiede die Regel, was sich anschaulich am Beispiel der Aufseherinnen in Frauenvollzugsanstalten erläutern lässt. In diesem Bereich wurden Frauen ab 1888 in der Regel als Beamtinnen eingestellt.[75] Im Vergleich zu ihren männlichen Kollegen im Strafvollzug verdienten diese Frauen jedoch zwischen 40 bis 50 % weniger[76] und wurden zudem in eine 1 bis 2 Stufen niedrigere Gehaltsklasse eingeordnet. Das Argument, dass Frauen häufiger krank seien und generell nicht denselben Dienst leisten könnten wie Männer, wurde sowohl 1921 als auch noch in den 1950er Jahren in Diskussionen um die Stellung der Frau im Beamtentum angeführt.[77] Dies legt die Vermutung nahe, dass auch bereits im Kaiserreich dieser doch sehr deutliche monetäre Unterschied in der Bezahlung der Beamtinnen mit denselben Argumenten begründet wurde.

---

74 Bundesverfassungsgerichtsurteil vom 18. Dezember 1953 – 1 BvL 106/53, Entscheidungen des Bundesverfassungsgerichts, Band 3, 225, 238f, Rn. 36 f.

75 Vgl. Gehaltstarif Baden 1888, 450; Gehaltsordnung Bayern 1908, 754.

76 Vgl. Gehaltstarif Baden 1888, 450; Gehaltsordnung Bayern 1908, 685.

77 Protokolle des 4. Richtertages, Deutsche Richterzeitung (1921), 198–206; Jellinek, Walter: Zur Gleichberechtigung der Geschlechter im Beamtenrecht, in: AöR 76 (1951), 137–144, 142.

Nach Erlass des Besoldungsgesetzes 1909[78] auf Reichsebene glichen die meisten Bundesstaaten die Besoldungsregelungen an die des Reiches an.[79] Dennoch blieben die genannten geschlechtsspezifischen Bezahlungsunterschiede auch unter den geänderten Besoldungsgesetzen bestehen.[80]

Auch für Lehrerinnen waren eine geringere Einstufung und/oder eine geringere Bezahlung üblich, unabhängig davon an welcher Schule sie angestellt waren.[81] Der einzige Unterschied bestand darin, dass Lehrer und Lehrerinnen an Volksschulen und mittleren Töchterschulen ausdrücklich nicht unter die Beamtengesetze[82] fielen, sondern deren Gehälter in speziellen Gesetzen[83] geregelt wurden. So regelte beispielsweise das preußische Gesetz über das Diensteinkommen von Volksschullehrern[84] zu Lasten der Lehrerinnen ein um 200 Mark geringeres Jahreseinkommen sowie eine niedrigere und geringer gestaffelte Alterszulage als für Lehrer. In Baden hingegen wurden Hauptlehrerinnen und Hauptlehrer im mittleren Dienst mit demselben Einstiegsgehalt eingestellt, aber das Höchstgehalt der Lehrerinnen wurde auf 2400 Mark, das der Hauptlehrer auf 3200 Mark begrenzt.[85]

4.2 *Weimarer Republik*

Ein erster Schritt in Richtung Gleichberechtigung erfolgte in der Weimarer Republik. Im Speziellen wurden durch das Besoldungsgesetz[86] von 1920 und die damit verbundene neue Besoldungsordnung[87], vorerst auf Reichsebene später auch in den Ländern, die Gehälter vereinheitlicht.[88]

---

78 Besoldungsgesetz vom 15. Juli 1909, RGBl. 1909, 573.

79 § 48 Besoldungsgesetz 1909, 585; in Baden: Landesherrliche Verordnung den Vollzug des Beamtengesetzes betreffend vom 10. Juli 1909, GVBl. Baden 1909, 287 und Landesherrliche Verordnung den Vollzug der Gehaltsordnung betreffend vom 10. Juli 1909, GVBl. Baden 1909, 331; in Bayern: Beamtengesetz Bayern 1908, 581; und Gehaltsordnung Bayern 1908, 685; in Preußen: Gesetz, betreffend die Bereitstellung von Mitteln zu Diensteinkommensverbesserungen vom 26. Mai 1909, GS Preußen 1909, 85 und Besoldungsordnung vom 26. Mai 1909, GS Preußen 1909, 352; in Sachsen: Besoldungsordnung Sachsen 1909, 569.

80 Bsp.: § 5 Vollzugsverordnung Gehaltsordnung Baden 1909.

81 Vgl. beispielhaft § 45 e Elementarunterrichtsänderungsgesetz Baden 1880, 96; § 48 Schulgesetz Baden 1910, 400.

82 Vgl. beispielhaft § 133 Beamtengesetz Baden 1888, 441.

83 In Baden: Schulgesetz Baden 1910, 386; in Bayern: vgl. Art 7 Schulbedarfsgesetz Bayern 1902, 265; in Preußen: Diensteinkommensgesetz Lehrer und Lehrerinnen Preußen 1909, 93; in Sachsen: Volksschulgesetz Sachsen 1873, 351.

84 Diensteinkommensgesetz Lehrer und Lehrerinnen Preußen 1909, 93.

85 § 58 Schulgesetz Baden 1910, 403; Ähnlich in Sachsen: Gesetz, die Gehaltsverhältnisse der Lehrer an Volksschulen betreffend vom 15. Juni 1908, GVBl. Sachsen 1908, 249.

86 Besoldungsgesetz vom 30. April 1920, RGBl. 1920, 805.

87 Besoldungsordnung vom 4. Mai 1920, RGBl. 1920, 819.

88 Vgl. beispielhaft Post- und Telegraphengehilfinnen: Besoldungsordnung I vom 4. Mai 1920, RGBl. 1920, 819.

Dies mag auf den ersten Blick mit Art. 128 Abs. 2 WRV in Einklang stehen, doch betrachtet man die Besoldungsregelungen genauer, findet man weiterhin Benachteiligungen gegenüber Frauen. So erhielten nach einer Ergänzung des Besoldungsgesetzes im Jahr 1922[89] alle Männer im Gegensatz zu Frauen nach einer Heirat einen sog. *„Frauenzuschlag“* in Höhe von 10 Prozent des Grundgehaltes.[90] Auch Kinderzuschläge erhielten Frauen nur, wenn der Ehemann nicht in der Lage war die Familie zu unterhalten.[91] Dadurch wurden Frauen, trotz identischer Besoldungsgruppe, faktisch geringer entlohnt. Diese geschlechtsspezifischen Sonderregelungen zu Lasten der Frauen wurden auch 1927 nach der Neufassung des Besoldungsgesetzes, trotz Erhöhung des Grundgehaltes für beide Geschlechter, beibehalten.[92]

4.3 NS-Zeit

In der Zeit des Nationalsozialismus erfolgten auf Grundlage des Ermächtigungsgesetzes vom März 1933[93] zahlreiche weitere Regelungen auf dem Gebiet des Beamtenrechts, die auch die bestehenden Sonderregelungen gegenüber Frauen verschärften.

So wurden sämtliche Beamten und Beamtinnen, die nicht dem Rasseideal entsprachen, bereits im April 1933 mit Erlass des Gesetzes zur Wiederherstellung des Berufsbeamtentums[94] aus dem Dienst entlassen.

Darauf folgten weitere Regelungen, die allein Beamtinnen betrafen. Ab Juli 1933 mit Erlass des Gesetzes zur Änderung der Vorschriften auf dem Gebiet des allgemeinen Beamtenrechts, Besoldungsrechts und Versorgungsrechts[95] wurde es z. B. ermöglicht, abweichend von Art. 128 WRV, die Besoldung von Frauen und Männern unterschiedlich zu regeln. Darüber hinaus konnte die grundsätzlich vorgesehene Angleichung der Bezüge von Landesbeamten an die der Reichsbeamten für Frauen außer Acht gelassen werden.[96] Diese Änderungen wurden überdies auf alle Beamtinnen, sowohl auf Reichs-, als auch auf Landes- oder kommunaler Ebene ausgedehnt. Außerdem konnten Frauen erst mit Vollendung des 35. Lebensjahres zu planmäßigen Beamten auf Lebenszeit berufen werden, was

---

89 Art. 1 Ziff. XI Sechste Ergänzung zum Besoldungsgesetz vom 6. April 1922, RGBl. 1922, 333.

90 Nienhaus, Vater, 158.

91 Besoldungsgesetz vom 16. Dezember 1927, RGBl. 1927, 349.

92 §§ 16, 30 Besoldungsgesetz 1927, 354; Nienhaus, Vater, 158; vgl. Besoldungsordnung vom 16. Dezember 1927, RGBl. 1927, 379.

93 Gesetz zur Behebung der Not von Volk und Reich vom 24. März 1933, RGBl. 1933, 141.

94 Gesetz zur Wiederherstellung des Berufsbeamtentums vom 7. April 1933, RGBl. 1933, 175.

95 Gesetz zur Änderung der Vorschriften auf dem Gebiet des allgemeinen Beamtenrechts, Besoldungsrechts und Versorgungsrechts vom 30. Juni 1933, RGBl. 1933, 433.

96 § 7 Ziff. 7 Beamtenrechtsänderungsgesetz 1933, 435.

für männliche Beamte nicht galt.[97] Vereinheitlicht wurden diese diversen Regelungen im Deutschen Beamtengesetz im Jahr 1937.[98]

4.4 *Bundesrepublik*

Seit Geltung des Grundgesetzes[99] und des Bundesbeamtengesetzes,[100] welche grundsätzlich eine Chancengleichheit der Geschlechter vorsehen, bestehen bezüglich der Bezahlung nahezu keine Unterschiede mehr zwischen den Geschlechtern. Insbesondere wurden sämtliche Sonderbestimmungen gegenüber Frauen, wie der nur Männern zustehende „*Frauenzuschlag*“ und der nur unter bestimmten Bedingungen gewährte „*Kinderzuschlag*“, beseitigt. Diese sind im nunmehr geschlechtsneutral gefassten „*Familienzuschlag*“ mit seinen familienbezogenen und kindsbezogenen Teilen aufgegangen.[101] Des Weiteren gibt es keine geschlechtsspezifischen Unterschiede mehr in der Einstufung in die Besoldungsgruppen oder tarifvertraglichen Entgeltgruppen.

5. Entlassung

Als dritter großer Entwicklungsbereich sind die Regelungen zur Entlassung aus dem öffentlichen Dienst zu betrachten.

5.1 *Kaiserreich*

Im Kaiserreich war es üblich in den Bereichen in denen Beamtinnen tätig waren, namentlich gegenüber Lehrerinnen,[102] sogenannte Zölibats- bzw. Verheiratungsklauseln in den einzelstaatlichen Gesetzen[103] oder durch Verwaltungsvor-

---

97 § 3 Ziff. 2 Beamtenrechtsänderungsgesetz 1933, 434; Jellinek, Gleichberechtigung, 138.

98 Deutsches Beamtengesetz vom 26. Januar 1937, RGBl. 1937, 39; Said, Situation, 112.

99 Grundgesetz 1949, 1.

100 Bundesbeamtengesetz vom 14. Juli 1953, BGBl. 1953 I, 551.

101 Reich, Andreas, in: Reich, Andreas / Preißler, Ulrike (Hg.): Bundesbesoldungsgesetz, München [1]2014, § 40 Rn. 2–13.

102 In Baden: § 45 h Elementarunterrichtsänderungsgesetz Baden 1880, 97; später § 30 Elementarunterrichtgesetz 1892, 169; in Bayern: Ministererlass vom 29. Oktober 1875, die Verehelichung von Lehrerinnen betreffend, Nr. 13538, Ministerialblatt für Kirchen- und Schulangelegenheiten im Königreich Bayern 1875, 424; in Sachsen: § 18 Abs. 2 Volkschulgesetz Sachsen, GVBl. Sachsen 1873, 359.

103 In Baden: § 134 Abs. 1 Beamtengesetz Baden 1888, 441; später § 121 Abs. 1 Beamtengesetz vom 12. August 1908, GVBl. Baden 1908, 455; in Bayern: Art. 206 Abs. 1 Beamtengesetz vom 15. August 1908, GVBl. Bayern 1908, 648.

schriften[104] zu regeln. Darunter sind Regelungen zu verstehen, die die sofortige oder zeitnahe Entlassung verheirateter Frauen bestimmen, sofern ihre wirtschaftliche Versorgung durch den Ehemann gesichert ist. Die mit einer Beschäftigung als Beamtin grundsätzlich einhergehenden Ansprüche auf Ruhegehalt, Wartegeld und Versorgung bei Invalidität sowie für Hinterbliebene gingen mit der Entlassung der Frauen verloren. Überdies erfolgte vorerst auch keine Nachversicherung, über welche die gekündigten Frauen zumindest Versorgungsansprüche aus der eigentlich seit 1889 für Arbeiterinnen[105] und ab 1911 auch für Angestellte[106] bestehenden Sozialversicherung erhalten hätten.[107] Immerhin: Zumindest für Ehefrauen von Beamten schien eine Nachversicherung sicher entbehrlich, da ihre Versorgung durch Ruhegehalt und Hinterbliebenenversorgung des Mannes als ausreichend angesehen wurde.

Zur Rechtfertigung dieser Zölibatsklauseln wurde häufig die Gefahr der nicht mehr ordnungsgemäßen Diensterfüllung durch verheiratete Frauen angeführt.[108] Demnach liege – so zumindest die Befürwortenden – die Notwendigkeit an Zölibatsklauseln im Beamtenverhältnis selbst begründet, da dieses zum Dienst mit voller Hingabe und Leistung verpflichte, welchen eine verheiratete Frau neben dem Dienst als Ehefrau und Mutter nicht mehr zu leisten im Stande sei.[109]

5.2 *Weimarer Republik*

Unter der Weimarer Reichsverfassung konnten solche Zölibatsklauseln wegen des Art. 128 Abs. 2 WRV[110], welcher gerade die Gleichstellung der Beamtin vor-

[104] In Bayern: Entschließung des Staatsministeriums für Kirchen- und Schulangelegenheiten vom 29. Oktober 1875, Ministerialblatt für Kirchen und Schulangelegenheiten des Königreichs Bayern 1875, 424f; vgl. Reichsgerichtsentscheidung vom 10. Mai 1921 – AZ. III 68/20 – RGZ 102, 148; in Preußen: Ministerielle Anordnung betreffend Entlassung bei Heirat trotz fehlender Zölibatsklausel in Bestallungsurkunden von Lehrerinnen: Erlass vom 13. Februar 1892 – U III DC 300, in: Zentralblatt für die gesamte Unterrichtsverwaltung in Preußen (ZPr), 413; Anordnung betreffend Beibehaltung üblicher Praxis der Entlassung von Lehrerinnen bei Heirat: Erlass vom 15. Juli 1892 – U III C 2322, in: ZPr, 835; solche Zölibatsklauseln als zulässig erklärt durch Reichsgerichtsentscheidung vom 30. April 1896 – AZ. IV 416/95, RGZ 37, 298, 303f; in Sachsen für alle Beamtinnen geltend: Gesamtministerbeschluss vom 30. August 1915, Verordnungsblatt des sächsischen Finanzministeriums 1915, 83.

[105] Gesetz, betreffend die Invaliditäts- und Altersversicherung vom 22. Juni 1889, RGBl. 1889, 97; später ab 1911 durch die Reichsversicherungsordnung vom 19. Juli 1911, RGBl. 1911, 509 ersetzt.

[106] Versicherungsgesetz für Angestellte vom 20. Dezember 1911, RGBl. 1911, 989.

[107] Die Nachversicherung wurde erst 1924 eingeführt, vgl. dazu unten V.2.

[108] Vgl. Friebe, Rechtsnatur, 163; Mutterschaft wurde demnach als Nebentätigkeit eingeordnet; zu den damaligen Regelungen zur Nebentätigkeit, vgl. Brand, Beamtenrecht, 506f, 516.

[109] Friebe, Rechtsnatur, 163.

[110] Weimarer Reichsverfassung 1919, 1404.

schrieb, sowie des Art. 109 Abs. 1 und 2 WRV[111], der die allgemeine Gleichstellung von Mann und Frau vorschrieb, im Grunde nicht mehr bestehen.

Die Wirksamkeit bereits bestehender Zölibatsklauseln war jedoch im Hinblick auf die zukünftige Formulierung des Art. 128 Abs. 2 WRV umstritten, da manche solche Zölibatsklauseln weiterhin als wirksam ansehen wollten.[112] Spätestens jedoch mit der Reichsgerichtsentscheidung vom 10. Mai 1921,[113] deren Gegenstand die Überprüfung des bayerischen Volksschullehrergesetzes[114] vom 14. August 1919 bildete, wurden Zölibatsklauseln endgültig für verfassungswidrig erklärt.

Dennoch erließ die Reichsregierung auf Grundlage des Ermächtigungsgesetzes vom 13. Oktober 1923[115] Ende Oktober 1923 die Personalabbauverordnung[116].

Diese sollte grundsätzlich einen Personalabbau im öffentlichen Dienst ermöglichen, sodass auch Abbauregelungen bezüglich männlicher Beamter getroffen wurden.[117] Allerdings waren die Rechtsfolgen für Beamte milder als für Beamtinnen. Namentlich konnten gemäß Art. 14[118] der Personalabbauverordnung Beamtinnen auf allen Staatsebenen (Reichs-, Landes-, Kommunalebene) sowie Lehrerinnen bei Heirat unter Einhaltung einer einmonatigen Kündigungsfrist entlassen werden, ohne Ansprüche auf Abfindung, Ruhegehalt, Wartegeld oder Nachversicherung. Die einzige Einschränkung bestand darin, dass auf Grundlage einer Ermessensentscheidung der zuständigen Behörde die Versorgung der Beamtinnen als gesichert erscheinen musste. Die männlichen Beamten konnten dagegen lediglich in den einstweiligen Ruhestand versetzt werden.[119]

Eine deutliche Besserung der Situation der Beamtinnen begründete die Einführung der Nachversicherung für ausscheidende Beamtinnen 1924. Die Regelungen der Verordnung[120] ermöglichten es ausscheidenden Beamtinnen für ihre

---

111 Weimarer Reichsverfassung 1919, 1407.

112 Friebe, Rechtsnatur, 164; Ministerielle Anordnung betreffend das Verbot von Zölibatsklauseln, und die Wirksamkeit bestehender Zölibatsklauseln: Erlass betreffend die Aufhebung des sogenannten Eheverbots für Lehrerinnen vom 8. März 1920, in: ZPr, 277.

113 Reichsgerichtsentscheidung vom 10. Mai 1919 – III 68/20 – RGZ 102, 145; Beschluss des Reichsgerichts von der Reichsregierung veröffentlicht im RGBl. 1921, 735; Kaisenberg, Georg: Die Reichsgerichtsentscheidung über das Verehelichungsrecht der Beamtin, in: AöR 41 (1921), 216–256, 219.

114 Dieses Gesetz regelte ausdrücklich in Art. 151 und 153 Zölibatsklauseln für Lehrerinnen, obwohl bereits die WRV galt; vgl. Volksschullehrergesetz vom 14. August 1919, GVBl. Bayern 1919, 477.

115 Ermächtigungsgesetz vom 13. Oktober 1923, RGBl. 1923, 943; dieses Ermächtigungsgesetz ist nicht zu verwechseln mit dem Ermächtigungsgesetz von 1933.

116 Personalabbauverordnung vom 23. Oktober 1923, RGBl. 1923, 999.

117 Art. 3 Personalabbauverordnung 1923, 1000.

118 Personalabbauverordnung 1923, 999.

119 Grau, Abbaubestimmungen, 238f.

120 Verordnung über den Übertritt aus versicherungsfreier in versicherungspflichtige Beschäftigung und umgekehrt vom 13. Februar 1924, RGBl. 1924, 62; Grundlage für diesen

bereits geleistete Dienstzeit eine entsprechende Rente nach dem Angestelltenversicherungsgesetz[121] zu erhalten.

1925 sollte der Personalabbau beendet werden, sodass männliche Beamte nach der Abbaueinstellungsverordnung[122] vom August 1925 wieder in den Dienst zurückkehren konnten.[123] Für Frauen galten die Zölibatsklauseln indessen unter kleinen Modifikationen fort. So wurde die Kündigungsfrist von ein auf drei Monate verlängert, und es wurden Abfindungsansprüche der Beamtinnen als Ausgleich für die Entlassung eingeführt.[124] Daneben wurde für Beamtinnen, deren Versorgung nach der Eheschließung nicht als gesichert erschien, eine sog. „*Abfindungsrente*" in Höhe des Ruhegehaltes bezahlt.[125] Im Übrigen blieben den „versorgten" ausscheidenden Beamtinnen Ansprüche auf Ruhegehalt und Wartegeld weiterhin verwehrt,[126] sodass wiederum nur die Nachversicherungsmöglichkeit blieb.

Auch mit dem Gesetz über die Rechtstellung der weiblichen Beamten vom 30. Mai 1932[127] wurde diese Zölibatsklausel für Reichsbeamtinnen unter leicht veränderten[128] Bedingungen aufrechterhalten. Eine Abfindungsrente wurde jedoch nicht mehr gewährt.

5.3 *NS-Zeit*

In der Zeit des Nationalsozialismus wurden mit dem Gesetz zur Änderung der Vorschriften auf dem Gebiet des allgemeinen Beamtenrechts, Besoldungsrechts und Versorgungsrechts im Jahr 1933[129] die Entlassungsmöglichkeiten gegenüber Frauen deutlich erleichtert. Danach wurde die wirtschaftliche Absicherung bei Heirat mit einem anderen Beamten auf Lebenszeit vermutet, was die Entscheidung der Behörde hinfällig machte.[130] Überdies wurde die Kündigungsfrist von drei auf einen Monat gekürzt und die Nachversicherung ausdrücklich ver-

---

Verordnungserlass bildete das Ermächtigungsgesetz vom 08. Dezember 1923, RGBl. 1923, 1179.

121 Versicherungsgesetz für Angestellte, RGBl. 1911, 989.

122 Personalabbaueinstellungsverordnung vom 7. August 1925, RGBl. 1925, 181.

123 Art. 3 der Personallabbauverordnung 1923, 1000 wurde aufgehoben durch Art. 1 der Personalabbaueinstellungsverordnung 1925, 181; Grau, Abbaubestimmungen, 239.

124 Art. 2 § 2 Ziff. IX Personalabbaueinstellungsverordnung 1925, 182.

125 Art. 2 § 2 Ziff. IX (3) Personalabbaueinstellungsverordnung 1925, 182.

126 Grau, Abbaubestimmungen, 239; vgl. Art. 2 § 2 Ziff. IX (4) Personalabbaueinstellungsverordnung 1925, 182.

127 Gesetz über die Rechtstellung der weiblichen Beamten vom 30. Mai 1932, RGBl. 1932, 245.

128 Art. 2 § 2 IX, Art. 5 Personalabbaueinstellungsverordnung 1925, 181; Gesetz über die Rechtstellung der weiblichen Beamten 1932, 245.

129 Beamtenrechtsänderungsgesetz 1933, 433.

130 Vgl. § 7 Ziff. 1 Beamtenrechtsänderungsgesetz 1933, 435.

wehrt.[131] Lediglich eine Abfindungszahlung war in geringerer Höhe weiterhin zu zahlen. Zudem wurde die Entscheidung der obersten Behörde über die Voraussetzungen für eine Entlassung der Beamtin als für die Gerichte bindend erklärt,[132] was einen Rechtsschutz nahezu unmöglich machte. Darauf folgten weitere Gesetzesänderungen und Verordnungen, die die Entlassung der Frau erleichterten, welche 1937 in § 63 des Deutschen Beamtengesetzes[133] in einer Zölibatsklausel vereinheitlicht wurden.

5.4 *Bundesrepublik*

In der Bundesrepublik unter Geltung des Grundgesetzes bestanden, trotz Art. 3 Abs. 1 GG und Art. 33 Abs. 2, Abs. 3 GG, Zölibatsklauseln weiterhin auf Bundes- und Landesebene fort. Interessant ist dabei, dass das Deutsche Beamtengesetz von 1937 als *Bundesfassung des Deutschen Beamtengesetzes*[134] mit nur leichten Änderungen im Jahre 1950 neu bekanntgemacht wurde. So wurde der ursprüngliche § 63 DBG lediglich in seiner Regelungskonzeption von einer gebundenen zu einer Ermessensvorschrift geändert. Frauen waren nach der Heirat bei bestehender wirtschaftlicher Absicherung nun nicht mehr zwingend zu entlassen, konnten aber weiterhin entlassen werden, insbesondere wenn der Mann als Beamter einen Anspruch auf Ruhegehalt hatte.[135]

Dies war im Hinblick auf Art. 117 Abs. 1 GG, der eine Beseitigung der diskriminierenden Regelungen (erst) bis zum 31. März 1953 vorschrieb, auch vertretbar.

Auch wenn einige Stimmen argumentierten, dass man Frauen nicht verwehren dürfe, sich um die Familie zu kümmern, und ein generelles Bedürfnis an Zölibatsklauseln bestehe, da nur wenige Frauen den Mut hätten aus eigenem Entschluss zu kündigen,[136] wurde die Zölibatsklausel mit Erlass des Bundesbeamtengesetzes[137] 1953 für Bundesbeamte gestrichen.

Diesem Vorbild folgten nach und nach auch die Bundesländer, sodass spätestens ab 1957 mit Erlass des Beamtenrahmengesetzes[138] in ganz Deutschland im Beamtenrecht keine Zölibatsklauseln mehr bestanden.

Heute wirken neben dem allgemeinen und besonderen Gleichheitsrecht aus Art. 3 Abs. 1 und Art. 33 Abs. 2 und Abs. 3 GG, die in der Verfassung verankerten

---

131 Vgl. § 7 Ziff. 2 Beamtenrechtsänderungsgesetz 1933, 435.
132 Vgl. § 7 Ziff. 3 Beamtenrechtsänderungsgesetz 1933, 435.
133 Deutsches Beamtengesetz 1937, 39.
134 Bundesfassung des Deutschen Beamtengesetzes vom 30. Juni 1950, BGBl. 1950, 279.
135 § 63 Bundesfassung des Deutschen Beamtengesetz 1950, 290.
136 Jellinek, Gleichberechtigung, 142.
137 Bundesbeamtengesetz vom 14. Juli 1953, BGBl. 1953, 551.
138 Beamtenrahmengesetz vom 1. Juli 1957, BGBl. 1957, 667.

beamtenrechtlichen Grundsätze, insbesondere das *Lebenszeitprinzip*[139] und das *Alimentationsprinzip*[140] aus Art. 33 Abs. 5 GG, solchen Zölibatsklauseln entgegen. Es wird somit deutlich, dass sich gerade in diesem Bereich einiges im Laufe des 20. Jahrhunderts gewandelt hat und Frauen heute keinen Ausschluss aus dem Dienst bei Heirat mehr befürchten müssen.

6. Schlussbetrachtung

Zusammenfassend lässt sich ein immenser rechtlicher Wandel der Stellung der Frau im öffentlichen Dienst im 20. Jahrhundert verzeichnen. Ausgehend von einer eher eingeschränkten hin zu einer gleichberechtigten Stellung im öffentlichen Dienst. Doch einem rechtlichen Wandel geht immer ein gesellschaftlicher Wandel voraus. Dieser lässt sich vornehmlich anhand der Gesetzesformulierung beobachten. Wohingegen die Beamtengesetze zu Beginn des 20. Jahrhunderts, wenn überhaupt, lediglich in Ausnahmeregelungen von *„weiblichen Beamten"* und sonst stets von *„Beamten"* sprachen, wird heute in den Gesetzestexten[141] immer von *„Beamtin"* und *„Beamter"* gesprochen, was deren gleichberechtigte Stellung bereits begrifflich deutlich macht.

Um den gesellschaftlichen Wandeln noch deutlicher zu zeigen, bietet sich ein kleiner Rückblick auf die politische Diskussion über die Zulassung der Frau zum Richteramt an. Auf dem 4. Richtertag 1921[142] erklärte der Potsdamer Landgerichtsdirektor Stadelmann: *„Durch die Zulassung der Frau als Berufsrichterin würde der Rechtsprechung das Grab gegraben."* Solche Aussagen waren damals absolut gesellschaftlich akzeptiert und wären heute unvorstellbar. Dennoch zeigen sie, von welchem Punkt die Entwicklung überhaupt ausgegangen ist.

Im Ergebnis kann festgestellt werden, dass heute im Hinblick auf den Zugang, die Bezahlung und die Entlassung keine geschlechtsspezifischen Ungleichbehandlungen mehr im öffentlichen Dienst zu erkennen sind. Dennoch bestehen weiterhin Unterschiede in der Form, dass Frauen häufiger in Teilzeit tätig sind und seltener Führungspositionen bekleiden als ihre männlichen Kollegen.

Wie gesehen liegen diese Unterschiede jedoch weniger im juristischen denn im gesellschaftlichen Bereich begründet.

---

139 Jarass, Hans D.: in: Jarass, Hans D / Pieroth, Bodo (Hg.): Grundgesetz, München [16]2020, Art. 33 Rn. 80.

140 Jarass, in: Jarass, GG, Art. 33 Rn. 61, 64.

141 Seit Inkrafttreten des Bundesbeamtengesetzes werden Beamtinnen in Sonderregelungen nicht mehr als weibliche Beamte bezeichnet, aber erst ab 2009 erfolgte die geschlechtsspezifische Doppelnennung in jeder Norm; vgl. Bundesbeamtengesetz, BGBl. 2009 I, 160.

142 Protokolle des 4. Richtertages 1921, 202.

Literatur- und Quellenverzeichnis

Primärquellen:

Anordnung betreffend Beibehaltung üblicher Praxis der Entlassung von Lehrerinnen bei Heirat: Erlass vom 15. Juli 1892 – U III C 2322, in: Zentralblatt für die gesamte Unterrichtsverwaltung in Preußen, 835.

Anordnung des Reichsministeriums des Innern über die zahlenmäßige Begrenzung des Zugangs zu den Hochschulen vom 28. Dezember 1933, Reichsministerialblatt 1934, 16.

Beamtengesetz des Großherzogtums Baden vom 24. Juli 1888, Gesetzes- und Verordnungsblatt für das Großherzogtum Baden 1888, 399.

Beamtengesetz vom 12. August 1908, Gesetzes- und Verordnungsblatt für das Großherzogtum Baden 1908, 420.

Beamtengesetz vom 15. August 1908, Gesetz- und Verordnungsblatt für das Königreich Bayern 1908, 581.

Beamtenrahmengesetz vom 1. Juli 1957, Bundesgesetzblatt 1957, 667.

Besoldungsgesetz vom 15. Juli 1909, Deutsches Reichsgesetzblatt 1909, 573.

Besoldungsgesetz vom 16. Dezember 1927, Deutsches Reichsgesetzblatt 1927, 349.

Besoldungsgesetz vom 30. April 1920, Deutsches Reichsgesetzblatt 1920, 805.

Besoldungsordnung vom 4. Mai 1920, Deutsches Reichsgesetzblatt 1920, 819.

Besoldungsordnung vom 20. Oktober 1909, Gesetzes- und Verordnungsblatt für das Königreich Sachsen 1909, 571.

Besoldungsordnung vom 26. Mai 1909, Gesetzessammlung Preußen 1909, 352.

Bundesbeamtengesetz vom 14. Juli 1953, Bundesgesetzblatt 1953 I, 551.

Bundesbeamtengesetz, Bundesgesetzblatt 2009 I, 160.

Bundesnotarordnung (BnotO).

Bundesrechtsanwaltsordnung (BRAO).

Bundesfassung des Deutschen Beamtengesetzes vom 30. Juni 1950, Bundesgesetzblatt 1950, 279.

Bundesverfassungsgerichtsurteil vom 18. Dezember 1953 – 1 BvL 106/53, Entscheidungen des Bundesverfassungsgerichts, Band 3, 225.

Deutsches Beamtengesetz vom 26. Januar 1937, Deutsches Reichgesetzblatt 1937, 39.

Deutsches Richtergesetz (DRiG).

Die Verfassung des Deutschen Reiches vom 11. August 1919, Deutsches Reichsgesetzblatt 1919, 1383.

Drucksache der National Versammlung Anlage Nr. 540.

Entschließung des Staatsministeriums für Kirchen- und Schulangelegenheiten vom 29. Oktober 1875, Ministerialblatt für Kirchen und Schulangelegenheiten des Königreichs Bayern 1875, 424.

Erlass des Reichs- und Preußischen Ministers für Wissenschaft, Erziehung und Volksbildung vom 4. April 1936 – E II e. 826 M 1, Amtsblatt des Reichsministeriums für Wissenschaft, Erziehung und Volksbildung 1936, 187.

Erlass des Reichs- und Preußischen Ministers für Wissenschaft, Erziehung und Volksbildung vom 29. Januar 1938, Amtsblatt des Reichsministeriums für Wissenschaft, Erziehung und Volksbildung 1938, 47.

Erlass über die Aufgaben des Reichsministers für Wissenschaft, Erziehung und Volksbildung vom 11. Mai 1934, Deutsches Reichsgesetzblatt 1934, 375.

Erlass über die Errichtung des Reichsministeriums für Wissenschaft, Erziehung und Volksbildung vom 1. Mai 1934, Deutsches Reichsgesetzblatt 1934, 365.

Erlass betreffend die Aufhebung des sogenannten Eheverbots für Lehrerinnen vom 8. März 1920 – U III E 4072 U III D, Zentralblatt für die gesamte Unterrichtsverwaltung in Preußen 1920, 277.

Ermächtigungsgesetz vom 13. Oktober 1923, Deutsches Reichsgesetzblatt 1923, 943.

Gehaltsordnung für die etatsmäßigen Staatsbeamten vom 6. September 1908, Gesetzes- und Verordnungsblatt für das Königreich Bayern 1908, 685.

Gehalts-Tarif zum Beamtengesetz vom 24. Juli 1888, Gesetzes- und Verordnungsblatt für das Großherzogtum Baden 1888, 508.

Gesamtministerbeschluss vom 30. August 1915, Verordnungsblatt des sächsischen Finanzministeriums 1915, 83.

Gesetz, Änderungen des Gesetzes über den Elementarunterricht betreffend vom 9. April 1880, Gesetzes- und Verordnungsblatt für das Großherzogtum Baden 1880, 95.

Gesetz, betreffend das Diensteinkommen der Lehrer und Lehrerinnen an öffentlichen Volkschulen vom 3. März 1897, Gesetzessammlung Preußen 1897, 7.

Gesetz, betreffend das Diensteinkommen der Lehrer und Lehrerinnen an öffentlichen Volkschulen vom 26. Mai 1909, Gesetzessammlung Preußen 1909, 93.

Gesetz betreffend die Befähigung für den höheren Verwaltungsdienst vom 11. März 1879, Gesetzessammlung Preußen 1879, 160.

Gesetz, betreffend die Bereitstellung von Mitteln zu Diensteinkommensverbesserungen vom 26. Mai 1909, Gesetzessammlung Preußen 1909, 85.

Gesetz, betreffend die Invaliditäts- und Altersversicherung vom 22. Juni 1889, Deutsches Reichsgesetzblatt 1889, 97.

Gesetz das Volksschulwesen betreffend vom 26. April 1873, Gesetzes- und Verordnungsblatt für das Königreich Sachsen 1873, 350.

Gesetz, die dienstlichen Verhältnisse von Angestellten der Zivilstaatsverwaltung betreffend vom 26. Mai 1876, Gesetzes- und Verordnungsblatt für das Großherzogtum Baden 1876, 145.

Gesetz, die Gehaltsverhältnisse der Lehrer an Volksschulen betreffend vom 15. Juni 1908, Gesetzes- und Verordnungsblatt für das Königreich Sachsen 1908, 249.

Gesetz, die Verhältnisse der Civilstaatsdiener betreffend vom 7. März 1835, Gesetzes- und Verordnungsblatt für das Königreich Sachsen 1835, 100.

Gesetz, die Rechtsverhältnisse der an Mittelschulen für die weibliche Jugend angestellten Lehrerinnen betreffend vom 30. Januar 1879, Gesetzes- und Verordnungsblatt für das Großherzogtum Baden 1879, 6.

Gesetz, einige Änderungen der gesetzlichen Bestimmungen über die Verhältnisse der Civilstaatsdiener betreffend vom 3. Juni 1876, Gesetzes- und Verordnungsblatt für das Königreich Sachsen 1876, 239.

Gesetz gegen die Überfüllung deutscher Schulen und Hochschulen vom 25. April 1933, Deutsches Reichsgesetzblatt 1933, 225.

Gesetz über den Elementarunterricht vom 13. Mai 1892, Gesetzes- und Verordnungsblatt für das Großherzogtum Baden 1892, 169.

Gesetz über die Grund- und Hauptschule vom 29. Januar 1934, Gesetzes- und Verordnungsblatt für das Großherzogtums Baden 1934, 25.

Gesetz über die Rechtstellung der weiblichen Beamten vom 30. Mai 1932, Deutsches Reichsgesetzblatt 1932, 245.

Gesetz über den Neuaufbau des Reiches vom 30. Januar 1934, Deutsches Reichsgesetzblatt 1934, 75.

Gesetz über den Personenstand vom 11. Juni 1920, Deutsches Reichsgesetzblatt 1920, 1209.
Gesetz über die Beurkundung des Personenstandes und die Eheschließung vom 6. Februar 1875, Reichsgesetzblatt 1875, 23.
Gesetz über die Zulassung der Frau zu Ämtern und Berufen in der Rechtspflege vom 9. Juli 1922, Deutsches Reichsgesetzblatt 1922, 573.
Gesetz zur Änderung der Vorschriften auf dem Gebiet des allgemeinen Beamtenrechts, Besoldungsrechts und Versorgungsrechts vom 30. Juni 1933, Deutsches Reichsgesetzblatt 1933, 433.
Gesetz zur Behebung der Not von Volk und Reich vom 24. März 1933, Deutsches Reichsgesetzblatt 1933, 141.
Gesetz zur Wiederherstellung des Berufsbeamtentums vom 7. April 1933, Deutsches Reichsgesetzblatt 1933, 175.
Grundgesetz für die Bundesrepublik Deutschland vom 23. Mai 1949, Bundesgesetzblatt 1949, 1.
Landesherrliche Verordnung den Vollzug des Beamtengesetzes betreffend vom 10. Juli 1909, Gesetzes- und Verordnungsblatt für das Großherzogtums Baden 1909, 287.
Ministererlass vom 7. Januar 1876, die Verwendung von Lehrerinnen an Volkschulen betreffend, Nr. 300, Ministerialblatt für Kirchen- und Schulangelegenheiten im Königreich Bayern 1876, 9.
Ministererlass vom 29. Oktober 1875, die Verehelichung von Lehrerinnen betreffend, Nr. 13538, Ministerialblatt für Kirchen- und Schulangelegenheiten im Königreich Bayern 1875, 424.
Ministerielle Anordnung betreffend Entlassung bei Heirat trotz fehlender Zölibatsklausel in Bestallungsurkunden von Lehrerinnen: Erlass vom 13. Februar 1892 – U III DC 300, Zentralblatt für die gesamte Unterrichtsverwaltung in Preußen, 413.
Ordnung der ev. Schullehrerseminare im Königreiche Sachsen vom Jahre 1859, Gesetzes- und Verordnungsblatt für das Königreich Sachsen 1859, 251.
Personalabbaueinstellungsverordnung vom 7. August 1925, Deutsches Reichsgesetzblatt 1925, 181.
Personalabbauverordnung vom 23. Oktober 1923, Deutsches Reichsgesetzblatt 1923, 999.
Post- und Telegraphengehilfinnen: Besoldungsordnung I vom 4. Mai 1920, Deutsches Reichsgesetzblatt 1920, 819.
Protokolle des 4. Richtertages, Deutsche Richterzeitung (1921), 198–206.
Prüfungsordnung für Lehrer und Lehrerinnen an Volksschulen vom 8. Oktober 1874, Gesetzes- und Verordnungsblatt für das Königreich Sachsen 1874, 354.
Reichsbeamtengesetz vom 31. März 1873, Deutsches Reichsgesetzblatt 1873, 61.
Reichsgerichtsentscheidung vom 30. April 1896 – AZ. IV 416/95, Die Entscheidungssammlungen der Entscheidungen des Reichsgerichts in Zivilsachen (RGZ) Band 37, 298.
Reichsgerichtsentscheidung vom 10. Mai 1919 – AZ. III 68/20, Die Entscheidungssammlungen der Entscheidungen des Reichsgerichts in Zivilsachen (RGZ) Band 102, 147.
Reichsgerichtsentscheidung vom 10. Mai 1921 – AZ. III 68/20 von der Reichsregierung, veröffentlicht im Deutschen Reichsgesetzblatt 1921, 735.
Reichsverfassung vom 16. April 1871, Bundesgesetzblatt des deutschen Bundes 1871, 63.
Reichsversicherungsordnung vom 19. Juli 1911, Deutsches Reichsgesetzblatt 1911, 509.
Schulbedarfsgesetz vom 28. Juli 1902, Gesetzes- und Verordnungsblatt für das Königreich Bayern 1902, 265.
Schulgesetz vom 7. Juli 1910, Gesetzes- und Verordnungsblatt für das Großherzogtum Baden 1910, 386.
Sechste Ergänzung zum Besoldungsgesetz vom 6. April 1922, Deutsches Reichsgesetzblatt 1922, 331.

Verordnung, die Rechtsverhältnisse der nichtpragmatischen Staatsbeamten und Staatsbediensteten betreffend vom 26. Juni 1894, Gesetzes- und Verordnungsblatt für das Königreich Bayern 1894, 321.
Verordnung, die Vorbereitung zum höheren öffentlichen Dienst in der Justiz und der inneren Verwaltung betreffend vom 15. Mai 1907, Gesetzes- und Verordnungsblatt für das Großherzogtum Baden 1907, 183.
Verordnung über den Übertritt aus versicherungsfreier in versicherungspflichtige Beschäftigung und umgekehrt vom 13. Februar 1924, Deutsches Reichsgesetzblatt 1924, 62.
Verordnung über die Verwendung von Lehrerinnen zum Unterrichte und wegen Erlassung eines Regulativs über die von denselben zu bestehenden Prüfungen vom 17. Juni 1859, Gesetzes- und Verordnungsblatt für das Königreich Sachsen 1859, 270.
Verordnung zur Zuständigkeit der Reichsbehörden zur Ausführung des Reichsbeamtengesetzes vom 31. März 1873 und die Anstellung von Reichsbeamten vom 23. November 1874, Reichsgesetzblatt 1874, 135.
Versicherungsgesetz für Angestellte vom 20. Dezember 1911, Reichsgesetzblatt 1911, 989.
Volksschullehrergesetz vom 14. August 1919, Gesetzes- und Verordnungsblatt für das Königreich Bayern 1919, 477.

Sekundärquellen:

Bock, Gisela: Die Frauen in der europäischen Geschichte. Vom Mittelalter bis zur Gegenwart, München 2000.
Brand, Arthur: Das Beamtenrecht. Die Rechtsverhältnisse der preußischen unmittelbaren und mittelbaren Staatsbeamten (Handbücher des Verwaltungsrechts), Berlin 1914.
Deutscher Juristinnenbund (Hg.): Juristinnen in Deutschland – Eine Dokumentation (1900–1984), München 1984.
Friebe, [Vorname unbekannt]: Die Rechtsnatur der sog. „Verheiratungsklausel", in: Preußisches Verwaltungsblatt 1924, 162–164.
Grassmann, Josef: Aus dem Volksschulrechte des Königreichs Bayern, in: AöR 8 (1893), 480–512.
Grau, Richard: War die Aufrechterhaltung der Abbaubestimmungen für verheiratete weibliche Beamte ohne Erfüllung der Voraussetzungen verfassungsändernder Gesetzgebung zulässig?, in: AöR 49 (1926), 237–246.
Huerkamp, Claudia: Bildungsbürgerinnen. Frauen im Studium und in akademischen Berufen 1900–1945 (Bürgertum. Beiträge zur europäischen Gesellschaftsgeschichte 10), Göttingen 1996.
Jarass, Hans D / Pieroth, Bodo (Hg.): Grundgesetz für die Bundesrepublik Deutschland (Kommentar), München 16 2020.
Jellinek, Walter: Zur Gleichberechtigung der Geschlechter im Beamtenrecht, in: AöR 76 (1951), 137–144.
Kaisenberg, Georg: Die Reichsgerichtsentscheidung über das Verehelichungsrecht der Beamtin, in: AöR 41 (1921), 216–256.
Kling, Gudrun: Frauen im öffentlichen Dienst im Großherzogtum Baden. Von den Anfängen bis zum Ersten Weltkrieg (Veröffentlichungen der Kommission für Geschichtliche Landeskunde in Baden-Württemberg Reihe B Forschungen 142), Stuttgart u. a. 2000.
Kluger, Alfons: Die Deutsche Volksschule im Großdeutschen Reich, Breslau 1940.

Kohleiss, Annelise: Frauen in und vor der Justiz. Der lange Weg zu den Berufen der Rechtspflege, in: Kritische Vierteljahresschrift für Gesetzgebung und Rechtswissenschaft 71 (1988), 115–127.

Mayer, Otto: Das Staatsrecht des Königreichs Sachsen, in: Jellinek, Georg / Laband, Paul / Piloty, Robert (Hg.): Das öffentliche Recht der Gegenwart IX, Tübingen 1909.

Mazón, Patricia M: Gender and the Modern Research University – The Admission of women to German higher education 1865–1914, Stanford 2003.

Mecking, Sabine: „Chefin oder Mauerblümchen?“ – Frauen in der öffentlichen Verwaltung der Bundesrepublik, in: GeGe 31 (2005), 465–497.

Nienhaus, Ursula: Vater Staat und seine Gehilfinnen. Die Politik mit der Frauenarbeit bei der deutschen Post (1864–1945), Frankfurt a. M./New York 1995.

Piloty, Robert: Streitfragen aus dem Beamtenrechte. Zwei Gutachten, in: AöR 33 (1915), 1–81.

Reich, Andreas / Preißler, Ulrike (Hg.): Bundesbesoldungsgesetz, München [1]2014.

Said, Erika: Zur Situation der Lehrerinnen in der Zeit des Nationalsozialismus, in: Frauengruppe Faschismusforschung (Hg.): Mutterkreuz und Arbeitsbuch. Zur Geschichte der Frauen in der Weimarer Republik und im Nationalsozialismus, Frankfurt a. M. 1981, 105–130.

Tilse, Gunther: Die Stellung der Frau als Beamtin nach der Reichsverfassung vom 11. August 1919, Woldeck 1933.

Weyrather, Irmgard: Numerus Clausus für Frauen – Studentinnen im Nationalsozialismus; in: Frauengruppe Faschismusforschung (Hg.): Mutterkreuz und Arbeitsbuch. Zur Geschichte der Frauen in der Weimarer Republik und im Nationalsozialismus, Frankfurt a. M. 1981, 131–162.

Wieking, Friederike: Die Entwicklung der weiblichen Kriminalpolizei in Deutschland, Lübeck 1958.

Internetquellen:

Altris, Alesandros: Entwicklung der Beschäftigung im öffentlichen Dienst bis 2017, Statistisches Bundesamt, WISTA 5 (2018); vgl. https://www.destatis.de/DE/Methoden/WISTA-Wirtschaft-und-Statistik/2018/05/entwicklung-oeffentlicher-dienst-052018.pdf?__blob=publicationFile (abgerufen am 27.7.2022).

Bericht zur Evaluation des Gesetzes zur Verwirklichung der Chancengleichheit von Frauen und Männern im öffentlichen Dienst in Baden-Württemberg, vgl. Download in der Langfassung: https://sozialministerium.baden-wuerttemberg.de/fileadmin/redaktion/m-sm/intern/downloads/Downloads_Soziales/Bericht_Evaluation-ChancenG-BW_2021_Langfassung.pdf (abgerufen am 27.7.2022).

Laura Hanemann

Die Zivilisationshüterin

Soziologische Überlegungen zu Pfarramt, Pfarrfrau und Geschlecht

Der Zeitraum von 1968 bis 1978 kann als das prägende Jahrzehnt der Öffnung des Pfarramtes für Frauen in der Bundesrepublik Deutschland gewertet werden.[1] Dieser Öffnung vorausgegangen sind zahlreiche gesellschaftliche, politische und rechtliche Veränderungen, von denen hier nur einige aufgezählt werden: die Möglichkeit des Theologiestudiums für Frauen ab 1900, Kämpfe von evangelischen Theolog*innen und Feminist*innen, Frauen, die während der zwei Weltkriege pfarramtliche Aufgaben übernahmen, die Gleichstellung von Mann und Frau im Grundgesetz von 1949 sowie das Erste Gesetz zur Reform des Ehe- und Familienrechts aus dem Jahre 1976. Der Ausbau des Sozialstaates ab den 1960er Jahren ging mit einem Anstieg an Pfarrstellen einher und war mit einem Pfarrermangel verbunden. Im Zuge des Wertewandels und einer neu aufkommenden Gesellschaftskritik, die häufig mit dem Stichwort 1968 verknüpft wird, entstanden darüber hinaus Diskussionen um neue Führungs- und Kommunikationsstile, die auch die Pfarrgemeinden erfassten und mit einer Kritik an hierarchischer Amtsführung verbunden waren. Mit der kurzen, aber durchaus nicht abschließenden Aufzählung von verschiedenen Faktoren, die dazu beigetragen haben, dass Frauenordination möglich wurde, wird ersichtlich, wie komplex und verwoben mit gesellschaftshistorischen Entwicklungen der Forschungsgegenstand der Frauenordination ist: Praktiken (Frauen, die während der Weltkriege und besonders im Zweiten Weltkrieg Aufgaben von Pfarrern übernehmen), eine veränderte Rechtsprechung, sich verändernde Werte- und Wissensordnungen sowie Individualisierung und Entpatriachalisierung ließen und lassen bis heute auch das Pfarramt und die theologische Anthropologie nicht unberührt.[2]

---

1 Vgl. Kuhlmann, Helga: Protestantismus, Frauenbewegung und Frauenordination, in: Hermle, Siegfried u. a. (Hg.): Umbrüche. Der deutsche Protestantismus und die sozialen Bewegungen in den 1960er und 70er Jahren (AKZG B 47), Göttingen 2012, 147–162.

2 „Bis 1945 war sich die Mehrheit deutscher Theologinnen und Theologen darin einig gewesen, dass Frauen allenfalls unverheiratet ein volles Pfarramt übernehmen könnten, weil bis dahin die Theorie wesensmäßiger Ungleichheit von Mann und Frau und die in Theologien der Schöpfungsordnungen geforderte Unterordnung der Frau unter den Mann die christlichen Argumentationen dominierten", Kuhlmann, Protestantismus, 149. Hierbei ist

Die nachfolgende Argumentation setzt an der Konstruktion und „Polarisierung der Geschlechtscharaktere“[3] von Mann und Frau an und diskutiert aus einer soziologischen Perspektive heraus Geschlechterverhältnisse und damit verbundenen Geschlechternormen. Hierbei wird das evangelische Pfarramt auf seine bürgerlichen, geschlechterdichotomen Existenz- und Legitimationsgrundlagen hin befragt. Die bürgerliche Ordnung hat Frauen und Männern Wesensmerkmale und gesellschaftliche Räume zugewiesen und in der bürgerlichen Gesellschaft des 19. Jahrhunderts ihren Höhepunkt erreicht. Im Folgenden werden Klasse und Geschlecht nicht als natürliche, sondern als *soziale* Kategorien begriffen, die sich in der Moderne[4] herausgebildet haben.[5] Geschlecht stellt infolgedessen ein soziales Strukturierungs- und Ordnungsprinzip dar, mit dem z. B. über religiöse Deutungskategorien und Praktiken Grenzen hergestellt und reproduziert werden[6] und welches mit (geschlechtlich-organisierten) sozialen Ungleichheiten verknüpft ist. Es geht somit um eine Perspektive, die den Modus der *Herstellung* (des Making) und des *Unterscheidens* von Geschlechtern selbst zum Gegenstand macht.[7] Somit werden durchaus widersprüchliche Entwicklungen in den Geschlechterverhältnissen sichtbar, nicht nur im Pfarramt verlaufen

zentral, dass die Öffnung des Pfarramtes für Frauen theologisch-argumentativ errungen werden musste, über eine neue Auslegung und Deutung biblischer Texte, durch nichts weniger als einen Wechsel theologischer Anthropologie. Dieser Strang wird hier nicht weiterverfolgt, auch wenn er ein zentrales Strukturmoment darstellt.

3 Hausen, Karin: Die Polarisierung der „Geschlechtscharaktere“ – Eine Spiegelung der Dissoziation von Erwerbs- und Familienleben, in: Konze, Werner (Hg.): Sozialgeschichte der Familie in der Neuzeit Europas. Neue Forschungen, Stuttgart 1976, 363–393.

4 In Anlehnung an Cornelia Klinger und Gudrun Axeli-Knapp ist die Entwicklung westeuropäischer Gesellschaften im 19. Jahrhundert als eine „zugleich moderne, bürgerlich-patriarchale, nationalstaatlich verfasste, in unterschiedlichem Ausmaß ethnisierte, kapitalistische Gesellschaft [zu begreifen, L.H.] […] – [und somit als, L.H.] eine Konstellation von Attributen, die auf einen komplexen, widersprüchlichen und dynamischen Zusammenhang deutet“ (zit. nach Aulenbacher, Alles, 17).

5 Vgl. Aulenbacher, Alles, 17f.

6 Vgl. Wohlrab-Sahr, Monika / Rosenstock, Julia: Religion – soziale Ordnung – Geschlechterordnung. Zur Bedeutung der Unterscheidung von Reinheit und Unreinheit im religiösen Kontext, in: Lukatis, Ingrid u. a. (Hg.): Religion und Geschlechterverhältnis, Opladen 2000, 279–298. Diese Verbindung ist auch als eine sich „der Religion bedienenden Legitimierung der Kontrolle von Sexualität“ (Aulenbacher, Brigitte: Alles Kapitalismus? Zur Freilegung von Herrschaft durch die (pro-)feministische Gesellschaftstheorie, Sozialphilosophie und Geschlechterforschung, in: Dies. u. a. (Hg.): Feministische Kapitalismuskritik. Einstieg in bedeutende Forschungsfelder, Münster ²2018, 14–31, 21.) zu verstehen, dieser Strang wird im Rahmen des Beitrags ebenfalls nicht weiterverfolgt.

7 Dazu gehört auch, dass „die *Wahrnehmung* der Welt und wie wir sie bezeichnen, wesentlich das prägt, wie sie für uns wirklich ist und was wir *wie* wahrnehmen. […] Das heißt zunächst nicht mehr, aber auch nicht weniger, als dass Tatsachen und Sprache, Wahrnehmung und Wahrheit, Fakten und Deutung nicht nur miteinander verschränkt, sondern füreinander

Modernisierungsbewegungen und immense Beharrungskräfte parallel.[8] Diese Tatsache wird im Folgenden jedoch nicht als bloße Ambivalenz der Geschlechterverhältnisse oder der Moderne gedeutet, sondern vielmehr wird der lange Weg zur Frauenordination auf „die *innere Verbundenheit* des Gegenteiligen, [...] [auf, L.H.] die *Gleichursprünglichkeit* des Entgegengesetzten – [...] [auf, L.H.] den strukturellen Zusammenhang zwischen Ausdehnung und Begrenzung"[9] hin befragt. Wie im Folgenden aufgezeigt wird, lässt sich in Bezug auf die bürgerlichen Geschlechterverhältnisse festhalten, dass die bürgerlich-männliche Individualisierung mit einer weiblichen Familiarisierung einherging, „d. h. mit der Aufklärung wird im Projekt moderner männlicher Individualisierung zugleich der weibliche Sonderweg entworfen, der dem weiblichen Geschlecht als Ganzem ‚einen moralischen Sonderauftrag' [...] im Bereich des Familiären zuweist".[10] Die eben zitierte „Gleichursprünglichkeit des Entgegengesetzten" zeigt sich somit als eine Ausweitung der Möglichkeitsräume der einen, die durch den Ausschluss der anderen realisiert wird.

Dieser Perspektive folgend, wird in einem ersten Schritt die Herausbildung der bürgerlichen Geschlechterdifferenz skizziert, deren Entwicklung ab dem 18. Jahrhundert begann und mit einer veränderten Bedeutung von Religion im öffentlichen Raum sowie mit einer Trennung von Privatheit und Öffentlichkeit verbunden war. Hierbei wird deutlich, dass Religion besonders für bürgerlich-weibliche Identitätsentwürfe eine entscheidende Rolle spielte.[11] In dieser Zeit bilden sich ein bürgerliches Ehe- und Familienkonzept sowie die Rolle der Frau als Zivilisationshüterin heraus, die, so die These des Beitrags, für die Konzeption des Pfarramtes, wie es sich seit der Reformation herausgebildet hat, von zentraler Bedeutung sind. Von dieser breiten Skizze ausgehend wird in einem weiteren Schritt die Analyse auf das evangelische Pfarramt hin zugespitzt. Das Pfarramt wird auf seine bürgerliche und geschlechterdichotome Konstruktion von Pfarrer und Pfarrfrau hin analysiert und es wird nach der kulturellen, legitimatorischen und praktischen Bedeutung der Pfarrfrau gefragt. Hintergrund dieser

---

konstitutiv sind." (Hark, Sabine / Villa, Paula-Irene: Unterscheiden und herrschen. Ein Essay zu den ambivalenten Verflechtungen von Rassismus, Sexismus und Feminismus in der Gegenwart, Bielefeld 2017, 18.)

8 Vgl. Speck, Sarah: Paradoxe Modernisierung – Warum Gleichheit zu Ungleichheit wird, in: Forster, Edgar u. a. (Hg.): Geschlecht-er denken. Theoretische Erkundungen, Opladen 2020, 54–82, 54.

9 Lessenich, Stephan: Grenzen der Demokratie. Teilhabe als Verteilungsproblem, Ditzingen [2]2019, 16f., Herv. i. O.

10 Kuster, Friederike: Erinnern, Wiederholen und Durcharbeiten oder Wir können das, was wir unterschätzen, nicht wirksam zerlegen, in: Forster, Edgar u. a. (Hg.): Geschlecht-er denken. Theoretische Erkundungen, Opladen 2020, 14–53, 21.

11 Vgl. Habermas, Rebekka: Weibliche Religiosität – oder: Von der Fragilität bürgerlicher Identitäten, in: Tenfelde, Klaus / Wehler, Hans-Ulrich (Hg.): Wege zur Geschichte des Bürgertums. Vierzehn Beiträge, Göttingen 1994, 125–148 126; Habermas, Rebekka: Frauen und Männer des Bürgertums. Eine Familiengeschichte (1750–1850), Wiesbaden 2000.

Überlegungen ist die Annahme, dass für, mit und durch die Öffnung des Pfarrberufes für Frauen das Wesen des Pfarrberufes verändert werden musste und wurde.[12] Frauen hat sich ab 1968 nicht einfach nur ein Zugang zu einem neuen Berufsfeld eröffnet, sondern die Frauenordination ging einher mit einer fundamentalen Transformation des Wesens des Pfarramtes, sprich, seiner bürgerlich-geprägten Existenz- und Legitimationsgrundlagen. Der Beitrag schließt mit der Frage, in welchen aktuellen Debatten um das Pfarramt sich die rekonstruierten Pfadabhängigkeiten der bürgerlichen Geschlechterverhältnisse bis heute finden lassen.

Der nachfolgenden Analyse werden zwei Anmerkungen zum Begriff der Bürgerlichkeit voran geschickt: Der Begriff des Bürgertums ist kein einfacher, er ist in seiner Reichweite und Zugehörigkeit umstritten. So hat es sich in zahlreichen historischen Rekonstruktionen als nicht tragfähig erwiesen, eine „einheitliche soziale Formation mit typischen Formen von Vergesellschaftung zu unterstellen",[13] gerade weil sich „im Hinblick auf die Vielfalt und Einheitlichkeit der bürgerlichen Lebensform"[14] erhebliche Unterschiede feststellen lassen. Auf die Frage, was den Kern der jeweiligen „Bürgerlichkeit" ausmacht, lassen sich somit historisch unterschiedliche Antworten finden. Die Stoßrichtung der nachfolgenden Argumentation ist aus diesem Grund breiter angelegt und zielt auf die Herausbildung von Bürgerlichkeit als einen wirkmächtigen kulturellen Habitus ab. Es geht in diesem Sinne um die hegemonialen bürgerlichen Konstruktionen von „Weiblichkeit" und „Männlichkeit" und um die damit verbundenen Legitimationsmuster, Identitätsentwürfe und Lebensformen.[15] Im Fokus steht somit das Idealbild – von Männern und Frauen, von Familien- und Ehebildern, vom Pfarramt und der Pfarrfrau – und nicht die empirische Realität. Diese Realität war historisch stets durch sehr plurale Lebensformen[16] geprägt, außerhalb einer

---

12 Eva Senghaas-Knobloch formulierte rückblickend, dass neben und im Zuge des gesamtgesellschaftlichen Transformationsprozesses um 1968 sowohl das Wesen der Frau neu bestimmt werden musste, als auch das Wesen des Amtes (vgl. Senghaas-Knobloch, Eva: Vorwort, in: Sammet, Kornelia (Hg.): Frauen im Pfarramt. Berufliche Praxis und Geschlechterkonstruktion (Religion in der Gesellschaft 18), Würzburg 2005, 11–13, 11; Dies: Die Theologin im Beruf. Zumutung, Selbstverständnis, Praxis, München 1969).

13 Tenfelde, Klaus / Wehler, Hans-Ulrich: Vorwort, in: Dies. (Hg.): Wege zur Geschichte des Bürgertums. Vierzehn Beiträge, Göttingen 1994, 7–11, 7.

14 Tenfelde / Wehler, Vorwort, 7.

15 Vgl. King, Vera: Die Entstehung des Neuen in der Adoleszenz. Individuation, Generativität und Geschlecht in modernisierten Gesellschaften (Adoleszenzforschung 1), Wiesbaden [2]2013; Connell, Raewyn: Der gemachte Mann. Konstruktion und Krise von Männlichkeit (GUG 8), Opladen 1999.

16 Zu den vielfältigen, nicht der Idealisierung entsprechenden Lebensformen des Pfarramtes und dem stetigen Wandel dieser vgl. Hildenbrand, Katrin: Leben in Pfarrhäusern. Zur Transformation einer protestantischen Lebensform (PTHe 141), Stuttgart 2016; zu der Debatte um Mythos und Wirklichkeit des Pfarramtes siehe Seidel, Thomas A.: Das evangeli-

kleinen Gruppe bürgerlicher Existenzen durch kontinuierliche weibliche Erwerbstätigkeit gekennzeichnet und markiert damit empirisch-praktisch keineswegs die Allgemeinheit. In einem historischen Rückblick werden im Folgenden die bürgerlichen Konstruktionen von „Weiblichkeit" und „Männlichkeit" somit zum einen als eine spezifisch-historische Ausformung der westlichen Industriegesellschaften ab dem 19. Jahrhundert rekonstruiert, aber gleichermaßen auch ihre stetigen Transformationsprozesse miteinbezogen. Zum anderen geht es darum, die rekonstruierten polarisierten Geschlechtereigenschaften der westlich-bürgerlichen Gesellschaften in ihrer kulturellen Wirkmächtigkeit und Entstehung zu dekonstruieren.

1. Zur Bedeutung der bürgerlichen Geschlechterdichotomie

Gegen Ende des 18. Jahrhunderts bildet sich nicht nur das Bürgertum weiter heraus, sondern es wird auch ein Bedeutungswandel von Religion erkennbar. Den Ausführungen der Historikerin Rebekka Habermas folgend,[17] lässt sich zuerst eine noch geschlechtsunspezifische „Intimisierung" von Religion im öffentlichen Raum beobachten, auf die zu Beginn des 19. Jahrhunderts eine geschlechtsspezifische „Familiarisierung" von Religion im Privaten folgt.[18] Hintergrund der zuerst genannten Intimisierung von Religion sind veränderte religiöse Praktiken im Zuge der Aufklärung, Industrialisierung und Urbanisierung, die eine „veränderte Bedeutung von Religion in der Öffentlichkeit und für die Öffentlichkeit"[19] anleiten. Religion wird hierbei immer mehr zu einer intimen, privaten Angelegenheit. Ablesen lässt sich das an veränderten bzw. sich ausdifferenzierenden kirchlichen und religiösen Orientierungen. So zeigen sich beispielsweise

sche Pfarrhaus. Mythos und Wirklichkeit, Leipzig 2013; zur Darstellung des protestantischen Pfarrhauses im Film Tiemann, Manfred: Leben nach Luther. Das protestantische Pfarrhaus im populären Film und TV, Wiesbaden 2017.

17 King, Entstehung, 80.

18 Vgl. Habermas, Religiosität. Rebekka Habermas' Arbeit ist im Rahmen des DFG-geförderten Sonderforschungsbereichs 177 „Sozialgeschichte des neuzeitlichen Bürgertums. Deutschland im internationalen Vergleich" entstanden, der ab 1986 an der Universität Bielefeld angegliedert war. Die Historikerin untersucht die Nürnberger Kaufmannsfamilie Merkel und später Roth über mehrere Generationen und hundert Jahre hinweg (1750–1850), und kann dabei auf einen umfassenden Familiennachlass der Mercklschen Familienstiftung zurückgreifen, der im Nürnberger Stadtarchiv hinterlegt ist (vgl. Habermas, Frauen.). Sie untersucht diese Familiengeschichte als eine „typische" bürgerliche Familiengeschichte, verfolgt dabei jedoch eine „mikrohistorische Perspektive der historischen Anthropologie [...] [sowie einen, L.H.] geschlechtergeschichtlichen Ansatz" (Habermas, Frauen, 8).

19 Habermas, Frauen, 127.

in Bezug auf Kirchbesuche regionale Unterschiede sowie ein Nord-Süd-Gefälle, Männer besuchen seltener als Frauen die Kirchen,

> „die unteren Schichten, das entstehende Industrieproletariat, [besitzen, L.H.] weniger enge kirchliche Bindungen [...] als etwa das Bürgertum. Im Bürgertum freilich gehen in der Tat [...] in erster Linie Frauen in die Kirche, während Männer zunehmend von der Kirche fernbleiben.“[20]

Damit verbunden ist eine Veränderung der Wahrnehmung und Erfahrung des öffentlichen religiösen Lebens, wie folgendes Zitat verdeutlicht:

> „Taufe, Konfirmation, Heirat, Sterben, – die zentralen ‚rites de passages‘ im Leben eines Menschen – die wichtigen Momente, in denen die Kirche öffentlich wirksam in das Leben der Menschen eingreift, es strukturiert und durch öffentliche Riten mit Bedeutung versieht, verlieren immer mehr den Charakter öffentlich vorgenommener und in der Gemeinschaft einer Stadt erfahrener Übergangsrituale: Sie werden zu Ereignissen, die allein als individuelle bzw. familiale Ereignisse wahrgenommen und – emotional mehr und mehr aufgeladen – erlebt werden. Sie werden zu intimen gefühlvollen Augenblicken.“[21]

Habermas nennt als Beispiele das Feiern von Taufen oder das Abhalten von Abendmahlsfeiern in bürgerlichen Privat-Haushalten, welche ihren „öffentlichen Charakter“ verlieren und im engeren Familienkreis abgehalten werden, „ohne Teilnahme der Dienstboten und Nachbarschaft“.[22] Parallel zu der Verlagerung religiösen Lebens und religiöser Praxen ins Private entwickelt sich eine Familiarisierung der Religion. In dieser familialisierten, genuin bürgerlichen Religion „sakralisiert sich der familiäre Raum“,[23]

---

[20] Habermas, Religiosität, 125. Mit Olaf Blaschke sei darauf verwiesen, dass sowohl der Entwurf von Religionen als mehr oder weniger männlich bzw. weiblich als auch die mehr oder weniger religiösen Geschlechtscharaktere als eine Konstruktion zu verstehen sind. „Im 18. Jahrhundert [...], vor der Polarisierung der Geschlechtscharaktere, wiesen Begriffe wie Mann und ‚männliche Religion‘ noch andere Konnotation auf: Sie bezogen sich nicht notwendig auf ‚gender‘, sondern auf die Höherentwicklung der Zivilisationsstufen von der kindlichen zur erwachsenen, reiferen, höher gebildeten Religion im Mannesalter [...]. Demnach sei ‚das Christenthum die Männliche Religion‘ und ‚an die Stelle jenes anfänglichen Unterrichts der menschlichen Vernunft in ihrem Kinder-Stande getreten‘ [...]. Die eindeutigen Zuweisungen von männlichem Luthertum und weiblichem Katholizismus sind erst ein Ergebnis der geschlechtlichen Polarisierungen im 19. Jahrhundert. Jetzt galten nicht nur Religionen und Konfessionen als männlich oder weiblich, sondern auch ihren männlichen und weiblichen Akteuren wurden divergierende Eigenschaften zugeschrieben. Frauen und Religion rückten in der damaligen Vorstellungswelt enger aneinander, Männer und Religion entfernten sich voneinander“ (Blaschke, Olaf: Religion ist weiblich. Religion ist männlich. Geschlechtsumwandlungen des Religiösen in historischer Perspektive, in: Sammet, Kornelia u. a. (Hg.): Religion und Geschlechterordnungen, Wiesbaden 2017, 79–98, 80).

[21] Habermas, Religiosität, 127.

[22] Habermas, Religiosität, 128.

[23] Habermas, Religiosität, 128.

> „jedes Christenhaus [soll, L.H.] nun eine Kirche sein, [...] in der Innenarchitektur bürgerlicher Wohnräume beginnen sich Profanes und Sakrales zu vermischen: Kruzifix und Familienbild bilden den gemeinsamen Hausaltar; die Innenräume verwandeln sich in Trutzburgen von Moral und Anstand: Weiße, immer häufiger gewaschene Wäsche, Spitzen aus feinstem Batist und die Trennung von Wohn-, Speise- und Schlafräumen, die mit der Trennung vom Personal einhergeht, schaffen eine Atmosphäre ‚reinster Sittlichkeit'".[24]

Zentral an diesen bürgerlichen Lebensbedingungen ist, dass sie den Geschlechtern ganz spezifische Rollen und Räume zuweisen. In der bürgerlichen Geschlechterdichotomie steht die Kultur der Natur gegenüber, der Verstand dem Körper, die Rationalität der Emotionalität: Und während Kultur, Verstand und Rationalität für das öffentliche Leben stehen und männlich konnotiert sind, werden Natur, Körper und Emotionalität dem Privaten zugeordnet, sind weiblich konnotiert und markieren das „Andere".[25] In dieser Traditionslinie steht auch die Konstruktion der Unterschiedlichkeit von männlichen und weiblichen religiösen Geschlechtscharakteren, bei Frauen wird der gefühlsbetonte weibliche Sozialcharakter hervorgehoben, dessen Frömmigkeitspraktiken häufig in pietistischer Ausrichtung beschrieben werden.[26]

Zu Beginn des 19. Jahrhunderts entwickelt sich somit eine spezifische Religiosität bürgerlicher Frauen, die „von zentraler Bedeutung für die Herausbildung von ‚Bürgerlichkeit als kulturellem Habitus' ist."[27] Religion stellt hierbei ein, wenn nicht *das* zentrale Feld bürgerlich-weiblicher Identitätsentwürfe dar, auf dem sich die „weibliche Seite des kulturellen Habitus des Bürgertums entwickelte".[28] Die Dichotomisierung der Geschlechter im Sinne einer geschlechtsspezifischen Trennung von Privatem und Öffentlichem kann regelrecht als „Ausweis von Bürgerlichkeit"[29] bezeichnet werden. Und so sind es die „bürgerlichen Frauen, die für die Religion im privaten Raum zuständig sind, die sie in Szene setzen, verändern und weitergeben [...]. Religion wird damit zum zentralen Bestandteil der ‚weiblichen Eigenthümlichkeit' bürgerlicher Frauen"[30] – wie es damals hieß. Erkennbar wird ein dynamisches Wechselspiel zwischen männlicher und weiblicher Lebenswelt, bei dem im vorliegenden Beitrag der Fokus auf die Konstruktion der weiblichen Lebenswelt gelegt wird.[31]

---

24 Habermas, Religiosität, 128f.

25 Aulenbacher, Alles, 23.

26 Vgl. Blaschke, Religion; Habermas, Religiosität, 132.

27 Habermas, Religiosität, 126.

28 Habermas, Religiosität, 126.

29 Habermas, Religiosität, 126.

30 Habermas, Religiosität, 129.

31 In der nachfolgenden Argumentation geht es darum, dies sei an dieser Stelle nochmals betont, gröbere Entwicklungspfade zu zeichnen, auch wenn klar ist, dass „die Entwicklung bürgerlicher Identitäten als Prozeß zu verstehen ist, der sich über Generationen erstreckt hat, und der keineswegs gradlinig noch gar zielgerichtet verlaufen ist: Im Gegenteil, es

2. Die Zivilisationshüterin

Dass Frauen ihre Frömmigkeit in der Familie leben, knüpft an bestehende, traditionelle Rollenaufteilung sowie die „spezifischen Zuständigkeiten der Frauen für Geburt, Krankheit und Tod"[32] an und markiert eine bis heute andauernde Linie weiblicher Zuständigkeit für Reproduktion und Leiblichkeit, für Sorge-Tätigkeiten. Während die neu entstehende Form der kapitalistischen Lohnarbeit männlich konnotiert ist und in der Öffentlichkeit praktiziert wird, entwickelt sich das

> „Haus zur Privatsphäre, zu einer Art ‚Binnenraum' der modernen Gesellschaft, welche *anderen*, geradezu entgegengesetzten Regeln gehorcht. Der Rationalisierung, Versachlichung und Artifizialisierung der anderen gesellschaftlichen Subsysteme stehen die Emotionalisierung und Subjektivierung, die Verlebendigung und Naturalisierung, die Humanisierung und Kultivierung der häuslichen Lebenswelt gegenüber".[33]

Damit verbunden sind sowohl die bereits beschriebenen Zuschreibungen der Geschlechtereigenschaften, die Karin Hausen als die „Polarisierung der Geschlechtscharaktere" (1976)[34] beschrieben hat, als auch eine Unsichtbarmachung, Feminisierung und materielle Entwertung weiblicher Tätigkeiten, welche gleichermaßen zum „Liebesdienst"[35] umgedeutet werden.[36]

Hierbei ist die „Familiarisierung" der Religion jedoch nicht nur als rigides Herrschaftsinstrument oder

> „Reaktion auf eine stärkere Trennung der Geschlechterräume zu verstehen, sie ist [...] treibender Motor im Konstituierungsprozeß einer neuen, spezifisch bürgerlich-

---

handelt sich um eine lange Geschichte, [...] – eine Geschichte höchst fragiler Selbstentwürfe, die sich im Moment ihrer Herausbildung schon wieder zu verändern beginnen." (Habermas, Religiosität, 126).

32 Habermas, Religiosität, 129.

33 Klinger, Cornelia: Leibdienst – Liebesdienst – Dienstleistung, in: Dörre, Klaus u. a. (Hg.): Kapitalismustheorie und Arbeit. Neue Ansätze soziologischer Kritik, Frankfurt a. M. 2012, 259–272, 259.

34 Hausen, Polarisierung.

35 Klinger, Leibdienst, 260.

36 Vgl. auch Aulenbacher, Alles, 24. „Und doch lastet das Gewicht alter Macht- und Herrschaftsverhältnisse schwer auf den modernen Zeiten. Die überkommenen gesellschaftlichen Ungleichheiten transformieren sich in moderne Klassen- und Geschlechterherrschaft. So wenig wie die Freiheit der Lohnarbeit die alte Asymmetrie zwischen Besitzenden und Besitzlosen außer Kraft setzt, sondern vielmehr in moderne Klassenherrschaft übersetzt, so wenig verschwindet die traditionale gesellschaftliche Asymmetrie zwischen den Geschlechtern. Die Teilung zwischen Öffentlichkeit und Privatsphäre wird – untypisch für den modernen Trend zu funktionaler Ausdifferenzierung – entlang der Linie der Geschlechterdifferenz personalisiert" (Klinger, Leibdienst, 260).

> weiblichen Identität: […] Im Rahmen der Inszenierung familiärer Religion nimmt der neue Geschlechtscharakter ‚Zivilisationshüterin' Gestalt an."[37]

Besonders verheiratete Frauen werden hier zur Hüterin von Kultur, Zivilisation und Moral, sie wirken dabei nicht nur in der eigenen Familie und bei der Erziehung der eigenen Kinder, sondern sie werden auch tätig in emotional sorgenden Tätigkeiten sowie in „jenen sozialkaritativen Betätigungsfeldern, die seit jeher von der Kirche besetzt und ihrem Selbstverständnis nach religiös legitimiert sind: Der Pflege von Kranken und Kindern und der Aufrechterhaltung von Moral und Sitte".[38] Diese Tätigkeiten lassen sich durch christliche Nächstenliebe ebenso begründen wie durch die als genuin weiblich markierten Eigenschaften. „Die Verteilung von Geschlechterrollen und die Gestaltung von Geschlechterverhältnissen sind ein wichtiges, wenn nicht das entscheidende Vermittlungsmoment"[39] von Religion und bürgerlicher Identität. Die Ehe spielt dabei eine zentrale Rolle: Die verheiratete Frau ist für das Private, für das Emotionale, Intime, Moralische zuständig. Dabei ist die ihr zugedachte Sphäre des Privaten durchaus politisch – auch wenn das damals nicht so gedeutet wurde –, ist die Frau doch „dazu da, zu erheitern und zu versöhnen, ihr Zauber, Ihre Heiterkeit und ihre Anmut […] [sollen] die Kühle und Langeweile des männlichen Berufs [kompensieren, L.H.]. Die Frau ist für die Poesie im prosaischen Alltag zuständig – ‚von Lieb erhellt / ist schön die Welt'".[40] Oder wie der Theologe und Gefängnisreformer Johann Hinrich Wichern (1808–1881) im 19. Jahrhundert

> „schreibt, und damit auch die kirchlichen Interessen verdeutlicht: ‚Wie will und kann die Kirche […] namentlich in unserer Zeit, wo ihr der Weg in die Häuser gerade auch durch […] Männer hundertfach versperrt ist, und wo diese in keiner Versammlung des Gottesdiensts erscheinen […] diesen Männern anders nahekommen als durch […] Frauen".[41]

Zusammenfassend lässt sich feststellen, dass für bürgerliche, verheiratete Frauen gerade die Kirche als Ort[42] sowie Religion als Praxis einen Zugang zu einem Identitätsentwurf und einem eigenen Betätigungsfeld bot, heute würden wir vielleicht sagen, zu Autonomie und Selbstverwirklichung. Bürgerliche Frauen konnten ihre Möglichkeitsräume und Tätigkeitsfelder erweitern durch religiös-moralisch begründetes Handeln und damit gesellschaftlich anerkannte

---

37 Habermas, Religiosität, 130.

38 Habermas, Religiosität, 132.

39 Weidner, Daniel: „Ein Schutzgeist weiblicher Frömmigkeit". Religion und Geschlecht im Bildungsroman am Beispiel von de Wettes Theodor, in: Schüz, Peter (Hg.): Religion und Lebensweg. Erkundungen im Spiegel des Romans „Theodor oder des Zweiflers Weihe" von W. M. L. de Wette, Baden-Baden 2022, 155–176, 156.

40 Weidner, Schutzgeist, 162.

41 Wichern, zitiert nach Habermas, Religiosität, 129.

42 Vgl. Sammet, Kornelia: Frauen im Pfarramt: Berufliche Praxis und Geschlechterkonstruktion (Religion in der Gesellschaft 18), Würzburg 2005, 77.

Rollen einnehmen, für die sie Respekt, Anerkennung und auch Macht erhielten. Auf Basis dieser Argumentation lassen sich die Entstehung von Frauenvereinen und Diakonissenhäusern zu Beginn des 19. Jahrhunderts deuten. Auf „der Grundlage einer Identität als ‚Zivilisationshüterin' fangen bürgerliche Frauen an, in öffentliche Räume vorzudringen und verändern damit die gerade erst [...] etablierte Geschlechterordnung."[43] Der Argumentation von Rebekka Habermas folgend, gehört es ebenfalls zur Entstehung und zum „Making" des Bürgertums, dass sich weibliche, bürgerliche Identitätsentwürfe ab dem ersten Drittel des 19. Jahrhunderts auch *in* und *über* öffentliche Tätigkeiten realisieren. Auf die Intimisierung von Religion und die geschlechtsspezifische Familiarisierung folgt somit wiederum ein Aufsprengen bzw. der Versuch, die engen Grenzen des Privaten und damit die eigenen Handlungsspielräume zu weiten.

Im Medium der Religion können sich bürgerliche Frauen damit neue Räume und Machtpositionen erschließen und dem „Bedürfnis nach eigenen, d. h. in diesem Fall auch von Männern unabhängigen, Kommunikations- und Anerkennungsformen"[44] nachkommen. Bürgerliche Männer haben hierbei seit Ende des 18. Jahrhunderts vielfältige Formen der geselligen und politischen Öffentlichkeit etabliert – vom Lesekabinett über Billardsäle – in denen Wissen ausgetauscht und berufliche Netzwerke aufgebaut wurden. Die nun entstehenden Frauenvereine[45] können als Sozialisationsort und damit Religion als ein rarer Zugang zur Öffentlichkeit gedeutet werden: „was insofern von besonderer Bedeutung ist, als

---

43 Habermas, Religiosität, 131.

44 Habermas, Religiosität, 134.

45 Ab dem ersten Drittel des 19. Jahrhunderts bilden sich zahlreiche Frauenvereine heraus, die in Ausrichtung zumeist sozial-karitativ oder religiös ausgerichtet bzw. dem kirchlichen Bereich zuzuordnen sind. Habermas nennt u. a. folgende Beispiele: „In Nürnberg etwa wird die ‚Industrieschule für Mädchen' 1793 eröffnet, 1825 folgt der erste ‚Theresienfrauenverein', der sich um arme und gebrechliche, jedoch unbescholtene, d. h. verheiratete Wöchnerinnen kümmert, 1831 der ‚Verein der Kleinkinderschule'. 1842 entsteht der ‚Weibliche Kranken- und Hilfsverein', dessen Mitglieder nicht nur Kranke besuchen, sondern sie auch mit Trost- und Erbauungsschriften versorgen. Der ‚Verein gegen Prunksucht und Luxus' wird 1843 ins Leben gerufen." (Habermas, Religiosität, 132). Hier deutet sich eine in dieser Zeit entstehende bürgerliche Fürsorge an, die in ihrer Objektivierung „der Armen" oder „der Hilfsbedürftigen" häufig patriarchale oder missionarische Züge trug. Mit Georg Simmel lässt sich von einer Sozialfigur des Armen sprechen, die erst durch die gesellschaftliche Zuschreibung hervorgebracht wird (vgl. Simmel, Georg: Der Arme, in: Dahme, Heinz-Jürgen (Hg.): Soziologie. Untersuchungen über die Formen der Vergesellschaftung, Georg-Simmel-Gesamtausgabe 2, Frankfurt a. M. 1992, 512–555). Im Zuge der Hilfeleistung entsteht hierbei eine neue Recht-Pflicht-Beziehung sowie eine Moralisierung, die mit der Gegenüberstellung von „richtiger" und „falscher", „legitimer" und „illegitimer" Lebensführung operiert. Der wunderbare Titel des „Vereins gegen Prunksucht und Luxus" verweist zum einen auf den bürgerlichen Selbstbehauptungskampf gegen den Adel, zum anderen kann gefragt werden, ob damit nicht auch das eigene bürgerliche Leben als Referenzpunkt genommen bzw. der eigene soziale Standpunkt unreflektiert zum Ausgangspunkt der neuen Fürsorge erhoben wurde.

sich die meisten Öffentlichkeiten des städtischen Raumes für bürgerliche Frauen zu Beginn des 19. Jahrhunderts zunehmend" verschlossen haben.[46]

Neben den bürgerlichen verheirateten Frauen, die im Zeichen der Religion und in der Rolle der Zivilisationshüterin öffentliche Sphären zurückerobern, etablieren sich ab dem Jahre 1836 mit den Diakonissenanstalten Möglichkeiten für unverheiratete Frauen, die hier als Kindergärtnerinnen, Lehrerinnen und Krankenschwestern ausgebildet werden. Hier eröffnete sich den Frauen sogar die Herausbildung einer weiblichen Berufsidentität.[47] Als Diakonissen konnten Frauen im Protestantismus „ein ehrbares Leben ohne Ehemann führen [...]. Dadurch boten sich Individualisierungs- und Emanzipationschancen für Frauen. Der Preis dafür war [häufig, L.H.] die Abhängigkeit vom Mutterhaus", welche in patriarchale Strukturen eingepasst war und männlicher Kontrolle unterstand.[48] Dennoch bleibt festzuhalten, dass es im Protestantismus somit eine partielle Öffnung für Frauen gab, die nun z. B. als Diakonissen tätig sein konnten. Im Gegensatz zu anderen Berufen, bei denen z. B. Juristinnen die Tätigkeit als Richterin gerade aufgrund ihres angeblich gefühlsbetonten Handelns zu Beginn des 20. Jahrhunderts noch versagt wurde,[49] ist der weibliche Sozialcharakter hier mit einem spezifischen Tätigkeitsfeld vereinbar.

3. Das evangelische Pfarramt und die Bedeutung der Pfarrfrau

Im Zuge der Herausbildung des Bürgertums verändert sich auch das evangelische Pfarramt. Mit der Reformation transformiert sich das Pfarramt von einem „geistliche[n] Stand zu einem bürgerlichen Stand",[50] was vor allem darauf zu-

46 Simmel, Arme, 135.

47 Vgl. Simmel, Arme, 136.

48 Sammet 2005, 80. Neben der patriarchalen Mutterhaus-Struktur Theodor Fliedners (1800–1864) gab es auch Diakonissen in der Tradition Amalie Sievekings (1794–1859). Dort lebten die Frauen selbstverwaltet, unabhängig „von kirchlicher Struktur und männlicher Leitung". (Witt, Almut: Zur Entwicklung kirchlicher Frauenberufe Ende des 19. Jahrhunderts, in: Frauenforschungsprojekt zur Geschichte der Theologinnen, Göttingen u. a. [Hg.]: „Darum wagt es Schwestern ...". Zur Geschichte evangelischer Theologinnen in Deutschland [HTSt 7], Neukirchen-Vluyn 1994, 41–54, 43.) Für Hinweis und Beleg danke ich Sarah Banhardt.

49 Vgl. Huerkamp, Claudia: Weibliche Konkurrenz auf den akademischen Arbeitsmärkten. Zu einigen Ursachen und Hintergründen der bürgerlich-akademischen „Krise" in den 1920er Jahren, in: Tenfelde, Klaus / Wehler, Hans-Ulrich (Hg.): Wege zur Geschichte des Bürgertums. Vierzehn Beiträge, Göttingen 1994, 273–288, 281.

50 Paul Drews, zit. nach Braune-Krickau, Tobias: Wie der Pfarrer „anders" wurde. Pastoraltheoretische Umbrüche in den langen 1960er Jahren, in: Greifenstein, Johannes (Hg.): Praxisrelevanz und Theoriefähigkeit. Transformationen der Praktischen Theologie um 1968 (PThGG 27), Tübingen 2018, 59–83, 66.

rückzuführen ist, dass der Pfarrberuf durch die Akademisierung seiner Ausbildung Teil der bürgerlichen Berufe wurde. Mit der Akademisierung verbunden war eine berufsständische Strategie bzw. Orientierung am Beamtenstatus, welche auch als eine Reaktion auf den zuvor häufig prekären sozialen und materiellen Status der Pfarrer interpretiert wird.[51] In historischer Perspektive lassen sich verschiedene Formen der Verfasstheit des Pfarramtes sowie mehrere Umbrüche und auch Verfallsdiskurse des Pfarramtes rekonstruieren.[52] Für die vorliegende Analyse ist nun die Frage relevant, wie sich im Zuge des Bedeutungswandels und der Familiarisierung der Religion das evangelische Pfarramt in der zweiten Hälfte des 19. Jahrhunderts veränderte. Als Reaktion auf die Krise und als neue Ermächtigungsstrategie wird das Pfarramt, so die hier vertretene These, zu einem Hort christlicher Erziehung, protestantischer Bildung und einer vorbildlichen Lebensweise, die sich vor allem aus der Ehe des Pfarrers mit seiner Pfarrfrau und ihren Kindern ableitet. Es kommt zu einer neuen Konzeption des evangelischen Pfarrstandes, welcher in der Gemeinde lebt und einen weltlichen Haushalt führen darf, dabei aber über seine Vorbildfunktion für die Gemeinde eine besondere, fast *entrückte* Stellung erhält. Die dem Pfarramt innewohnende Geschlechter- und Familienordnung, welche sich genau aus der Vermischung christlicher Tugenden und bürgerlicher Lebensführung speist, wird somit zur Grundlage für den Herrschafts- und Legitimationsanspruch des bürgerlich-evangelischen Pfarramtes ab der zweiten Hälfte des 19. Jahrhunderts.

In der RGG der Ausgabe von 1961 – und damit kurz vor der Zäsur von 1968 – heißt es unter dem Stichwort Pfarrhaus:

> „Das ev. Pfarrhaus ist in seiner Struktur und Bedeutung durch die Familie des Pfarrers bestimmt. Die reformatorische Erkenntnis der geistlichen Dignität von Ehe und Familie fand in den Familiengründungen ev. Pfarrer eine vorbildhafte Konkretion. Die geistlichen und kulturellen Gehalte der kirchlichen Tradition erhielten durch die Entfaltung einer christlich-bürgerlichen Familienkultur im Pfarrhaus besondere Ausstrahlungskraft und Kontinuität.“[53]

---

[51] Vgl. Sammet, Kornelia: „Ein Pfarrer ist immer im Dienst“. Struktur und Wandel beruflicher Kulturen des evangelischen Pfarramtes, in: Müller-Hermann, Silke u. a. (Hg.): Professionskulturen – Charakteristika unterschiedlicher professioneller Praxen (Edition Professions- und Professionalisierungsforschung 10), Wiesbaden 2018, 129–149, 135. Dort auch: „In der zweiten Hälfte des 19. Jahrhunderts geriet das Pfarramt in eine Krise. Es hatte insbesondere durch die Ermöglichung des Kirchenaustritts in die Konfessionslosigkeit im Jahr 1873, die Einführung der Zivilstandsregister im Jahr 1890 und die Übernahme der Schulaufsicht durch den Staat öffentliche Funktionen in den Bereichen Administration, Sozialpflege und Bildung verloren. Der Unterhalt der Pfarrer, der sich aus Pfründen und Gebühren für die einzelnen kirchlichen Amtshandlungen zusammensetzte, wurde unsicherer. Besonders in den Städten machte sich die zunehmende Entkirchlichung der Bevölkerung auf eine für die Pfarrer existenzbedrohende Weise bemerkbar“.

[52] Vgl. zu der Krise 1968 Braune-Krickau, Pfarrer.

[53] Köster, R.: Art. „Pfarrhaus“, in: RGG[3] 3 (1961), 303–305, 303.

Auch Wolfgang Steck verweist auf die Bedeutung der „Pfarrfamilie als Sinnbild christlichen und bürgerlichen Lebens“[54] und beschreibt dies wie folgt:

> „Im Pfarrhaus gibt es die Trennung von Innenwelt und Außenwelt nicht. Sie ist vom Vater des Hauses außer Kraft gesetzt. Denn der Pfarrer kennt weder die strikte Trennung von Arbeitszeit und Freizeit noch die genaue Unterscheidung von Wohnhaus und Arbeitsstätte. Er wohnt nicht nur im Haus, sondern er arbeitet zu Hause. Er ist zu Hause, was er von Berufs wegen ist. [...] Wie die beruflichen Situationen des Pfarrers von Privatheit und Intimität gekennzeichnet sind, so nimmt die Familie umgekehrt in ihren privaten Beziehungen an seiner beruflichen Welt teil. Und wie die Familie ihren Vater immer zugleich als Pfarrer erlebt, so nehmen die anderen den Pfarrer, ihren Pfarrer, als Vaterfigur wahr. Der Pfarrer ist in seiner Gemeinde zu Hause. Und in seinem Hause ist er im Beruf“.[55]

Der Pfarrer als Vater der Gemeinde und religiöse Autorität, oder genauer gesagt, die Verkopplung der religiösen Autorität des Pfarramts mit der häuslichen Autorität des Vaters, bringt im Zuge der Reformation somit eine genuin männlich konnotierte Rolle des Pfarrers hervor.[56] Zum Pfarramt gehört aber nicht nur „die Verknüpfung des ‚Hirtenamtes‘ mit dem Amt des Hausvaters, [sondern, entsprechend der bürgerlichen, dualen Geschlechterrollen, steht L.H.] [...] dem Pfarrer gegenüber [...] die Pfarrfrau, deren Aufgaben komplementär auf die des Pfarrers bezogen waren“.[57]

Das Stichwort der Pfarrfrau taucht in der Ausgabe der RGG von 1961 das erste Mal auf. Es wird auf die magere Auswertung der Quellen verwiesen, die eine Geschichte der Pfarrfrauen erschwert und dann heißt es:

> „die Kinderzahl war bis in die jüngste Vergangenheit hinein groß, die Gehälter der Männer waren oft gering, die Pfarrfrau musste bisweilen das Pfarrgut selbst bewirtschaften, den Acker bestellen oder im Haus durch Handarbeit ‚dazuverdienen‘. Verfolgungs- und Kriegszeiten verschärften die Lage oft erheblich. Gastfreiheit und Bereitschaft, gegen Entgelt Schüler und Studenten in ihr Haus aufzunehmen, waren für viele Pfarrfrauen selbstverständlich. Der Mangel einer geregelten Witwen- und Wai-

[54] „Die Glaubwürdigkeit der Verkündigung und der Organisation Kirche ist demnach hochgradig davon abhängig, dass die private Lebensführung dem, was gepredigt wird, entspricht. Auch sein privates Verhalten ist Maßstab dafür, ob der Amtsträger ein guter Pfarrer ist. Diese beispielhafte Performanz eines guten und richtigen christlichen Lebens wird nicht nur vom Amtsträger, sondern ebenfalls von seiner Familie erwartet“ (Sammet, Pfarrer, 139.)

[55] Steck, Wolfgang: Im Glashaus. Die Pfarrfamilie als Sinnbild christlichen und bürgerlichen Lebens, in: Greiffenhagen, Martin (Hg.): Das evangelische Pfarrhaus. Eine Kultur- und Sozialgeschichte, Stuttgart ^{2}1991, 109–125, 117.

[56] Vgl. Sammet, Frauen, 74.

[57] Sammet, Kornelia: Die Bedeutung des Geschlechts im evangelischen Pfarramt, in: GENDER – Zeitschrift für Geschlecht, Kultur und Gesellschaft, 2 (1) (2010), 81–99, https://nbn-resolving.org/urn:nbn:de:0168-ssoar-394025 (abgerufen am 8.3.2022), 82.

> senversorgung lag als Druck auf ihnen; die Pfarrerswitwen heirateten entweder den Nachfolger des verstorbenen Ehemannes oder gaben ihm eine Tochter zur Ehe."[58]

Beim Lesen des Zitats lässt sich zum einen ablesen, welche Veränderungen mit dem sich über einen langen Zeitraum erstreckenden Prozess der Verbürgerlichung des Pfarramts verbunden waren. Zum anderen fällt der starke Kontrast zu der zuvor umrissenen bürgerlichen Lebenswelt auf und damit eine Diskrepanz zwischen Mythos und Realität. Nicht die Pflege und Verschönerung der bürgerlichen Wohnräume oder Kultivierung der häuslichen Lebenswelt, nicht die ehrenamtliche Pflege und Erziehung werden geschildert, sondern die Pfarrfrau ist eine (erwerbs-)tätige, wenn auch keine lohnabhängig beschäftigte Frau. Die vielfältigen Aufgaben der Reproduktionsarbeit und die materielle Not klingen ebenso an wie die Tradition weiblicher Verfügbar- und Dienstbarkeiten, die besonders plakativ wird in der Weitergabe der Pfarrfrauen oder Pfarrtöchter an den Nachfolger. Die Pfarrfrau ist hierbei weder ihre eigene Herrin, noch scheint sie um ihrer selbst willen zu existieren, fast wie ein Mobiliar verbleibt sie im Todesfall des Pfarrers im Pfarrhaus und erwirbt ihre Daseinsberechtigung darüber, auch die Ehe- und Pfarrfrau des neuen Pfarrers zu werden. Hier zeigt sich der „feudale, herrschaftliche, eben lehnsherrliche Kern, der im Inneren der bürgerlichen Geschlechterverhältnisse steckt".[59]

In der RGG von 2003 beginnt der Eintrag zur Pfarrfrau mit dem Hinweis, dass im Zuge der Konsolidierung des protestantischen Pfarrberufs auch dessen Pendant entstand, der „Beruf" der Pfarrfrau, der tatsächlich als Teilhabe an der vocatio des Pfarrers verstanden wurde. Als Hausmutter und ‚Mitregentin' des Pfarrhauses war die Pfarrfrau ‚Gefährtin' ihres Mannes, wie z. T. auch „Priesterin" in ihrer Zuständigkeit für Kinder, Wöchnerinnen und Sterbende.[60] Verwiesen wird hierbei auf die im 19. Jahrhundert nochmals stark anwachsenden Aufgaben der Pfarrfrauen, sie umfassen sozial-diakonische, bildungsbezogene, musikalische, medizinisch-fürsorgliche, organisatorische und verkündigende Tätigkeiten.[61] Durch die Begriffe der Teilhabe an der vocatio, der Mitregentin oder Gefährtin wird – im Gegensatz zum ersten Zitat aus der RGG zu den Pfarrfrauen aus dem Jahre 1961 – eine deutliche Aufwertung sichtbar, welche auch auf den Einfluss und das Zusammenspiel von veränderter sozialer Praxis, ver-

---

58 Jannasch, Wilhelm: Art. „Pfarrfrau", in: RGG^3 5 (1961), 301–303, 302.

59 Kuster, Erinnern, 19. Dort auch: „Es ist aber sehr bemerkenswert, dass die bürgerlichen Geschlechterverhältnisse in Gänze von Beginn an und in konstitutiver Weise ungleichzeitig waren. Denn die Struktur der bürgerlichen Geschlechterordnung steht ‚in glattem Widerspruch zur Struktur der bürgerlichen Gesellschaft', insofern der Einfamilienhaushalt, der die Grundeinheit dieser Gesellschaft bildet, ‚eine patriarchalische Despotie und damit das verkleinerte Abbild der Gesellschaftsordnung' ist, welche das Bürgertum gerade ablehnt und bekämpft: ein hierarchisches System persönlicher Abhängigkeiten".

60 Enzner-Probst, Brigitte: Art. „Pfarrfrau", in: RGG^4 4 (2003), 1226f., 1226.

61 Vgl. Enzner-Probst, „Pfarrfrau", 1227.

änderter Theoriebildung und Geschlechterbildern verweist.[62] Im bürgerlichen Paar- und Eheverständnis wird die Pfarrfrau rückblickend nun nicht nur zur dualen Ergänzung, sondern zum Teil des Amtes, sie trägt zur Bevollmächtigung des Pfarrers bei.

Sichtbar wird, wie sich im Protestantismus ab dem 19. Jahrhundert bürgerliche und theologische Konzeptionen von Geschlechterverhältnis und Pfarramt wechselseitig bedingen: Der Pfarrberuf wird als ein leitendes Amt konzipiert, welches in Analogie zur Familie über die Position des Hausvaters hergeleitet wird.[63] Dieses Amt ist jedoch nur umfassend zu verstehen, wenn die komplementären und dual konstruierten Tätigkeiten der Pfarrfrauen miteinbezogen werden. Das Pfarramt besteht nicht nur aus einem Pfarrer, der etwas Hilfe bekommt, sondern die Pfarrfrau ist *Teil* des Amtes. Dies zeigt sich auch daran, dass die Pfarrfrauen offiziell keine eigene Berufstätigkeit haben durften. Die Pfarrfrau tritt hierbei nicht nur in ihren mannigfaltigen Aufgaben hervor – als unabdingbare Arbeitskraft und Entlastung zahlreicher Tätigkeiten des Pfarrers, als fürsorgende Mutter der eigenen Familie und der Gemeinde, als Quelle von Emotionalität und unentgeltlichem Liebesdienst – sondern durch ihre Bedeutung für das Amt: Sie ist die Zivilisationshüterin, das Vorbild und der Ausweis der moralischen Qualität des Pfarrhauses. Dies lässt sich sowohl an den Pfarrbräutekursen und Pfarrfrauenrüstzeiten erkennen, als auch an der Tatsache, dass es häufig einer Zustimmung der Kirchenleitung zur Brautwahl des Pfarrers bedurfte.

4. Zur Prägekraft der bürgerlichen Geschlechterverhältnisse

In der Rolle der Pfarrfrau als bürgerliche, weibliche Zivilisationshüterin liegt eine Prägekraft, die das Pfarramt und seinen Öffnungsprozess für Frauen entscheidend geformt haben und immer noch formen. Die bürgerliche Konstruktion einer spezifisch weiblich-konstruierten religiösen Identität baut auf einer subjektiven und antiinstitutionellen, eben nicht rationalen, sondern sinnlich und körperlich erfahrbaren Beziehung zu Gott auf.[64] Die hierin begründete Sitt-

[62] Vgl. zum Verhältnis von feministischer Theoriebildung, Frauenbewegung und Frauenordination Woodhead, Linda: Wie der Feminismus die Religionsforschung revolutioniert hat, in: Sammet, Kornelia u. a. (Hg.): Religion und Geschlechterordnungen, Wiesbaden 2017, 37–48; sowie Kuhlmann, Protestantismus. Der Aufwertung vorausgegangen sind auch die bereits beschriebene Akademisierung und Orientierung des Pfarrberufs am Beamtentum, mit der eine Sicherung der Lebensverhältnisse durch das feste und höhere Gehalt der Pfarrer sowie die Einführung einer Hinterbliebenenversorgung und Krankenversicherung verbunden waren (vgl. Jannasch, „Pfarrfrau", 302), die auch die Stellung und Lebensumstände der Pfarrfrauen verbessert haben.

[63] Vgl. Sammet, Pfarrer, 144.

[64] Vgl. Sammet, Bedeutung, 93.

lichkeit der Frauen knüpft dabei nicht nur an eine idealisierte Form der inneren Reinheit an,[65] sondern konstruiert die Frau in einer ambivalenten Doppelrolle, moralisch überlegen, aber sozial unterlegen zu sein.[66] Frauen wurden zur idealtypischen Repräsentation der religiösen Gemeinschaft und ihnen wird oder wurde die Position zugeschrieben, Bindekraft zwischen Kirche und Familie bzw. Religion und Männern zu sein und damit als harmonisierende Kraft in Familie und Gesellschaft, sprich zwischen den Klassen zu wirken. Diese Integrationskraft ist jedoch, so die Vorstellung, nicht mit einer öffentlichen Berufs- oder Machtposition vereinbar, sondern die Sittlichkeit speist sich gerade aus gemeinnütziger, unentgeltlicher Tätigkeit, man könnte auch sagen, aus der sozialen Unterlegenheit der Frauen.

Die religiös begründete und bürgerlichen Praktiken entspringende Rolle der Frau als Zivilisationshüterin macht dabei auch

> „die Ehegatten [...] zu abhängigen Objekten der weiblichen Zivilisationsaufgabe – abhängig insofern, als die männliche bürgerliche Identität just auf diesem den Frauen geschuldetem ‚Zivilisationsvorsprung' vor dem Adel und vor dem entstehenden Industrieproletariat aufbaut. Mehr noch: Ein solches bürgerliches Selbstverständnis erhebt den verheirateten Mann zur Norm".[67]

Der evangelische Pfarrer ist somit nicht nur Amtsträger, sondern auch ein *verheirateter* Mann, dem eine Pfarrfrau zur Seite steht. In einer historischen Perspektive lässt sich zeigen, dass die Herausbildung des Bürgertums gerade dadurch gelang, dass das Bürgertum seine Identität in Abgrenzung zu Adel und Proletariat formulierte. Dabei wurde die bürgerliche „Überlegenheit" bzw. Anwartschaft auf gesellschaftliche Machtpositionen durch Bildung, Moral und Sittlichkeit begründet: Zentral waren hierbei die Ehefrauen.[68] Die Pfarrfrau als eingepreistes Pendant ergänzt somit nicht nur das männliche Pfarramt, sondern ermöglicht es überhaupt erst. Anders als der katholische Priester ist der evangelische Pfarrer nicht ein Amtsträger, der etwas Hilfe braucht, recht unabhängig, von wem. Sondern die Pfarrfrau war, so die hier entwickelte These, seit der Reformation Teil des Pfarramtes – und das Pfarramt wurde im Zuge der bürgerlichen Geschlechterordnung erst durch die Existenz der Pfarrfrau es selbst. Hier führ(t)en zwei Personen ein Amt aus und mit der Abwesenheit der Pfarrfrau fehlt nicht nur das, was sie tut, sondern es fehlt das, was sie ist bzw. für was sie steht: der moralische Ausweis und die Legitimität des Amtes.

Dies führt zu den Fragen, was passiert, wenn die lange Zeit mit der Pfarrfrau untrennbar verknüpfte moralische Legitimation des Pfarramtes nun von einer Person selbst geleistet werden muss? Und ob sich hier für die Geschlechter un-

[65] Vgl. Wohlrab-Sahr/Rosenstock, Religion, 291.
[66] Vgl. Wohlrab-Sahr/Rosenstock, Religion, 293.
[67] Habermas, Religiosität, 131.
[68] Vgl. Habermas, Religiosität.

terschiedliche Auswirkungen zeigen? Der Pfarrer, der keine Pfarrfrau mehr zur Ehefrau hat, die Pfarrerin, die keine Pfarrfrau an ihrer Seite hat und für die es kein Pendant des Pfarrmannes gibt? Zu vermuten ist, dass die Hypothek, selbst „Zivilisationshüterin“ und gleichzeitig Amtsträgerin sein zu müssen, auf Pfarrerinnen besonders lastet. Die beschriebene Geschlechterordnung, die im Rahmen dieses Beitrags auch anhand des Pfarramts und der Rolle der Pfarrfrau skizziert wurde, verweist auf den strukturellen Zusammenhang von Geschlecht und sozialer Integration, auf die Tatsache, dass sich Vergesellschaftung in Prozessen der Vergeschlechtlichung vollzieht.[69] Der seit den 1970er Jahren einsetzende Strukturwandel von Ehe- und Familie, neue Aushandlungsprozesse über Mutter- und Vaterrollen, über gleichberechtigte oder gleichgeschlechtliche Partnerschaften, über die Vereinbarkeit von Familie und Beruf fanden und finden gesamtgesellschaftlich statt und trugen und tragen zum Wandel des Pfarramts bei.

In der pastoraltheoretischen Debatte über die Verfasstheit und den Wandel des Pfarrberufs und veränderte Rollenmuster und -erwartungen werden häufig eine Rollendiffusion sowie eine gleichzeitige „Über- und Unterdeterminiertheit des Pfarrberufs“ betont.[70] Tobias Braune-Krickau interpretiert diese Debatte als Erbe der pastoraltheoretischen Theoriebildung der Jahre 1958–1974.[71] Mit einer geschlechtersensiblen Perspektive lassen sich diese Fragen auch als nicht gelöste Fragen interpretieren, die auch deshalb und so lange ungelöst geblieben sind und bleiben, wie die dem bürgerlichen Pfarramt inhärente Geschlechterkonstruktion und Bedeutung von Ehe und Familie nicht in die Überlegungen eingepreist werden. Mit der bürgerlichen Geschlechterordnung und den damit verbundenen Existenz- und Legitimationsgrundlagen des Pfarramtes kommen mehrere Forschungsperspektiven und damit auch mögliche neue Forschungsfragen in den Blick: Es kann aufgezeigt werden, wo und in welcher Form das Idealbild der Pfarrfamilie bis heute als Deutungsfolie und als Fluchtpunkt der Veränderungsprozesse fungiert.[72] Hierbei könnte beispielsweise untersucht werden, welche Bedeutung Familie für Pfarrerinnen und Pfarrer oder die Gemeinde heute hat oder welche normativen Vorstellung Pfarrer von Vaterschaft haben. Auch die in den 1980er Jahren etablierte Praxis, dass sich ein Ehepaar eine Pfarrstelle teilt, könnte in dieser Perspektive vertiefend untersucht werden. Darüber hinaus könnten weitere Analysen genauer zwischen Idealkonstruktion und empirischer Wirklichkeit unterscheiden und freilegen, welche

69 Vgl. Becker-Schmidt, Regina: Doppelte Vergesellschaftung von Frauen. Divergenzen und Brückenschläge zwischen Privat- und Erwerbsleben, in: Becker, Ruth/ Kortendiek, Beate (Hg): Handbuch Frauen- und Geschlechterforschung, Theorie, Methoden, Empirie (Geschlecht und Gesellschaft 35), Wiesbaden 2008, 65–74.

70 Braune-Krickau, Pfarrer, 61; vgl. auch Wagner-Rau, Ulrike: Auf der Schwelle: das Pfarramt im Prozess kirchlichen Wandels, Stuttgart 2012.

71 Vgl. Braune-Krickau, Pfarrer, 60.

72 Vgl. Hildenbrand, Leben, 14.

pluralen Realitäten es gab und gibt. Mit der Analyseperspektive auf die Geschlechterverhältnisse des bürgerlichen Pfarramts wird es möglich, die widersprüchlichen und dem Pfarramt inhärenten Strukturen zu beleuchten. Die zu Beginn des Beitrags formulierte „*innere Verbundenheit* des Gegenteiligen, [..., welche, L. H.] die *Gleichursprünglichkeit* des Entgegengesetzten“[73] zum Ausgangspunkt macht, preist sowohl in die Debatte um die Rollendiffusion als auch in die Diskussion um den Wandel und Bedeutungsverlust[74] des Pfarramtes das bürgerliche Geschlechterverhältnis mit ein. Letzteres stellt nicht nur ein bis heute wirkmächtiges Erbe dar, sondern die strukturelle Verfasstheit des Pfarramtes ist ohne eine Analyse der Geschlechterverhältnisse nicht zu leisten.

In der Debatte um die Differenz von Amt und Dienst wird an die herausgearbeiteten dichotomen Geschlechterrollen angeknüpft. So verweisen mehrere Studien zum Berufs- und Identitätsverständnis von Pfarrerinnen darauf, dass sich gerade die Pfarrerinnen der ersten Generation, aber auch aktuell amtierende Pfarrerinnen in ihrem beruflichen Selbstverständnis an jenen konstruierten weiblichen Geschlechtereigenschaften abgearbeitet haben und häufig auf ein genuin weibliches Berufsideal des *Dienstes* verweisen, welches im Kontrast zum männlichen Pfarr*amt* formuliert wird[75]. Die zahlreichen pastoralen Arbeitsfelder der Pfarrfrauen, aber auch der Diakonissen, stehen somit zum einen für die Anfänge von Verberuflichung, welche die Frauenordination begünstigt haben können. Zum anderen liegen hier jedoch auch Konfliktlinien, beispielsweise zwischen Pfarrfrauentätigkeiten und den ersten akademisch ausgebildeten Pfarrerinnen.[76] Eine Diskussion um gegenwärtige Krisen, Herausforderungen und das religiöse Selbstverständnis pastoraler Tätigkeiten gewinnt, so die hier vertretene Meinung, durch eine Analyse der bürgerlichen Geschlechterverhältnisse und der daraus resultierenden Rolle und Bedeutung der Pfarrfrau. Wie folgender Interviewausschnitt aus einer empirischen Arbeit von Kornelia Sammet zeigt, wirkt im Erbe des evangelischen Pfarramts nicht nur das ‚männliche Amt‘, sondern ebenso wirkmächtig auch der „Dienst der Pfarrfrau“:

---

73 Lessenich, Grenzen, 16.

74 Neben einer empirischen Analyse möglicher Rollendiffusionen ließe sich auch die wiederkehrende, diskursive Klage des Bedeutungs- und Funktionsverlustes des Pfarramtes auf der Folie der Geschlechterverhältnisse deuten. In einer Betonung der bürgerlichen Ideale des Pfarramtes werden das genuin männlich konnotierte Amtsverständnis sowie der Verkündigungsauftrag betont und – häufig unausgesprochen oder nur indirekt erwähnt – gegen eine wahrgenommene „Verflachung“ des Pfarramtes in Anschlag gebracht, welche spätestens seit der religiösen Liberalisierung im Zuge von 1968 Einzug erhalten habe – und damit ab dem Zeitpunkt, zu dem die Frauenordination begann.

75 Vgl. Sammet, Frauen; Senghaas-Knobloch, Theologin; Wagner-Rau, Ulrike: Zwischen Vaterwelt und Feminismus. Eine Studie zur pastoralen Identität von Frauen, Gütersloh 1992. „Genannt werden häufig Emotionalität und Sensibilität, Fürsorglichkeit, Solidarität, Partizipation statt Hierarchie und als besondere weibliche Kompetenzen Kommunikation und Seelsorge.“ (Sammet, Bedeutung, 85).

76 Vgl. Enzner-Probst, „Pfarrfrau“, 1227.

„Dass ich eigentlich versuche, Vater und Mutter, die ich zuhause erlebt habe, die Funktionen in einer Person zu vereinigen. Dass ich so eine gute Pfarrerin sein will, wie mein Vater Pfarrer war, und dass ich eigentlich auch so eine gute Pfarrfrau sein will, wie meine Mutter war. Dass ich genau diese Seite, dieses Versorgen, Bergen, seelsorgerlich Zuwenden, was meine Mutter meinem Vater eigentlich auch abgenommen hat in vieler Hinsicht, dass ich das eigentlich versuche, in meiner einen Person zu verwirklichen und dadurch auch tatsächlich manchmal mich übernehme."[77]

Literaturverzeichnis

Aulenbacher, Brigitte: Alles Kapitalismus? Zur Freilegung von Herrschaft durch die (pro-)feministische Gesellschaftstheorie, Sozialphilosophie und Geschlechterforschung, in: Dies. / Riegraf, Birgit / Völker, Susanne (Hg.): Feministische Kapitalismuskritik. Einstieg in bedeutende Forschungsfelder, Münster [2]2018, 14–31.

Becker-Schmidt, Regina: Doppelte Vergesellschaftung von Frauen. Divergenzen und Brückenschläge zwischen Privat- und Erwerbsleben, in: Becker, Ruth/ Kortendiek, Beate (Hg): Handbuch Frauen- und Geschlechterforschung, Theorie, Methoden, Empirie (Geschlecht und Gesellschaft 35), Wiesbaden 2008, 65–74.

Blaschke, Olaf: Religion ist weiblich. Religion ist männlich. Geschlechtsumwandlungen des Religiösen in historischer Perspektive, in: Sammet, Kornelia / Benthaus-Apel, Friederike / Gärtner, Christel (Hg.): Religion und Geschlechterordnungen, Wiesbaden 2017, 79–98.

Braune-Krickau, Tobias: Wie der Pfarrer „anders" wurde. Pastoraltheoretische Umbrüche in den langen 1960er Jahren, in: Greifenstein, Johannes (Hg.): Praxisrelevanz und Theoriefähigkeit. Transformationen der Praktischen Theologie um 1968 (PThGG 27), Tübingen 2018, 59–83.

Connell, Raewyn: Der gemachte Mann. Konstruktion und Krise von Männlichkeit (GUG 8), Opladen 1999.

Enzner-Probst, Brigitte: Art. „Pfarrfrau", in: RGG[4] 4 (2003), 1226f.

Habermas, Rebekka: Frauen und Männer des Bürgertums. Eine Familiengeschichte (1750–1850), Wiesbaden 2000.

Habermas, Rebekka: Weibliche Religiosität – oder: Von der Fragilität bürgerlicher Identitäten, in: Tenfelde, Klaus / Wehler, Hans-Ulrich (Hg.): Wege zur Geschichte des Bürgertums. Vierzehn Beiträge, Göttingen 1994, 125–148.

Hausen, Karin: Die Polarisierung der „Geschlechtscharaktere" – Eine Spiegelung der Dissoziation von Erwerbs- und Familienleben, in: Konze, Werner (Hg.): Sozialgeschichte der Familie in der Neuzeit Europas. Neue Forschungen, Stuttgart 1976, 363–393.

Hark, Sabine / Villa, Paula-Irene: Unterscheiden und herrschen. Ein Essay zu den ambivalenten Verflechtungen von Rassismus, Sexismus und Feminismus in der Gegenwart, Bielefeld 2017.

Hildenbrand, Katrin: Leben in Pfarrhäusern. Zur Transformation einer protestantischen Lebensform (Praktische Theologie heute 141), Stuttgart 2016.

Huerkamp, Claudia: Weibliche Konkurrenz auf den akademischen Arbeitsmärkten. Zu einigen Ursachen und Hintergründen der bürgerlich-akademischen „Krise" in den 1920er Jahren,

77 Interviewausschnitt Pfarrerin, zitiert nach Sammet, Bedeutung, 90.

in: Tenfelde, Klaus / Wehler, Hans-Ulrich (Hg.): Wege zur Geschichte des Bürgertums. Vierzehn Beiträge, Göttingen 1994, 273–288.

Jannasch, Wilhelm: Art. „Pfarrfrau", in: RGG^3 5 (1961), 301–303.

Klinger, Cornelia: Leibdienst – Liebesdienst – Dienstleistung, in: Dörre, Klaus / Sauer, Dieter / Wittke, Volker (Hg.): Kapitalismustheorie und Arbeit. Neue Ansätze soziologischer Kritik, Frankfurt a. M. 2012, 259–272.

Köster, R.: Art. „Pfarrhaus", in: RGG^3 3 (1961), 303–305.

Kuhlmann, Helga: Protestantismus, Frauenbewegung und Frauenordination, in: Hermle, Siegfried / Lepp, Claudia/ Oelke, Harry (Hg.): Umbrüche. Der deutsche Protestantismus und die sozialen Bewegungen in den 1960er und 70er Jahren (AKZG B 47), Göttingen 2012, 147–162.

Kuster, Friederike: Erinnern, Wiederholen und Durcharbeiten oder Wir können das, was wir unterschätzen, nicht wirksam zerlegen, in: Forster, Edgar / Kuster, Friederike / Rentorff, Barbara / Speck, Sarah (Hg.): Geschlecht-er denken. Theoretische Erkundungen, Opladen 2020, 14–53.

King, Vera: Die Entstehung des Neuen in der Adoleszenz. Individuation, Generativität und Geschlecht in modernisierten Gesellschaften (Adoleszenzforschung 1), Wiesbaden ^{2}2013.

Lessenich, Stephan: Grenzen der Demokratie. Teilhabe als Verteilungsproblem, Ditzingen ^{2}2019.

Sammet, Kornelia: „Ein Pfarrer ist immer im Dienst". Struktur und Wandel beruflicher Kulturen des evangelischen Pfarramtes, in: Müller-Hermann, Silke / Becker-Lenz, Roland / Busse, Stefan / Ehlert, Gudrun (Hg.): Professionskulturen – Charakteristika unterschiedlicher professioneller Praxen (Edition Professions- und Professionalisierungsforschung 10), Wiesbaden 2018, 129–149.

Sammet, Kornelia: Frauen im Pfarramt: Berufliche Praxis und Geschlechterkonstruktion (Religion in der Gesellschaft 18), Würzburg 2005.

Seidel, Thomas A.: Das evangelische Pfarrhaus. Mythos und Wirklichkeit, Leipzig 2013.

Senghaas-Knobloch, Eva: Vorwort, in: Sammet, Kornelia (Hg.): Frauen im Pfarramt. Berufliche Praxis und Geschlechterkonstruktion (Religion in der Gesellschaft 18), Würzburg 2005, 11–13.

Senghaas-Knobloch, Eva: Die Theologin im Beruf. Zumutung, Selbstverständnis, Praxis, München 1969.

Simmel, Georg: Der Arme, in: Dahme, Heinz-Jürgen (Hg.): Soziologie. Untersuchungen über die Formen der Vergesellschaftung, Georg-Simmel-Gesamtausgabe 2, Frankfurt a. M. 1992, 512–555.

Speck, Sarah: Paradoxe Modernisierung – Warum Gleichheit zu Ungleichheit wird, in: Forster, Edgar / Kuster, Friederike / Rentorff, Barbara / Speck, Sarah (Hg.): Geschlecht-er denken. Theoretische Erkundungen, Opladen 2020, 54–82.

Steck, Wolfgang: Im Glashaus: Die Pfarrfamilie als Sinnbild christlichen und bürgerlichen Lebens, in: Greiffenhagen, Martin (Hg.): Das evangelische Pfarrhaus. Eine Kultur- und Sozialgeschichte, Stuttgart ^{2}1991, 109–125.

Tenfelde, Klaus / Wehler, Hans-Ulrich: Vorwort, in: Dies. (Hg.): Wege zur Geschichte des Bürgertums. Vierzehn Beiträge, Göttingen 1994, 7–11.

Tiemann, Manfred: Leben nach Luther. Das protestantische Pfarrhaus im populären Film und TV, Wiesbaden 2017.

Wagner-Rau, Ulrike: Auf der Schwelle: das Pfarramt im Prozess kirchlichen Wandels, Stuttgart 2012.

Wagner-Rau, Ulrike: Zwischen Vaterwelt und Feminismus. Eine Studie zur pastoralen Identität von Frauen, Gütersloh 1992.

Weidner, Daniel: „Ein Schutzgeist weiblicher Frömmigkeit". Religion und Geschlecht im Bildungsroman am Beispiel von de Wettes Theodor, in: Schüz, Peter (Hg.): Religion und Lebensweg. Erkundungen im Spiegel des Romans „Theodor oder des Zweiflers Weihe" von W. M. L. de Wette, Baden Baden 2022, 155–176.

Witt, Almut: Zur Entwicklung kirchlicher Frauenberufe Ende des 19. Jahrhunderts, in: Frauenforschungsprojekt zur Geschichte der Theologinnen, Göttingen (Hg.): „Darum wagt es Schwestern…". Zur Geschichte evangelischer Theologinnen in Deutschland (HTSt 7), Neukirchen-Vluyn 1994, 41–54.

Wohlrab-Sahr, Monika / Rosenstock, Julia: Religion – soziale Ordnung – Geschlechterordnung. Zur Bedeutung der Unterscheidung von Reinheit und Unreinheit im religiösen Kontext, in: Lukatis, Ingrid / Sommer, Regina / Wolf, Christof (Hg.): Religion und Geschlechterverhältnis, Opladen 2000, 279–298.

Woodhead, Linda: Wie der Feminismus die Religionsforschung revolutioniert hat, in: Sammet, Kornelia / Benthaus-Apel, Friederike / Gärtner, Christel (Hg.): Religion und Geschlechterordnungen, Wiesbaden 2017, 37–48.

Internetquellen:

Sammet, Kornelia: Die Bedeutung des Geschlechts im evangelischen Pfarramt, in: GENDER – Zeitschrift für Geschlecht, Kultur und Gesellschaft 2 (1) (2010), 81–99, https://nbn-resolving.org/urn:nbn:de:0168-ssoar-394025 (abgerufen am 8.3.2022).

III. Theologische Perspektiven auf Frauenordination

Lukas Bormann

Grenzüberschreitende Frauen

Umbrüche in der Hermeneutik des Neuen Testaments

1. Vorbemerkung

Die Bedeutung des Neuen Testaments für die Diskussion um die Frauenordination ist erheblich. Die neutestamentliche Exegese als Fachdisziplin befasste sich allerdings mit den damit verbundenen historischen und philologischen Fragen in aller Regel erst dann, wenn sie durch die Diskussion um die Stellung der Frauen in Kirche und Gesellschaft zu Positionierungen gedrängt wurde. Die exegetisch-hermeneutische Herausforderung bestand in der Regel darin, dass die Fragen zur Stellung der Frauen, die sich aus der Veränderung der Frauenrolle in modernen Industriegesellschaften ergaben und sekundär in den kirchlich-theologischen Diskurs eindrangen, nur mittelbar auf der Basis der biblischen Texte, die antiken Agrargesellschaften entstammen, beantwortet werden konnten. Insbesondere kennen die alt- und neutestamentlichen Texte zwar religiöse Beauftragungen zu Gemeinschaftsfunktionen, aber keine Institution der Ordination in ein Amt auf Lebenszeit mit beamtenrechtlichen Implikationen.

In diesem Beitrag wird zunächst die Themenstellung für einen interdisziplinären Dialog dadurch zugänglich gemacht, dass unter 2. der kirchliche und theologische Beitrag der neutestamentlichen Exegese zum Diskurs um die Frauenordination analysiert wird. Auf dieser Basis werden im Hauptteil (3.) die Umbrüche in der neutestamentlichen Hermeneutik unter den Stichworten „Statuserringung“ und „Grenzüberschreitung“ dargestellt und analysiert. Dann werden unter 4. „Grenzüberschreitung als Phantasma“ einige Sachverhalte benannt, die weiterer Reflexion bedürfen. Hier sind insbesondere die Arbeiten von Joan Wallach Scott von Bedeutung. Ihre These von der libidinösen Bindung der Gender Studies an Phantasmen, von denen ambivalente Wirkungen ausgehen, wurde inzwischen auch von der feministischen Exegese aufgenommen. Ein Fazit (5.) fasst dann die Ergebnisse zusammen.

2. Schrifthermeneutik und Frauenordination

Die Kirchen der Reformation hatten gegenüber der Kirche des Papstes, also im heutigen Sprachgebrauch die katholische Kirche, eine grundlegende Entscheidung getroffen, die die Basis für die weitere Entwicklung bildete: Das sakralisierte Priesteramt, das auf der Weihe durch einen von Rom anerkannten Bischof beruhte, wurde aufgegeben und an dessen Stelle das sog. Priestertum aller Gläubigen, das allein auf der Taufe beruhte, gestellt. In den Worten Luthers: „Dem nach szo werden wir allesampt durch die tauff zu priestern geweyhet."[1] Nach Luther war im Prinzip jeder und jede Getaufte dazu berechtigt die beiden nach reformatorischem Verständnis verbliebenen Sakramente, also Heilszeichen der Kirche, das Abendmahl und die Taufe, zu vollziehen und das Wort Gottes zu verkündigen, d. h. zu predigen. Hinter dieser Entscheidung lag nun aber eben noch eine weitere für die Kirchen der Reformation grundlegende Reflexionsstufe: die Überzeugung, dass in der Kirche nur das als notwendig gelten solle, was in der „Schrift" begründet sei. Nach diesem Kriterium waren die sieben Sakramenten, die in der Papstkirche Gültigkeit hatten, auf zwei reduziert worden: Taufe und Abendmahl.

Die Verwaltung der Sakramente und die Predigt waren damit nicht mehr an den geweihten Priester oder an irgendeine andere Person oder Funktion gebunden. Es trat eine Vielzahl von Ordnungen des Gottesdienstes und der Kirchen an die Stelle der Priesterweihe, da man ebenso überzeugt war, dass die Sakramentsverwaltung geordnet vor sich gehen müsse, d. h. in irgendeiner Weise reglementiert werden musste. Der Verzicht auf ein sakralisiertes und ausschließlich durch ein bestimmtes institutionell gesichertes Ritual vergebenes Amt ist auch einer der Gründe dafür, dass aus der Reformation bis heute eine Vielzahl von Kirchen und religiöse Sondergruppen hervorgegangen sind und nach wie vor hervorgehen. Auf der Basis des Schriftprinzips und der Aufhebung der Priesterweihe sind Abspaltungen und Neugründungen keine prinzipiellen Grenzen gesetzt.

Diese Offenheit gilt auch gegenüber der Frage, welche Rollen Frauen in den reformatorischen Kirchen übernehmen können, dürfen und sollten. Das Postulat des Priestertums aller Gläubigen und das Schriftprinzip bieten keine Kriterien dafür, Frauen auszuschließen. Ihre Stellung wird als eine Frage der Ordnung aufgefasst, die aber nicht eigenständig theologisch, sondern durch den gesellschaftlichen Konsens bestimmt wird. Grenzen, die gegen die Mitwirkung von Frauen aufgerichtet werden, können nur auf einer sekundären Ebene gerechtfertigt werden, d. h. sie sind entweder aus der Schrift zu begründen oder aus den Ordnungsvorstellungen der Gesellschaft, nicht aber aus einem unverfügbaren sakralen Zentrum der christlichen Religion. Insofern sind die Diskurse um die

[1] An den Christlichen Adel deutscher Nation von des Christlichen Standes Besserung (1520), in: WA 6, 407, 22.

Frauenordination in den Kirchen der Reformation auf der einen Seite und der katholischen sowie den orthodoxen Kirchen auf der anderen voneinander weitgehend entkoppelt und fundamental voneinander geschieden. Nun könnte man noch versuchen hinter diese beiden Diskursräume „Schrift" und „Ordnung" zurückzufragen, um die Grundannahmen, die dazu führten, diese und keine anderen Diskursräume zu öffnen, zu analysieren. Es handelt sich jedenfalls, so viel sei gesagt, mit Blick auf die Rollen, die in diesen religiösen Gemeinschaften zugelassen sind, um eine grundsätzliche Entbiologisierung der Religion, die eine Vielzahl von Möglichkeiten eröffnet.

Die Faktoren „Schrift" und „Ordnung" bestimmten den Rahmen des Diskurses, in dem um die Stellung der Frauen in den reformatorischen Kirchen gestritten wurde und wird. Grenzüberschreitungen, um auf den Titel dieses Beitrags zu sprechen zu kommen, sind dann jeweils Grenzüberschreitungen mit Blick auf eine Ordnung, die mit den Ordnungsvorstellungen der Gesellschaft weitgehend übereinstimmt. Gesellschaftliche Entwicklungen wie das Recht von Frauen auf ein Universitätsstudium, das Frauenwahlrecht, die rechtliche Gleichstellung der Frauen in Beruf und Familie wirken recht unmittelbar auf die Ordnungsvorstellungen der reformatorischen Kirchen ein. Die Frage nach der Stellung der Frauen in den reformatorischen Kirchen wurde und wird demnach wesentlich von gesellschaftlichen Faktoren beeinflusst. Als eine Art Filter gegenüber diesen Einwirkungen wirkt der Schriftbezug, der eingefordert wird, wenn Anpassungen aufgrund der Veränderung der gesellschaftlichen Ordnung vorgenommen werden. Nimmt man nun diese Gesichtspunkte zusammen, dann ergibt sich folgendes Bild: Die Ordination ist in den Kirchen der Reformation grundsätzlich entbiologisiert und entsakralisiert. Der Diskurs um die Ordination findet in den Diskursräumen „Ordnung" und „Schrift" statt. Diskursformationen, die sich im Diskursraum „Schrift" bilden, können affirmativ stabilisierend oder aber katalysatorisch destabilisierend auf den Diskursraum „Ordnung" wirken.

3. Von der Statuserringung zur Grenzüberschreitung: Umbrüche in der Hermeneutik des Neuen Testaments

Es verwundert vor diesem Hintergrund nicht, dass die Frage der Stellung der Frauen in der Kirche jeweils mit Bezug auf biblische Aussagen diskutiert wurde. An jeder Stelle, an der Frauen aus der Passivität heraustreten wollten, um aktiv und selbstbestimmt auf die Gegebenheiten in Kirche und Gemeinde einzuwirken, stieß dieser Schritt auf Widerstand. Der Verweis auf Aussagen in der Bibel wurde dann oft benutzt, um diesen Widerstand theologisch zu verfestigen, nicht selten aber wurde das Neue Testament auch dafür eingesetzt, um diesen Widerstand zu überwinden. Es stehen sich also Erzählung und Gegenerzählung gegenüber. Dieser Diskurs ist mit unterschiedlicher Schwerpunktsetzung durch zahlreiche Arbeiten zur Frauenordination bereits recht gut aufgearbeitet. Blickt man auf die Monographien von Ilse Bertinetti (1965), Christiane Drape-Müller (1994), Christine Globig (1994), Anja Funke (2011) und Auguste Zeiß-Horbach (2017), dann ist in der Forschung zur Frauenordination ein Trend zur Historisierung und Spezialisierung festzustellen.[2] Greift Bertinetti noch aktiv in die Diskussion ein, indem sie die Barthsche Lehre von der Unterordnung der Frau kritisiert, blicken die weiteren genannten Arbeiten auf diesen Prozess zurück und referieren die in diesem Zusammenhang geführten theologischen und exegetischen Debatten mit zunehmend größerer Distanz.[3] Die theologisch-exegetische Debatte erscheint im Rückblick vor allem als „schwer", aber auch als schwer nachvollziehbar.[4] Die Spezialisierung drückt sich darin aus, dass die Geschichte der Frauenordination in einzelnen Landeskirchen untersucht wird.

Blickt man auf die Entwicklung des Diskurses „Schrift" seit Ende des 19. Jahrhunderts, dann ist es tatsächlich so, dass die exegetische Diskussion erst zu dem Zeitpunkt als „schwer" und widersprüchlich beschrieben wird, an dem sich die Fragen der Sakramentsverwaltung und der Predigt stellen. In den allgemeinen Diskussionen um die Stellung der Frauen in Kirche und Gemeinde öffnete die Exegese doch einige Türen etwa für die berufliche Betätigung von Frauen. Das sei ebenfalls kurz skizziert, weil die dort entwickelten Schriftargumente auch in der Diskussion um die Frauenordination wirksam gewesen sind. Ute Gause kritisiert die Marginalisierung der Frauen in der Diakoniegeschichtsschreibung, da diese sich für die Institutionen, nicht aber für deren Trägerinnen, die aufgrund der überragenden Bedeutung der Diakonissenhäuser eben Frauen waren, interessiere.[5] Barbara Beuys zählt die Diakonissen zu den „Pionierinnen weiblicher

---

2 Bertinetti, Ilse: Frauen im geistlichen Amt. Die theologische Problematik in evangelisch-lutherischer Sicht, Berlin 1965; Drape-Müller, Christiane: Frauen auf die Kanzel? Die Diskussion um das Amt der Theologin von 1925 bis 1942, Pfaffenweiler 1994; Funke, Anja: „Kanzelstürmerinnen". Die Geschichte der Frauenordination in der Ev.-Luth. Landeskirche Sachsens von 1945 bis 1970, Berlin 2011; Globig, Christine: Frauenordination im Kontext lutherischer Ekklesiologie, Göttingen 1994; Zeiß-Horbach, Auguste: Evangelische Kirche und Frauenordination. Der Beitrag der Evangelisch-Lutherischen Kirche in Bayern zur deutschlandweiten Diskussion im 20. Jahrhundert (HThGF 8), Leipzig 2017.

3 Vgl. Bertinetti, Frauen, 118–123; Globig, Frauenordination, 77–79; Zeiß-Horbach, Kirche, 25–28.

4 Zeiß-Horbach, Kirche, 26.

5 Gause, Ute: Jesus liebte Maria und Martha und Lazarus – Weibliche Identitäten? Männliche Institutionen? Diakoniegeschichtsschreibung und Gender, in: Heimbach-Steins, Marianne u. a. (Hg.): Gender (Studies) in der Theologie. Begründungen und Perspektiven (MBT Neue Folge 4), Münster 2021, 67–77; vgl. Dies.: In der Nachfolge Jesu. Diakonissen und Bibelauslegung am Beispiel Eva von Tiele-Wincklers, in: Sohn-Kronthaler, Michaela / Albrecht, Ruth (Hg.): Fromme Lektüre und kritische Exegese im langen 19. Jahrhundert (Die Bibel und die Frauen 8), Stuttgart 2014, 244–254.

Berufstätigkeit" im 19. Jahrhundert.[6] Folgt man dem von Gause geforderten Perspektivwechsel von der „abstrakte[n] Geschichte leitender Männer" hin zur „Parallelwelt der dort arbeitenden Frauen",[7] dann zeigt sich auch, dass sich in der Diakonie bereits exegetische Argumentationsmuster, die einen größeren Handlungsspielraum für Frauen eröffneten, entwickelten: „Orientierung lieferten biblische Frauengestalten."[8] Es bestand kein Zweifel daran, dass es in den frühen Gemeinden unverheiratete, dienende und helfende Frauen gab. Eine Debatte um predigende Frauen wurde aber im Bereich der Diakonie nicht geführt, wenn nicht gar strikt vermieden. Diese setzte nach Ruth Albrecht wohl zuerst in den Freikirchen ein, die sich vor die Frage gestellt sahen, ob es Missionarinnen und Predigerinnen geben dürfe. Die Debatte wurde auf der Basis eines wörtlichen Schriftverständnisses geführt, da die Schrift keinesfalls in Frage gestellt werden sollte.[9] Man zog die alt- und neutestamentlichen Stellen heran, in denen Frauen eine aktive Rolle einnahmen. Eine besondere Rolle spielte die genaue Übersetzung von Ps 68,12. Hatte Luther dort noch übersetzt: „Der Herr gab das Wort mit großen Scharen Evangelisten", erkannte die Elberfelder Übersetzung, dass das im Hebräischen verwendete Wort, das Luther mit „Evangelisten" übersetzt hatte (הַמְבַשְּׂרוֹת), ein Femininum Plural darstellt und übersetzte wörtlich: „Der Herr erlässt das Wort; der Siegesbotinnen ist eine große Schar."[10] Man verstand die „Siegesbotinnen" nun als „Verkünderinnen froher Botschaft" (die Septuaginta überträgt das Wort mit εὐαγγελιζομέναι/οι) und berief sich zudem auf herausragende alttestamentliche Frauen wie die Richterin Deborah (Ri 4f.), um die Leitung und Verkündigung durch Frauen zu rechtfertigen.[11] Es entwickelten sich demnach zunächst in den Freikirchen unter englischem und US-amerikanischem Einfluss neue „Gendermodelle" für Evangelistinnen und Predigerinnen.[12]

Andrea Hofmann führt aus, dass der kriegsbedingte Pfarrermangel im Ersten Weltkrieg dazu führte, dass Frauen zunehmend Aufgaben im kirchlichen Berufsleben übernahmen:

---

6 Beuys, Barbara: Die neuen Frauen. Revolution im Kaiserreich 1900–1914, München 2014, 183.

7 Gause, Jesus, 73.

8 Ebd., 69.

9 Albrecht, Ruth: Das Weib schweige? Protestantische Kontroversen über Predigerinnen und Evangelistinnen, in: Sohn-Kronthaler, Michaela / Dies. (Hg.): Fromme Lektüre und kritische Exegese im langen 19. Jahrhundert (Die Bibel und die Frauen 8), Stuttgart 2014, 210–232.

10 Vgl. zur gegenwärtigen Exegese: Hoßfeld, Frank-Lothar / Zenger, Erich: Psalmen 51–100 (HThKAT), Freiburg i. Br. u. a. 2000, 242–259, bes. 253: Mit „Wort" ist hier nicht Gottes Wort gemeint, sondern eine Siegesbotschaft, die von Freudenbotinnen mitgeteilt wird. Die Autoren übersetzen: „Der Allherr gab ein Wort, die Freudenbotinnen (sind) ein großes Heer."

11 Albrecht, Weib, 216.

12 Ebd., 232.

> „Theologisch begründet wurde die Teilnahme von Frauen am kirchlichen Berufsleben durch die Innere Mission mit den urchristlichen Gemeinden, in denen Frauen genauso wie Männer (mit angeblich strikt getrennten Aufgaben) am Gemeindeleben beteiligt waren."[13]

In dieser Zeit trugen wohl zum ersten Mal Frauen in Lesegottesdiensten vorformulierte Predigten vor.[14] In der Regel war damit die Leitung des Gottesdienstes verbunden und auch der Übergang von der reinen Verlesung zur eigenen freien Formulierung liegt nahe, auch wenn man in dieser Zeit zahlreiche Zeugnisse von Frauen hat, die das Eingreifen in das Amt eines Mannes unbedingt vermeiden wollten und die Verlesung der Predigt als zeitbedingtes „Opfer" verstanden.[15] Der Krieg hat aber zweifellos Frauenrollen verändert.

Diese Entwicklungen und vor allem die veränderte rechtliche Stellung der Frauen in der Weimarer Verfassung, die das Frauenwahlrecht und die staatsbürgerliche Gleichberechtigung festlegte, stellten Kirche und Theologie vor neue Herausforderungen und lenkten die Aufmerksamkeit der Exegese auf die Stellung der Frauen im Neuen Testament. Eine erste wissenschaftliche Abhandlung zu dieser Frage fertigte im Jahr 1921 der Leipziger Neutestamentler und Religionswissenschaftler Johannes Leipoldt (1880–1965) an.[16] Auf Leipoldt geht auch ein späteres etwas umfassenderes Werk zurück, dass 1954 in erster Auflage erschien und bis zur posthum veröffentlichten dritten Auflage 1965 erweitert wurde.[17] 1921 veröffentlichte Leipoldt seine Überlegungen unter dem Titel: „Jesus und die Frauen. Bilder aus der Sittengeschichte der alten Welt". Er hatte durchaus das Interesse, die Anliegen von Frauen in Kirche und Wissenschaft zu unterstützen. Er tat dies nun allerdings, indem er einen frauenfreundlichen Jesus von einem frauenfeindlichen Judentum abgrenzte und einem frauenfreundlicheren Griechen- und Römertum zuordnete. Auf Leipoldts Schriften gehen auch die verfehlten ersten feministisch theologischen Ansätze der 1970er und 1980er Jahre zurück, die ebenfalls einen frauenfreundlichen Jesus im Kontrast zu einem vermeintlich frauenfeindlichen Judentum zeichneten.[18]

---

13 Hofmann, Andrea: Allgemeines Priestertum aller Gläubigen? Die Rolle der Frau in der evangelischen Kirche während des Ersten Weltkriegs, in: Heimbach-Steins, Marianne u. a. (Hg.): Gender (Studies) in der Theologie. Begründungen und Perspektiven (MBT Neue Folge 4), Münster 2021, 87–96, 91.

14 Ebd., 92.

15 Ebd., 93.

16 Leipoldt, Johannes: Jesus und die Frauen. Bilder aus der Sittengeschichte der alten Welt, Leipzig 1921.

17 Leipoldt, Johannes: Die Frau in der antiken Welt und im Urchristentum, Leipzig ^{3}1965.

18 Vgl. Heschel, Susannah: Jüdisch-feministische Theologie und Antijudaismus in christlich feministischer Theologie, in: Siegele-Wenschkewitz, Leonore (Hg.): Verdrängte Vergangenheit, die uns bedrängt. Feministische Theologie in der Verantwortung für die Geschichte, München 1988, 54–103; Moltmann-Wendel, Elisabeth: Antijudaismus in der Feministischen Theologie? in: EvTh 65 (2005), 313–316.

Nach dem Zweiten Weltkrieg, beeinflusst von der vollständigen rechtlichen Gleichstellung der Frau in der DDR, ging Leipoldt, inzwischen Abgeordneter in der Volkskammer der DDR, noch weiter und griff die zeitgenössische politische Terminologie zur Frauenfrage auf, um seiner historischen Darstellung Aktualität zu verleihen.[19] Er ernennt die ägyptisch-hellenistisch-römische Göttin Isis zur „Schirmherrin der Frauenbewegung", sieht Jesus von „Scharen gläubiger Frauen" umgeben. In Korinth habe es eine „Frauenbewegung" gegeben, die Paulus genötigt habe, sich zur „Frauenfrage" zu äußern.[20] Die Äußerung in Gal 3,28, dass Mann und Frau „in Christus" gleich seien, hätte unter der damaligen Gesellschaftsordnung nicht verwirklicht werden können, umso dringlicher sei es, dass die „weitere Erfüllung" dieses paulinischen Wortes „nun", d. h. im Sozialismus, weiter voranschreiten könne.[21]

Zwischen diesen wohlmeinenden Arbeiten Leipoldts, die der nach Maike Schult „anpassungsbereite" Leipziger Neutestamentler in Zeiten veröffentlicht hat,[22] in denen die Frauenfrage gesellschaftlich *en vogue* war, lag die Zeit des Nationalsozialismus mit seinem extrem restriktiven und ideologisierten Frauenbild. In dieser Phase wurde die Frage nach dem Predigtamt der Frau erneut durch den Mangel an Pfarrern virulent. Da sich die Bekennende Kirche im Widerstand gegen Eingriffe des NS-Staates immer wieder auf politisch unantastbare innerkirchliche, theologische und vornehmlich exegetisch-biblische Argumente berief, um der Gleichschaltung zu widerstehen, bekam die exegetische Argumentation in allen Fragen der Kirche eine herausgehobene Bedeutung. Aufgrund der erhöhten Bedeutung des Schriftbezugs, wie er sich etwa in den Barmer Thesen zeigt, wurde nun auch die Frage nach der Stellung der Frauen in teilweise höchst detaillierten wissenschaftlichen Exegesen verhandelt.[23] Ich nenne hier nur die exegetischen Beiträge von Martin Dibelius (1883–1947) und Ernst Käsemann (1906–1998) und stelle im Folgenden die dominierenden Argumentationslinien zusammen: Befasste sich die ältere Diskussion, die für Frauen helfende und dienende Berufe in der Kirche rechtfertigen sollte, vor allem auf die Nähe der Frauen zu Jesus, wandte man sich nun den Verhältnissen der ersten Gemeinden zu. Es entstanden zwei Argumentationslinien, die Bertinetti „gesetz-

19 Vgl. Schult, Maike: Anpassungsbereit und stets zu Diensten. Zeit- und Streitfragen zu Johannes Leipoldt (1880–1965), in: John, Felix / Rinker, Swantje (Hg.): Exegese in ihrer Zeit (ABIG 52), Leipzig 2015, 121–140, 137–139.

20 Leipoldt, Frau, 14, 104, 120, 126.

21 Ebd., 235.

22 Schult, Anpassungsbereit, 123 spricht von der „Schmiegsamkeit, die Leipoldt für alle politischen Systeme aufbrachte [...]".

23 Vgl. Bertinetti, Frauen, 78–144; Drape-Müller, Frauen; Funke, Kanzelstürmerinnen, 133; Globig, Frauenordination, 70–82; Zeiß-Horbach, Kirche, 25–28. Es fällt auf, dass die ausführlichen Vorträge und Referate zur Frauenfrage in den später veröffentlichten gesammelten Aufsätzen von Dibelius, hg. von Günther Bornkamm und Heinz Kraft, und Ernst Käsemann keine Berücksichtigung fanden. Vgl. Dibelius, Martin: Botschaft und Geschichte. Gesammelte Aufsätze, 2 Bd., Tübingen 1953 u. 1956.

liche“ bzw. „liberalisierende“ Interpretation nennt, die im Folgenden als egalitäre und affirmative Argumentationslinien bezeichnet werden sollen.[24]

Die egalitäre Argumentationslinie, die sich demnach für eine Beauftragung von Frauen für das Predigtamt und die Sakramentsverwaltung in der Kirche einsetzten, basiert auf folgenden Aussagen:

a) In 1 Kor 11,5 werden in der Gemeindeversammlung betende und prophezeiende Frauen genannt (vgl. 11,13). Es wird als selbstverständlich vorausgesetzt, dass Frauen im Gottesdienst sprechen, beten und prophetisch reden: „Jede Frau aber, die mit unverhülltem Kopf betet oder prophezeit, schändet ihr Haupt (πᾶσα δὲ γυνὴ προσευχομένη ἢ προφητεύουσα ἀκατακαλύπτῳ τῇ κεφαλῇ καταισχύνει τὴν κεφαλὴν αὐτῆς).“[25]

b) Diese Aussage lässt sich dann in den größeren Kontext einer partizipativen Gottesdienstgestaltung integrieren, die in 1 Kor 14,26 genannt ist: „Was bedeutet das, Schwestern und Brüder? Wenn ihr euch versammelt, hat jeder einen Psalm, hat eine Lehre, hat eine Offenbarung, hat eine Zunge(nrede), hat eine Auslegung. Alles geschehe zur Erbauung (der Gemeinde) (Τί οὖν ἐστιν, ἀδελφοί; ὅταν συνέρχησθε, ἕκαστος ψαλμὸν ἔχει, διδαχὴν ἔχει, ἀποκάλυψιν ἔχει, γλῶσσαν ἔχει, ἑρμηνείαν ἔχει· πάντα πρὸς οἰκοδομὴν γινέσθω).“[26]

c) Die egalitären und partizipativen Intentionen beider Aussagen laufen dann zusammen in der Einheits- und Gleichheitsformel nach Gal 3,28: „Es gibt nicht Jude noch Grieche, es gibt nicht Sklave noch Freigeborener, es gibt nicht weiblich und männlich. Denn ihr alle seid eins in Christus Jesus (οὐκ ἔνι Ἰουδαῖος οὐδὲ Ἕλλην, οὐκ ἔνι δοῦλος οὐδὲ ἐλεύθερος, οὐκ ἔνι ἄρσεν καὶ θῆλυ· πάντες γὰρ ὑμεῖς εἷς ἐστε ἐν Χριστῷ Ἰησοῦ)“.[27]

d) Von diesem Set von Belegen und Interpretationen, die die aktive Mitwirkung von Frauen am Gottesdienst bzw. an der Gemeindeversammlung der pau-

---

24 Bertinetti, Frauen, 118.

25 Vgl. zu 1 Kor 11,5: Lindemann, Andreas: Der Erste Korintherbrief (Handbuch zum Neuen Testament 9/1), Tübingen 2000, 241: „Paulus setzt als gegeben voraus, daß ‚jede Frau‘ dasselbe tut wie ‚jeder Mann‘“; Schrage, Wolfgang: Der Erste Brief an die Korinther (EKK VII/2), Zürich u. a. 1995: „Paulus [setzt] hier ohne jede Andeutung einer Einschränkung oder gar Mißbilligung die prophetische Tätigkeit der Frau im christlichen Gottesdienst voraus[setzt]“; Schottroff, Luise: Der erste Brief an die Gemeinde in Korinth (Theologischer Kommentar zum Neuen Testament 7), Stuttgart 2013, 195: „Er setzt als selbstverständlich und unbestritten voraus, dass Frauen in der Gemeinde als Prophetinnen und Beterinnen Bedeutung haben“; Zeller, Dieter: Der erste Brief an die Korinther (KEK 4), Göttingen 2010, 354: „Sowohl Männer wie Frauen beten und reden prophetisch – doch wohl im öffentlichen Gottesdienst“.

26 Vgl. zu 1 Kor 14,26: Lindemann, Korintherbrief, 312f.; Schrage, Brief, 444f.; Schottroff, Brief, 277f.; Zeller, Brief, 440.

27 Dibelius, Stellung, 43; Leipoldt, Frau, 181f.; zur neueren Exegese vgl. Bormann, Lukas: Theologie des Neuen Testaments, Göttingen 2017, 137–139; Ders.: Barbaren und Skythen im Lykostal? Epigraphischer Kommentar zu Kol 3,11, in: Verheyden, Joseph u. a. (Hg.): Epigraphical Evidence Illustrating Paul's Letter to the Colossian (WUNT 411), Tübingen 2018, 161–198, 161–166.

linischen Gemeinde als Teil der dynamisch-partizipativen („Erbauung") Christuswirklichkeit („eins in Christus Jesus") belegen, werden die eher reglementierend-einschränkenden Aussagen zur Stellung der Frauen als Einzelgebote von beschränkter Geltung bewertet. Das Schweigegebot an die Frau nach 1 Kor 14,34, das Lehrverbot nach 1 Tim 2,11f. und die Unterordnungsforderung der Haustafeln (Kol 3,18; Eph 5,22–24) ist zeitbedingt und bezieht sich ausschließlich auf die Stellung der Ehefrau in der Familie. Die exegetische Forschung unterscheidet zudem, zwischen den unumstritten echten Paulusbriefen und den umstrittenen. Da die Briefe an die Kolosser, die Epheser und die an Timotheus als nachpaulinisch gelten, kann für die Gemeinden des Paulus von einer egalitären und partizipativen, vielleicht sogar geschlechtergerechten Struktur ausgegangen werden, die sich dann in nachpaulinischer Zeit an die sozialen Erwartungen der patriarchalen Gesellschaft anpasst und die Stellung der Frauen wieder reduziert.

Die affirmative Argumentationslinie setzt meist bei der alttestamentlichen Aussage zur Frau als „Gehilfin" (Luther) ein (Gen 2,18), die unter Übergehung der Gesamtaussage „Hilfe als sein Gegenüber" (hebr. עֵזֶר כְּנֶגְדּוֹ) als Unterordnung der Frau und in diesem Sinn als Grundlage für die Lehre von den Schöpfungsordnungen, hier der Ordnung der Ehe, verstanden wird.[28] Man greift dann die Aussagen des Corpus Paulinum auf, die von einer Unterordnung der Frau sprechen, ohne zwischen umstrittenen und unumstrittenen, d. h. paulinischen und nachpaulinischen Briefen zu unterscheiden. Es wird gefolgert, dass nach 1 Kor 11,3 (vgl. 1 Kor 11,10) „das Haupt der Frau der Mann" sei, die Frau in der Gemeinde schweigen solle (1 Kor 14,34), die Frau nicht Männer belehren dürfe (1 Tim 2,11f.) und die Ehefrauen sich ihren Ehemännern unterordnen müssten (Kol 3,18; Eph 5,22–24). Paulus habe in Übereinstimmung mit Gen 2,18 eine Ordnungsvorstellung vertreten, die es unmöglich mache, dass Frauen über Männer Leitung ausüben dürften. Diesen gedanklichen Zusammenhang bezeichnete man mit neutestamentlichem Anklang als *Hypotage*-Struktur, d. h. Unterordnungsstruktur, und versuchte ihm prinzipielle theologische Bedeutung zuzuschreiben.

Die beiden Argumentationslinien werden im Austausch zwischen dem Heidelberger Neutestamentler Martin Dibelius und dem bayerischen Landesbischof Hans Meiser (1881–1956) besonders deutlich.[29] Dibelius hatte in einem in der Zeitschrift „Die Theologin" veröffentlichten Referat den Schluss gezogen, dass Gal 3,28 die Schöpfungsordnung überwinde und somit der Dienst der Vikarin an der Forderung von 1 Kor 14,26 auszurichten sei, nämlich an der Frage, ob er dem inneren Aufbau der Gemeinde diene, was Dibelius bejahte.[30] Meiser hingegen be-

---

[28] Seebass, Horst: Genesis 1. Die Urgeschichte, Neukirchen-Vluyn ²2007, 115–117, 115: Die Wendung begründet keine „soziale oder rechtliche Nachordnung der Frau".

[29] Zeiß-Horbach, Kirche, 121–123.

[30] Dibelius, Martin: Von Stellung und Dienst der Frau im Neuen Testament, in: Die Theologin 12 (1942) 3, 33–46, 46.

tonte die bleibende Geltung der Schöpfungsordnungen und schloss aus dieser auf die Unterordnung der Frau.[31]

Regis Burnet hat jüngst die Entwicklung kontroverser Deutungen in der Exegese wissenschaftstheoretisch untersucht.[32] Er kommt zu dem Ergebnis, dass nicht die wissenschaftliche und methodische Entwicklung der Exegese zu neuen bahnbrechenden und weithin akzeptierten Interpretationen führt, sondern vielmehr konzeptuelle Umbrüche in der Gesellschaft zu Verschiebungen in den Mentalitäten, dann auch der christlichen Mentalitäten führe.[33] Werde ein „tipping point", eine Art Schwellenwert erreicht, „verschiebe sich der allgemein akzeptierte Sinn eines Textes" und auch die Exegese folge dieser Verschiebung mehrheitlich.[34] Exegesegeschichte sei demnach „eine Geschichte der christlichen Mentalitäten".[35] Ich teile dieses Urteil nicht ganz, da es sich nicht um eine Abfolge, sondern um Wechselwirkungen handelt, an denen einige Wissenschaftlerinnen durch bahnbrechende Arbeiten mitgewirkt haben. Zudem trifft es zwar auf exegetische Einsichten und Interpretationen zu, die gesellschaftliche Fragen berühren, nicht aber auf fachdisziplinäre Fragen wie Abfassungszeit, Adressatenschaft oder Semantik und Pragmatik neutestamentlicher Texte. Es ist aber sicher richtig, dass die Durchsetzung von Interpretationen, die als gesellschaftlich relevant bewertet werden wie die zur Stellung der Frauen im Neuen Testament, nun doch eher vom gesellschaftlichen Wandel abhängt als von exegetischen Meister*innenleistungen. Burnet hält auch fest, dass alte Deutungen niemals ganz verschwinden. Es werde nie eine *tabula rasa* erreicht, so dass traditionelle Lesarten nie ganz überwunden werden können.[36] Das gilt sicherlich auch für die exegetischen Argumente für eine untergeordnete Stellung der Frauen, die in konservativen Kreisen nach wie vor Geltung haben und immer wieder hervorgeholt werden.[37] Diese traditionellen Argumente rechtfertigten in der Umsetzung der beruflichen Gleichstellung von Frauen immer wieder auch zahlreiche langlebige Diskriminierungen wie das Ausscheiden aus dem Dienst bei Heirat oder den Zwang für Pfarrerehepaare sich auf einem Stellenanteil von 100 % zu beschränken.

Der feministische Aufbruch in der Exegese setzte erst ein, als sich die rechtliche und berufliche Gleichstellung der Frauen und die Frauenordination in den Kirchen der Reformation bereits durchgesetzt hatte. Er setzte sich neue Ziele: Die Thematisierung und Überwindung patriarchaler Machtstrukturen in Kirche

31 Zeiß-Horbach, Kirche, 121–123.

32 Burnet, Régis: Exegesis and history of reception. Reading the New Testament today with the readers of the past (WUNT 455), Tübingen 2021.

33 Ebd., 196.

34 Ebd., 37.

35 Ebd.

36 Burnet, Exegesis, 55.

37 Vgl. Chamoun, Hussam: Die biblische Stellung und Rolle der Frau in der Gemeinde, Nürnberg 2021; Kliver, Christian P.: Frauenordination versus Heilige Schrift? Kaufbeuren 2012.

und Gesellschaft. Dorothee Sölle (1929–2003) hat ein in der Frauenbewegung verbreitetes Wort aufgegriffen, etwas abgewandelt und populär gemacht: „Wir wollen nicht ein größeres Stück vom Kuchen der Männer, sondern einen anderen Kuchen!“[38] Das neue hermeneutische Paradigma ist nun nicht mehr die aktive und selbstbewusste Frau, sondern die grenzüberschreitende Frau. Frauen, die die sozialen Erwartungen enttäuschen, die Rollenstereotypen überschreiten, die in vermeintliche Männerdomänen eindringen, die sog. gläserne Wand durchbrechen und die dort sprechen, wo Frauen lange nicht sprechen durften.

Die US-amerikanische Historikerin Joan Wallach Scott, auf die ein klassisch gewordener Aufsatz zur Genderforschung zurückgeht,[39] hat diese Tendenz insgesamt in der feministischen Historiographie benannt.[40] Sie spricht von Phantasmen, die attraktiv sind und die die feministische Forschung inspirieren, aber auch beherrschen und – so wendet sie aus einer poststrukturalistischen Perspektive, nach der „Frau“ eine unstabile Kategorie sei, ein – in die Irre führen können: Da ist zum einen die Phantasie des *female orator*, der Frau, die sich in die männliche Sphäre katapultiere, indem sie Geschlechter- und Machtgrenzen überschreite. Dieses Phantasma setzte wie jede Grenzüberschreitung viele und widersprüchliche Emotionen frei. Ein zweites Phantasma ist die *femal maternal fantasy*, eine Frau, die Grenzen akzeptiert, sich der Reproduktion zuwendet und Schutz, Gleichheit, Solidarität und Harmonie schafft. Auch mit dieser Vorstellung sind erhebliche Emotionen verbunden, die Wirkungen auf die Ergebnisse der Forschung und die Forscherinnen und Forscher entfalten. Beide Phantasien verführen diejenigen, die ihre Forschung als ethischen und politischen Akt verstehen, dazu, sich mit diesen Phantasien zu identifizieren. Carly Daniel-Hughes hat diese Überlegungen zum einen biographisch auf ihre Erfahrungen in den Feminist Studies der Harvard Divinity School angewendet, zum anderen aber auch auf zwei wichtige Diskurse der feministischen Exegese bezogen.[41] Die Figur der Maria Magdalena sei zu einer attraktiven grenzüberschreitenden Frau-Figur gestaltet worden. Basierend auf den Aussagen der Evangelien und des apokryphen Evangeliums der Maria sei Maria Magdalena nicht mehr nur Auferstehungszeugin, sondern eine Frau mit Führungseigenschaften, die es wagt, öffentlich zu sprechen, die gegen die sozialen und religiösen Erwartungen handelt, also über *agency* verfügt, und über ihr Handeln selbst bestimmt. Tatsächlich finden sich im Evangelium der Maria, die aber nicht so ohne Weiteres mit Maria

---

38 Vgl. Sölle, Dorothee: Und ist noch nicht erschienen, was wir sein werden. Stationen feministischer Theologie, München 1987, 67.

39 Scott, Joan Wallach: Gender. A useful category of historical analysis, in: The American Historical Review 91/5 (1986), 1053–1075.

40 Scott, Joan Wallach: The fantasy of feminist history, Durham 2011.

41 Daniel-Hughes, Carly: Mary Magdalene in the fantasy echo. Reflections on feminist historiography of Early Christianity, in: Petrey, Taylor G. (Hg.): Re-Making the world. Christianity and categories. Essays in honor of Karen L. King (WUNT 434), Tübingen 2019, 135–158.

Magdalena zu identifizieren ist, Belege für eine lehrende Frau, die noch dazu mehr weiß als Petrus und die übrigen Jünger:

> Evangelium der Maria 10: „Petrus sprach zu Maria: ‚Schwester [...] sage uns die Worte des Erlösers, an die du dich erinnerst, die du kennst, wir (aber) nicht, und die wir auch nicht gehört haben.‘ Maria antwortete und sprach: ‚Was euch verborgen ist, werde ich euch verkündigen [...]‘.“[42]

Die Phantasie der bewahrenden und harmonieschaffenden mütterlichen Frau sei auf die Figur der Apostelin Thekla konzentriert worden. Diese habe eine Gemeinschaft gegründet, in der andere Frauen Zuflucht gefunden hätten und aus der gemeinsame Aktionen hervorgegangen seien, so die wissenschaftliche Phantasie.

Wallach Scott und Daniel-Hughes reflektieren jeweils, welche Potentiale für die Forschung mit diesen Phantasien und mit der Identifikation der Forscherinnen und Forscher mit ihnen verbunden sind, benennen aber auch die Schattenseiten der grenzüberschreitenden und doch solidarischen Frau als Paradigma der feministischen Forschung unter dem Stichwort „Das Scheitern der Phantasie“.[43]

Die Anziehungskraft, die von der Vorstellung der grenzüberschreitenden Frau ausgeht, ermöglicht eine Verbindung zur politischen Frauenbewegung und führt zu einer produktiven Fokussierung der Forschungsfragen. Ein Beispiel: Die Oxforder Althistorikerin Kim Haines-Eitzen konnte überzeugend nachweisen, dass antike Manuskripte auch von Frauen erstellt wurden, es darüber hinaus nicht nur Sklavinnen als Schreiberinnen, sondern auch Manufakturbesitzerinnen, schließlich eine internationale und transethnische Vernetzung gab.[44] Sie vollzieht überzeugend den von Wallach Scott 1998 so klassisch formulierten Dreischritt, das Triple von „class, status and gender“.[45] Von solchen historischen Einsichten geht ohne Zweifel eine Ermutigung für Frauen der Gegenwart aus. Die Forschung profitiert zudem erheblich davon, dass die Frage gestellt wird, ob die ältere Forschung nicht auch die Geschlechterverhältnisse ihrer Zeit unkritisch auf die historischen Gegenstände übertragen hätte, also einem *gender bias* gefolgt wäre. So können die Verhältnisse von Schreibstuben des 19. Jh., in denen die männlichen Beschäftigten eifersüchtig darauf achteten, dass keine Frauen

42 Hartenstein, Judith: Das Evangelium nach Maria (BG 1), in: Bethge, Hans-Gebhard u .a. (Hg.): Nag Hammadi Deutsch, Berlin / New York 2007, 570–573. Maria wird zudem von Levy in der Position der Lehrenden abgelöst. Aus dem Gesamtkontext des nur fragmentarisch erhaltenen Evangeliums kann keine eindeutige Interpretation dieses Sachverhalts gewonnen werden.

43 Daniel-Hughes, Mary, 151–155: „The failure of fantasy“.

44 Haines-Eitzen, Kim: The gendered palimpsest. Women, writing, and representation in early Christianity, Oxford 2012, 3–8; Dies.: Guardians of letters. Literacy, power, and the transmitters of early Christian literature, New York 2000, 41–52.

45 Scott, Gender, 1054.

eingestellt wurden (auch der Beruf der Sekretärin war eine Innovation, die auf Widerstand der männlichen Bürokräfte stieß), auf als gesichert geltende Annahmen der Wissenschaft über die Schriftsprachkompetenz von Frauen in der Antike eingewirkt haben. Auf diese Weise bereichert das neue Wissen und die kritische Selbstreflexion von Forschungsparadigmen die Wissenschaft erheblich. Haines-Eitzen hat das Wissen über *literacy*, die Schriftsprachkompetenz von Frauen in der Antike, und deren *agency*, die Fähigkeit von Frauen gegen soziale Erwartungen selbstbestimmt und kompetent zu handeln, nachgewiesen. Outi Lehtipuu und Silke Petersen haben nun diese Einsichten weitergeführt.[46] Sie werten ein textkritisches Problem im „apokryph gewordenen", d. h. nicht ins Neue Testament aufgenommenen 1 Clemensbrief (21,7) aus, nach dem die ursprüngliche Lesart „Schweigen der Frau" in der bedeutenden Bibelhandschrift Codex Alexandrinus in der Variante „Stimme der Frau" also mit gegenteiligem Sinn notiert ist.[47] In der neuzeitlichen Korrespondenz, die die Verkaufsverhandlungen um diesen Kodex widerspiegeln, wird zudem behauptet, dieser Codex sei von einer „Thekla" angefertigt worden. Lehtipuu und Petersen stellen die Frage, ob in dieser textkritischen Variante nicht eine „weibliche Stimme (female voice)" zu fassen sei, eine grenzüberschreitende Frau, die ihre *literacy* und *agency* dazu genutzt habe, gegen den patriarchalen Text eine grenzüberschreitende feministische Lesart durchzusetzen.[48] Wie immer man auch die Quellenbasis für diese Konstruktion bewerten mag, es ist deutlich, welche produktiven Fragen aus der libidinösen Besetzung der Figur der grenzüberschreitenden Frau hervorgehen und wie sehr diese die Energie und die Konzentration der Forscherinnen und Forscher freisetzt und zugleich bindet.

4. Grenzüberschreitung als Phantasma

Die Forschungsstand der feministischen Exegese und Theologie ist recht gut in dem mehrbändigen Werk „Die Bibel und die Frauen: Eine exegetisch-kulturgeschichtliche Enzyklopädie" zu fassen, die von einem internationalen Herausgeber*innengremium verantwortet wird und inzwischen 16 Bände in deutscher Übersetzung erreicht hat.[49] Alle Bände werden aus der Sprache ihrer Autor*innen in die Sprachen Deutsch, Englisch, Italienisch und Spanisch übersetzt. Die erwähnten Überlegungen von Lehtipuu und Petersen stammen aus dem Vor-

[46] Lehtipuu, Outi / Petersen, Silke (Hg.): Antike christliche Apokryphen. Marginalisierte Texte des frühen Christentums (Die Bibel und die Frauen 3, Pseudepigraphische und apokryphe Schriften 2), Stuttgart 2020, 10–13.

[47] Ebd., 11f.

[48] Ebd., 12.

[49] Fischer, Irmtraud u. a. (Hg.): Die Bibel und die Frauen. Eine exegetisch-kulturgeschichtliche Enzyklopädie, Stuttgart 2010ff.

wort zu einem Band, der im Jahr 2020 erschien: *Antike christliche Apokryphen. Marginalisierte Texte des frühen Christentums*. Die Fragestellungen sind vielfältig, lassen sich aber doch insgesamt dem Paradigma der grenzüberschreitenden Frau zuordnen. Es herrscht die Ansicht vor, dass die Forschung dann zu ihrem Ziel gekommen sei, wenn sie solche Grenzüberschreitungen herausgearbeitet hätte. Ruth Albrecht hat, wie oben erwähnt, in den freikirchlichen Predigerinnen ein neues „Gendermodell" erkannt. Ein weiteres Beispiel: Judith Hartenstein hält in ihrem Resümee ihres Beitrags zu „männlichen und weiblichen Erzählfiguren im Johannesevangelium" die Ergebnisse in den folgenden Stichworten, die dem Paradigma der grenzüberschreitenden Frau entnommen sind, fest: die „Überschreitung von Geschlechterrollen" (431), die „starke Rolle von Frauen" (432) oder „Frauen, die die erwartete Frauenrolle verlassen" (ebd.).[50]

Ulrich Luz (1938–2019) hat versucht die feministische Hermeneutik in den Kategorien der traditionellen Hermeneutik zu analysieren.[51] Ihm fällt die Vermischung von Explikation und Applikation, von Sinn und Bedeutung, von deskriptiver Erklärung und normativer Ansprache auf. Er gesteht zu, dass Wissenschaft eine Parteinahme einschließen könne, aber er lehnt Parteilichkeit als Ziel ab. Forschung diene der „größere(n) Neutralität, Objektivität und Differenziertheit", nicht der Eindeutigkeit, die für eine Parteilichkeit notwendig sei. Diese Vorbehalte überraschen nicht. Bedeutender ist aber, dass auch feministische Historikerinnen und Exegetinnen wie Wallach Scott und Daniel-Hughes das Verhältnis von akademischer feministischer Forschung und Frauenbewegung kritisch reflektieren.[52] Sie weisen auf „das Scheitern der Phantasie" hin. Es entstünden Phantasie-Echos vom Gegenstand auf die Forscherin, die zu einer Überidentifikation führten und die der kritischen Selbstreflexion im Wege stünden. Zu den Gefahren, die durch die libidinöse Besetzung der Figur der grenzüberschreitenden Frau und durch die Prozesse von Identität und Zugehörigkeit zur Frauenbewegung entstehen, zählen sie insbesondere drei Problemkomplexe: 1. „Normale" und notwendige wissenschaftliche Kritik wird als „Verrat" gedeutet und Nicht-widersprechen wird eingefordert. 2. Es gibt ein spezifisches Unvermögen im Umgang mit tabuisierten Themen wie Konkurrenz und Macht, das Machtmissbrauch schützt. 3. Es besteht die Gefahr, in ein essentialistisches Denken

---

50 Hartenstein, Judith: Männliche und weibliche Erzählfiguren im Johannesevangelium. Geschlechterperspektiven, in: Navarro Puerto, Mercedes / Perroni, Marinella (Hg.): Evangelien. Erzählungen und Geschichte (Die Bibel und die Frauen 2.1), Stuttgart 2012, 421–433.

51 Luz, Ulrich: Theologische Hermeneutik des Neuen Testaments, Neukirchen-Vluyn 2014, 287–312.

52 Daniel Hughes, Mary, 150 verweist als Beispiel auf die Vorgänge um das von der Harvard-Professorin Karen King in die wissenschaftliche Diskussion gebrachte Papyrus, den sie den Namen „The Gospel of Jesus' Wife" gab und der sich nach einigen Jahren kontroverser Diskussion mit hoher Sicherheit als Fälschung eines ehemaligen Studenten der Ägyptologie erwies. Vgl. Sabar, Ariel: Veritas. A Harvard professor, a con man, and the gospel of Jesus's wife, New York 2020.

über die „Frau" zurückzufallen, welches der Analyse von Machtverhältnissen unter dem Gender-Aspekt im Wege stehe.

Die hier genannten Probleme und die angeführten Stärken zeigen die Lebendigkeit feministischer Theoriebildung. Es werden produktive Forschungsfragen intensiv verfolgt, neues Wissen hervorgebracht und zugleich die Voraussetzungen der Wissensproduktion auf höchstem Niveau kritisch und zum Teil schonungslos analysiert. Es sei noch angefügt, dass der geschilderte Prozess der libidinösen Besetzung und der Überidentifikation mit all seinen Folgen auf die eine oder andere Weise in jeder historischen Forschung stattfindet. In der feministischen Forschung wird er allerdings vorbildlich thematisiert, analysiert und bearbeitet.

5. Fazit

Die Diskussion um die Frauenordination bewegte sich in den Diskursräumen „Ordnung" und „Schrift". Der Diskursraum „Ordnung" war bestimmt von den gesellschaftlichen und mentalitätsgeschichtlichen Fixierungen der Geschlechterrollen und von der theologischen Lehre der Schöpfungsordnung. Der Diskursraum Schrift war zunächst bestimmt von Überlegungen zum Verhältnis Jesu zu Frauen, die dann von historischen Rekonstruktionen der Geschlechterverhältnisse in den paulinischen Gemeinden abgelöst wurden. Es entwickelte sich eine affirmative Lesart, die am Schweigegebot und der Unterordnungsforderung anknüpfte, Gleichheitsaussagen aber eschatologisch interpretierte, und eine progressive, die die Aufhebung der geschlechtsbedingten Statusunterschiede und das vielfältige Zusammenwirken in der Gemeindeversammlung hervorhob, die einschränkenden Aussagen aber als zeitbedingte Einzelgebote relativierte. Nachdem die mentalitätsgeschichtlichen Veränderungen in der Gesellschaft einen Schwellenwert erreicht hatten, setzte sich die progressive Interpretation durch, ohne dass die affirmative einfach verschwunden wäre. Die Argumente tauchen immer einmal wieder auf bzw. halten sich in protestantischen Sondergruppen.

Nach der Einführung der Frauenordination in fast allen Landeskirchen der EKD, die ich als Phase der Statuserringung bezeichnet habe, erfolgte ein weiterer hermeneutischer Umbruch, der von der akademischen feministischen Exegese vorangetrieben wurde: Die Hinwendung zur Grenzüberschreitung. Eine neutestamentliche-feministische Exegese hat nach dieser Vorstellung ihr Ziel dann erreicht, wenn sie an ihrem Gegenstand grenzüberschreitende Frauen identifiziert hat. Die Möglichkeit der Überidentifikation und des Phantasie-Echos werden kritisch reflektiert. In dieser Phase befinden wir uns gegenwärtig.

Bezieht man die Thematik der Frauenordination auf diese Situation, dann wird man feststellen, dass die neutestamentliche Exegese und ihr feministisches Geschwister gut daran tun, sich im Blick auf die katholische Kirche und einige protestantische Kirchen nach wie vor den Paradigmen der Statuserringung und der Grenzüberschreitung verpflichtet zu fühlen, um dort die Priesterweihe bzw. die Ordination für die Frau endlich zu erreichen. Im Fall der Mehrheit der reformatorischen Kirchen könnte man beide Paradigmen zurücklassen und in eine neue Phase treten, in der die kritische Auseinandersetzung mit der Institution der „Ordination“ und mit der ihr zugrundeliegenden Unterscheidung von Theolog*innen und Lai*innen geführt werden sollte.

Literaturverzeichnis

Albrecht, Ruth: Das Weib schweige? Protestantische Kontroversen über Predigerinnen und Evangelistinnen, in: Sohn-Kronthaler, Michaela / Dies. (Hg.): Fromme Lektüre und kritische Exegese im langen 19. Jahrhundert (Die Bibel und die Frauen 8), Stuttgart 2014, 210–232.

Bauer, Ingrid / Hämmerle, Christa / Opitz-Belakhal, Claudia (Hg.): Politik – Theorie – Erfahrung. 30 Jahre feministische Geschichtswissenschaft im Gespräch, Göttingen 2020.

Bertinetti, Ilse: Frauen im geistlichen Amt. Die theologische Problematik in evangelisch-lutherischer Sicht, Berlin 1965.

Beuys, Barbara: Die neuen Frauen. Revolution im Kaiserreich 1900–1914, München 2014.

Blank, Josef: Frauen in den Jesusüberlieferungen, in: Dautzenberg, Gerhard / Merklein, Helmut / Müller, Karlheinz (Hg.): Die Frau im Urchristentum (QD 95), Freiburg i. Br. / Basel / Wien ^{5}1992, 9–91.

Bormann, Lukas: Theologie des Neuen Testaments, Göttingen 2017.

–: Barbaren und Skythen im Lykostal? Epigraphischer Kommentar zu Kol 3,11, in: Verheyden, Joseph / Öhler, Markus / Corsten, Thomas (Hg.): Epigraphical Evidence Illustrating Paul's Letter to the Colossian (WUNT 411), Tübingen 2018, 161–198.

–: „Nicht mehr Barbar, Skythe, Sklave, Freigeborener“ (Kol 3,11): Personenrechtlicher Status, Geschlecht und Ethnizität in Colossae, in: ASEs 36 (2019), 393–412.

Burnet, Régis: Exegesis and history of reception. Reading the New Testament today with the readers of the past (WUNT 455), Tübingen 2021.

Chamoun, Hussam: Die biblische Stellung und Rolle der Frau in der Gemeinde, Nürnberg 2021.

Daniel-Hughes, Carly: Mary Magdalene in the fantasy echo. Reflections on feminist historiography of Early Christianity, in: Petrey, Taylor G. (Hg.): Re-Making the world. Christianity and categories. Essays in honor of Karen L. King (WUNT 434), Tübingen 2019, 135–158.

Dautzenberg, Gerhard / Merklein, Helmut / Müller, Karlheinz (Hg.): Die Frau im Urchristentum, Freiburg i. Br. / Basel / Wien ^{5}1992.

Dautzenberg, Gerhard, Zur Stellung der Frauen in den paulinischen Gemeinden, in: Ders. / Merklein, Helmut / Müller, Karlheinz (Hg.): Die Frau im Urchristentum, Freiburg i. Br. / Basel / Wien ^{5}1992, 182–224.

Dibelius, Martin: Botschaft und Geschichte. Gesammelte Aufsätze, 2 Bd., Tübingen 1953 u. 1956.

Dibelius, Martin: Von Stellung und Dienst der Frau im Neuen Testament, in: Die Theologin 12 (1942) 3, 33–46.

Drape-Müller, Christiane: Frauen auf die Kanzel? Die Diskussion um das Amt der Theologin von 1925 bis 1942, Pfaffenweiler 1994.

Fischer, Irmtraud u. a. (Hg.): Die Bibel und die Frauen. Eine exegetisch-kulturgeschichtliche Enzyklopädie, Stuttgart 2010ff.

Funke, Anja: „Kanzelstürmerinnen". Die Geschichte der Frauenordination in der Ev.-Luth. Landeskirche Sachsens von 1945 bis 1970, Berlin 2011.
Gause, Ute: Jesus liebte Maria und Martha und Lazarus – Weibliche Identitäten? Männliche Institutionen? Diakoniegeschichtsschreibung und Gender, in: Heimbach-Steins, Marianne / Könemann, Judith (Hg.): Gender (Studies) in der Theologie. Begründungen und Perspektiven (MBT Neue Folge 4), Münster 2021, 67–77.
Gause, Ute: In der Nachfolge Jesu. Diakonissen und Bibelauslegung am Beispiel Eva von Tiele-Wincklers, in: Sohn-Kronthaler, Michaela / Albrecht, Ruth (Hg.): Fromme Lektüre und kritische Exegese im langen 19. Jahrhundert (Die Bibel und die Frauen 8), Stuttgart 2014, 244–254.
Gielen, Marlis: Frauen in den Gemeinden des Paulus. Von den Anfängen bis zum Ende des 1. Jahrhunderts, in: SaThZ 6 (2002), 182–191.
Globig, Christine: Frauenordination im Kontext lutherischer Ekklesiologie, Göttingen 1994.
Haines-Eitzen, Kim: The gendered palimpsest. Women, writing, and representation in early Christianity, Oxford 2012.
–: Guardians of letters. Literacy, power, and the transmitters of early Christian literature, New York 2000.
Hartenstein, Judith: Das Evangelium nach Maria (BG 1), in: Bethge, Hans-Gebhard / Schenke, Hans-Martin / Kaiser, Ursula Ulrike (Hg.), Nag Hammadi Deutsch, Berlin / New York 2007, 570–573.
–: Männliche und weibliche Erzählfiguren im Johannesevangelium. Geschlechterperspektiven, in: Navarro Puerto, Mercedes / Perroni, Marinella (Hg.): Evangelien. Erzählungen und Geschichte (Die Bibel und die Frauen 2.1), Stuttgart 2012, 421–433.
Heimbach-Steins, Marianne / Könemann, Judith (Hg.): Gender (Studies) in der Theologie. Begründungen und Perspektiven (MBT Neue Folge 4), Münster 2021.
Heschel, Susannah: Jüdisch-feministische Theologie und Antijudaismus in christlich feministischer Theologie, in: Siegele-Wenschkewitz, Leonore (Hg.): Verdrängte Vergangenheit, die uns bedrängt. Feministische Theologie in der Verantwortung für die Geschichte, München 1988, 54–103.
Hofmann, Andrea: Allgemeines Priestertum aller Gläubigen? Die Rolle der Frau in der evangelischen Kirche während des Ersten Weltkriegs, in: Heimbach-Steins, Marianne / Könemann, Judith (Hg.): Gender (Studies) in der Theologie. Begründungen und Perspektiven (MBT Neue Folge 4), Münster 2021, 87–96.
Hoßfeld, Frank-Lothar / Zenger, Erich: Psalmen 51–100 (HThKAT), Freiburg i. Br. / Basel / Wien 2000.
Jäger, Sarah: Bundesdeutscher Protestantismus und Geschlechterdiskurse 1949–1971. Eine Revolution auf leisen Sohlen (Religion in der Bundesrepublik Deutschland 6), Tübingen 2019.
King, Karen L.: Nicht länger marginal. Vom Diskurs über Orthodoxie und Häresie zur Kritik der Kategorien und darüber hinaus, in: Lehtipuu, Outi / Petersen, Silke (Hg.): Antike christliche Apokryphen. Marginalisierte Texte des frühen Christentums (Die Bibel und die Frauen 3, Pseudepigraphische und apokryphe Schriften 2), Stuttgart 2020, 18–33.
Kliver, Christian P.: Frauenordination versus Heilige Schrift?, Kaufbeuren 2012.
Lehtipuu, Outi / Petersen, Silke (Hg.): Antike christliche Apokryphen. Marginalisierte Texte des frühen Christentums (Die Bibel und die Frauen 3, Pseudepigraphische und apokryphe Schriften 2), Stuttgart 2020.
Leipoldt, Johannes: Jesus und die Frauen. Bilder aus der Sittengeschichte der alten Welt, Leipzig 1921.
Leipoldt, Johannes: Die Frau in der antiken Welt und im Urchristentum, Leipzig [3]1965.

Lindemann, Andreas: Der Erste Korintherbrief (HNT 9/1), Tübingen 2000.
Luther, Martin: An den christlichen Adel deutscher Nation von des christlichen Standes Besserung, WA 6, 404–469.
Luz, Ulrich: Theologische Hermeneutik des Neuen Testaments, Neukirchen-Vluyn 2014.
Moltmann-Wendel, Elisabeth: Antijudaismus in der Feministischen Theologie? in: EvTh 65 (2005), 313–316.
Morenz, Siegfried: Vorrede zur dritten Auflage, in: Leipoldt, Johannes: Die Frau in der antiken Welt und im Urchristentum, Leipzig [3]1965, 9–12.
Müller, Karlheinz: Die Haustafel des Kolosserbriefs und das antike Frauenthema. Eine kritische Rückschau auf alte Ergebnisse, in: Dautzenberg, Gerhard / Merklein, Helmut / Müller, Karlheinz (Hg.): Die Frau im Urchristentum, Freiburg i. Br / Basel / Wien [5]1992, 263–319.
Navarro Puerto, Mercedes / Perroni, Marinella (Hg.): Evangelien. Erzählungen und Geschichte (Die Bibel und die Frauen 2.1), Stuttgart 2012.
Navarro Puerto, Mercedes / Perroni, Marinella: Einleitung, in: Dies. (Hg.): Evangelien. Erzählungen und Geschichte (Die Bibel und die Frauen 2.1), Stuttgart 2012, 11–15.
Perroni, Marinella: Jüngerinnen, aber nicht Apostelinnen. Das lukanische Doppelwerk, in: Navarro Puerto, Mercedes / Perroni, Marinella (Hg.): Evangelien. Erzählungen und Geschichte (Die Bibel und die Frauen 2.1), Stuttgart 2012, 167–205.
Petrey, Taylor G. (Hg.): Re-Making the world. Christianity and categories. Essays in honor of Karen L. King (WUNT 434), Tübingen 2019.
Ritt, Hubert: Die Frauen und die Osterbotschaft, in: Dautzenberg, Gerhard / Merklein, Helmut / Müller, Karlheinz (Hg.): Die Frau im Urchristentum, Freiburg i. Br. / Basel / Wien [5]1992, 117–191.
Sabar, Ariel: Veritas. A Harvard professor, a con man, and the gospel of Jesus' wife, New York 2020.
Schottroff, Luise: Der erste Brief an die Gemeinde in Korinth (Theologischer Kommentar zum Neuen Testament 7), Stuttgart 2013.
Schrage, Wolfgang u. a. (Hg.): Der Erste Brief an die Korinther (EKK VII/1–4), 4 Bd., Zürich u. a. 1991–2001.
Schüssler Fiorenza, Elisabeth / Jost, Renate (Hg.): Feministische Bibelwissenschaft im 20. Jahrhundert (Die Bibel und die Frauen 9), Stuttgart 2015.
Schüssler Fiorenza, Elisabeth: Zwischen Bewegung und Akademie. Feministische Bibelwissenschaft im 20. Jahrhundert, in: Dies. / Jost, Renate (Hg.): Feministische Bibelwissenschaft im 20. Jahrhundert (Die Bibel und die Frauen 9), Stuttgart 2015, 13–29.
Schult, Maike: Anpassungsbereit und stets zu Diensten. Zeit- und Streitfragen zu Johannes Leipoldt (1880–1965), in: John, Felix / Rinker, Swantje (Hg.): Exegese in ihrer Zeit (ABIG 52), Leipzig 2015, 121–140.
Scott, Joan Wallach: The fantasy of feminist history, Durham 2011.
Scott, Joan Wallach: Gender. A useful category of historical analysis, in: The American Historical Review 91/5 (1986), 1053–1075.
Seebass, Horst: Genesis 1. Die Urgeschichte, Neukirchen-Vluyn [2]2007.
Siegele-Wenschkewitz, Leonore (Hg.): Verdrängte Vergangenheit, die uns bedrängt. Feministische Theologie in der Verantwortung für die Geschichte, München 1988.
Sölle, Dorothee: Und ist noch nicht erschienen, was wir sein werden. Stationen feministischer Theologie, München 1987.
Sohn-Kronthaler, Michaela / Albrecht, Ruth (Hg.): Fromme Lektüre und kritische Exegese im langen 19. Jahrhundert (Die Bibel und die Frauen 8), Stuttgart 2014.
Strube, Sonja Angelika: Feministische Theologie als psychologisch geerdete Totalitarismuskri-

tik. Elisabeth Schüssler Fiorenza, Christina Thürmer-Rohr und Wilhelm Heitmeyer ins Gespräch gebracht, in: Heimbach-Steins, Marianne / Könemann, Judith (Hg.): Gender (Studies) in der Theologie. Begründungen und Perspektiven (MBT Neue Folge 4), Münster 2021, 121–130.

Zeiß-Horbach, Auguste: Evangelische Kirche und Frauenordination. Der Beitrag der Evangelisch-Lutherischen Kirche in Bayern zur deutschlandweiten Diskussion im 20. Jahrhundert (HThGF 8), Leipzig 2017.

Zeiß-Horbach, Auguste: Frauenwahlrecht und Frauenordination: Zwei bahnbrechende Neuerungen des 20. Jahrhunderts, in: PTh 109 (2020), 119–133.

Zeller, Dieter: Der erste Brief an die Korinther (KEK 4), Göttingen 2010.

Sabine Schmidtke

Allgemeines Priester*innentum?

Explizite und implizite Exklusionsmechanismen lutherischer Amtstheologie

„Die Vorstellung vom allgemeinen Priestertum gehört zu den markantesten Merkmalen lutherischer und allgemein protestantischer Theologie."[1] Dieser Gedanke bildet daher in der Regel den Ausgangspunkt, wenn systematisch-theologisch das Amt im Allgemeinen oder die Frage von Frauen im ordinierten Amt im Speziellen reflektiert werden soll. Die Auffassung, dass *alle* Christ*innen das allgemeine Priester*innentum innehaben, wird nicht erst in der Reformation entdeckt. Aber gegenüber einer zunehmenden geistlichen Hierarchisierung und gegenüber einer Bindung des individuellen Heils an eine kirchlich-priesterliche Vermittlung wurde sie wieder stärker in den Fokus gerückt.

Martin Luther (1483–1546) hat gegen den Gedanken eines durch Weihe herausgehobenen Priester*innenstandes bereits früh und entschieden das Priester*innentum aller Christ*innen betont. Seine Begründung ist dabei rechtfertigungstheologisch motiviert: Wenn der Mensch allein aus Gnade und allein wegen Christus durch den Glauben Sündenvergebung und Annahme in die Gotteskindschaft erfährt und so vor Gott gerecht wird, dann kann es keine weitere heilsnotwendige Mittlerinstanz geben. Im *Sermon von dem neuen Testament, das ist von der heiligen Messe* aus dem Jahr 1520 heißt es entsprechend:

> „Denn alle die, welche den Glauben haben, daß Christus für sie ein Pfarrer sei im Himmel vor Gottes Augen; und die auf ihn legen und durch ihn vor Gott tragen ihre Gebete, Lob, Not und sich selbst; die nicht daran zweifeln, er tue das und opfere sich selbst für sie; die darauf leiblich oder geistlich das Sakrament und Testament nehmen als ein Zeichen für das alles und nicht daran zweifeln, daß alle Sünde vergeben, Gott ein gnädiger Vater geworden und ewiges Leben bereitet ist: Siehe, alle die [...] das sind rechte Priester. Die halten wahrhaftig rechte Messe, erlangen damit auch, was sie wollen, denn der Glaube muß alles erreichen. Er ist allein das rechte priesterliche Amt und läßt es auch niemand anders sein. Darum sind alle Christenmänner Priester, alle Frauen Priesterinnen, jung oder alt, Herr oder Knecht, Herrin oder

[1] Leppin, Volker: Priestertum aller Gläubigen. Amt und Ehrenamt in der lutherischen Kirche, in: Heckel, Ulrich u. a. (Hg.): Luther heute. Ausstrahlungen der Wittenberger Reformation, Tübingen 2017, 149–169.

> Magd, Gelehrter oder Laie. Hier ist kein Unterschied, es sei denn, der Glaube sei ungleich."[2]

Die Annahme liegt nahe, dass mit dem emanzipatorischen Potential, das dem Gedanken des Priester*innentums aller Getauften inhäriert, auch schon zu Luthers Zeiten die Frage nach der Legitimität der Frauenordination eindeutig entschieden sei. Luther macht es ja deutlich: „Hier ist kein Unterschied". Theologisch führt Luther dann jedoch gegen das Predigtamt der Frauen 1 Kor 14,33f. an:

> „Denn Gott ist nicht ein Gott der Unordnung, sondern des Friedens. Wie in allen Gemeinden der Heiligen sollen die Frauen schweigen in der Gemeindeversammlung; denn es ist ihnen nicht gestattet zu reden, sondern sie sollen sich unterordnen, wie auch das Gesetz sagt."

Luther selbst scheint diese Stelle für zu dünn zu halten, um allein ausschlaggebend zu sein. Daher ergänzt er in der Erläuterung:

> „Aber Paulus hat das nicht aus seinem eigenen Kopf verboten, sondern er beruft sich auf das Gesetz, welches sagt, daß die Frauen untertan sein sollen (1 Mose 3,16). Daher war Paulus gewiß, daß der Geist sich selbst nicht darin widerspräche, daß er die Frauen, welche er zuvor den Männern untergeordnet hatte, nun über die Männer erhebe, sondern daß er vielmehr, seiner vorherigen Einsetzung eingedenk, die Männer zum Predigen erwecke"[3].

Eine Ausnahme von dieser vermeintlich natürlichen und geistgewirkten Ordnung ist nach Luther nur dann legitim, wenn sich kein Mann findet, der predigen kann – zum Beispiel in reinen Frauenklöstern.

Das Argument, dass es die Ordnung des Heiligen Geistes sei, durch die Frauen den Männern von jeher untergeordnet seien und daher durch den Geist auch nicht zum Predigtamt erwählt würden, ist jedoch in verschiedener Hinsicht nicht schlüssig:

Auf der einen Seite sind die protologischen, hamartiologischen und soteriologischen Dimensionen nicht stimmig miteinander verwoben: Luther bezieht sich auf Gen 3,16, wenn er die Unterordnung der Frau unter den Mann als vom Geist angeordnet behauptet: „Und zur Frau sprach er: Ich will dir viel Mühsal schaffen, wenn du schwanger wirst; unter Mühen sollst du Kinder gebären. Und dein Verlangen soll nach deinem Mann sein, aber er soll dein Herr sein." Luther selbst führt jedoch die Sünde auf den sogenannten Sündenfall zurück und deutet

---

2 Luther, Martin: Ein Sermon von dem neuen Testament, das ist von der heiligen Messe (1520), in: Bornkamm, Karin / Ebeling, Gerhard (Hg.): Martin Luther. Ausgewählte Schriften, Bd. 2: Erneuerung von Frömmigkeit und Theologie, Frankfurt a. M. 1982, 78–114, 103.

3 Luther, Martin: Vom Mißbrauch der Messe (1521), in: Bornkamm, Karin / Ebeling, Gerhard (Hg.): Martin Luther. Ausgewählte Schriften, Bd. 3: Auseinandersetzung mit der römischen Kirche, Frankfurt a. M. 1982, 85–164, 109.

entsprechend Gen 3,16 gerade nicht als gute Schöpfungsordnung (protologisch), sondern als Konsequenz der Sünde (hamartiologisch). Dann aber ist es rechtfertigungstheologisch schlicht unsinnig, eine Bestimmung, die als Folge der Gottesferne charakterisiert wird, zu einem entscheidenden Kriterium zu erheben, wenn es um die Verkündigung des Evangeliums durch Gläubige geht, denen die Sünde vergeben ist und deren Schuld und Trennung von Gott überwunden wurde. Luther hätte wohl kaum einem Mann, dessen Feld nicht Dornen und Disteln trägt oder der anderes als das Kraut auf dem Feld isst (vgl. Gen 3,17–19) vorgeworfen, dass er damit der Ordnung des göttlichen Geistes widerspricht.

Auf der anderen Seite ist das Argument auch ekklesiologisch widersprüchlich: Wenn mit dem berufenen Amt gerade kein gesonderter, hierarchisch erhobener, geistlich von anderen unterschiedener Stand erlangt wird, sondern alle durch das allgemeine Priester*innentum gleichen geistlichen Stands sind, dann kann es keine *Erhebung* von Frauen über Männer bedeuten, wenn Frauen das Amt der Verkündigung und Sakramentsspendung ausüben.

Ausschlaggebender scheint für Luther dann auch eher ein nicht-theologisches Eignungskriterium zu sein, das gegen Frauen im öffentlichen Predigtamt spricht: Altgläubigen Kritiker*innen des Gedankens des allgemeinen Priester*innentums, die mit dem Korintherbrief argumentieren, dass, wenn die Frau in der Gemeinde schweigen soll, somit wohl kaum alle Christ*innen gleichen Standes seien, antwortet Luther,

> „daß man auch Stumme und sonst Behinderte und Ungeschickte nicht predigen läßt. Denn obwohl jeder Recht und Macht hat zu predigen, so soll man doch niemanden dazu gebrauchen, noch soll sich jemand dessen bemächtigen, es sei denn, er sei dazu vor anderen geeignet. [...] Denn zu dem Geist, der predigen will, gehört eine gute Stimme, eine gute Aussprache, ein gutes Gedächtnis und andere natürliche Gaben. Wer diese nicht hat, der schweige gerechterweise und lasse einen anderen reden.“[4]

Luthers Argumentation läuft also darauf hinaus, dass Frauen zwar prinzipiell geistlich zum Amt geeignet wären, aber nicht über die notwendigen Fähigkeiten verfügten, dieses Amt auch kompetent auszufüllen.[5] So entschieden das allgemeine Priester*innentum betont wurde, genauso selbstverständlich hielt man

4 Luther, Mißbrauch, 108f.

5 Soweit es die Recherchen für den vorliegenden Beitrag ergeben haben, hat auch niemand aus der Reihe der Reformatoren dieser Auffassung Luthers widersprochen. „Eine neue soziale oder kirchliche Stellung [...] hat auch Luther und die Reformation trotz der Betonung des allgemeinen Priestertums der Frau nicht gegeben“ (Zurhellen-Pfleiderer, Else: Art. „Frau. III. Im Christentum“, in: RGG[2] 2 (1928), 719–726, 722). Eine andere Wertung der Frau scheint in einigen Teilen des sog. linken Flügels der Reformation geherrscht zu haben, der sich gleichzeitig jedoch auch wesentlich in der Amtstheologie von der lutherischen Auffassung unterschied. Als Beispiel sei das Nachwort Melchior Hoffmans (1495–1543), der zunächst der lutherischen Reformation zuzurechnen war, sich dann aber stark dem Täufertum zuwandte, zu den von ihm herausgegebenen „Prophetischen Gesichten [...] einer Gottesliebhaberin“ angeführt, das unterschiedliche Ämter, die sowohl Männern als auch

an einem nur Männern zugänglichen ordinierten Amt fest. Dabei gab es durchaus ein Bewusstsein dafür, dass Frauen verkündigen können: Luther hat diese Möglichkeit zum Beispiel für Frauenklöster ausdrücklich zugestanden. Er weiß in den höchsten Tönen von den Prophetinnen des Alten Testamentes zu schwärmen. Ebenso hat er sich für die Gründung von Mädchenschulen eingesetzt.[6] Aber allgemein ging man davon aus, dass es Frauen an der nötigen Stimme, einem guten Gedächtnis und ausreichender Bildung fehlt, um kompetent verkündigen zu können.

Dass es weder Paulus noch Luther als Kindern ihrer Zeit gelungen ist, die herrschenden gesellschaftlichen Verhältnisse bezüglich des Geschlechterverhältnisses theologisch infrage zu stellen, mag man verstehen können. Dass die evangelischen Kirchen Hunderte von Jahren brauchten, um diese Position zu überdenken, ist jedoch erschreckend. Es wäre wünschenswert gewesen und ist es noch, wenn man vielleicht mehr auf Gal 3,28 als auf 1 Kor 14,33f. hören würde: „Hier ist nicht Jude noch Grieche, hier ist nicht Sklave noch Freier, hier ist nicht Mann noch Frau; denn ihr seid allesamt einer in Christus Jesus."

Dass die Evangelische Kirche in Deutschland erst dann, als u. a. durch zwei Weltkriege tatsächlich nicht mehr genügend Männer zur Ausübung des Predigtamtes vorhanden waren, Frauen den Zugang zum kirchlichen Verkündigungsamt ermöglichte – und das zunächst auch noch unter starken Einschränkun-

Frauen zukommen können, auf den einen Geist Gottes zurückführt: „Denn die Gaben des Geistes und die Ämter teilen sich in sehr viele Arten, und es ist doch der eine Geist, der das bewirkt. [...] So ist es ganz offensichtlich, daß die erwähnte Liebhaberin eine hohe Gabe des göttlichen Geistes hat, Gesichte göttlicher Offenbarung, nicht jedoch eine verständliche Auslegung derselben, außer was der Geist ihr offenbart und sie lehrt. [...] Nun hat der Mann dieser Liebhaberin auch eine Gabe des Geistes und ein öffentliches Prophetenamt. [...] So haben diese beiden zwei Ämter, und es ist ein großer Fehler, wenn man den Geist binden und knüpfen will, der doch sein Geisten in Freiheit und ungezwungen tut" (Hoffman, Melchior: Prophetische Gesichte und Offenbarungen vom Wirken Gottes in dieser Zeit, die vom Jahr 1624 bist 1530 einer Gottesliebhaberin durch den Heiligen Geist offenbart worden sind und von denen hier in diesem Büchlein 77 verzeichnet sind (1530), in Auszügen in: Fast, Heinold (Hg.): Der linke Flügel der Reformation. Glaubenszeugnisse der Täufer, Spiritualisten, Schwärmer und Antitrinitarier (KlProt 4), Bremen 1962, 298–308, 306f.).

6 Vgl. Luther, Martin: An den christlichen Adel deutscher Nation von des christlichen Standes Besserung (1520), in: Aland, Kurt (Hg.): Luther Deutsch. Die Werke Martin Luthers in neuer Auswahl für die Gegenwart, Göttingen [4]1990, 157–170. Vgl. auch Strohl, Jane: Art. „Mann und Frau", übers. von Leppin, Volker, in: Leppin, Volker / Schneider-Ludorff, Gury (Hg.): Das Luther-Lexikon, Regensburg 2014, 470f., 470: „In seiner Genesisvorlesung imaginiert Luther eine Szene, in der die erste Frau als exemplarische Verkünderin des Evangeliums dient [...]. Eva ist so in Luthers Sicht die erste in einer Reihe alttestamentlicher Frauengestalten, die im Gegensatz zu den ahnungslos bleibenden Männern in ihrem Leben Gottes Willen verstehen und mutig in die Tat umsetzen [...]. Gleichwohl ist Luther nicht bereit, den Frauen in seiner eigenen Zeit eine vergleichbar öffentliche Rolle zuzubilligen. Vielmehr ist er der festen Meinung, dass sie von Geburt unfähig zum Predigtamt seien."

gen –[7], stimmt mehr als nachdenklich. Dass in der Evangelisch-Lutherischen Landeskirche Schaumburg-Lippe die Frauenordination erst 1991 eingeführt wurde, ist aus heutiger Sicht kaum noch vorstellbar. Dass die landeskirchliche St.-Martini-Gemeinde in Bremen, in der 1904 die erste weibliche methodistische Predigerin der USA, Anna Howard Shaw (1847–1919), predigen durfte,[8] heute Frauen den Zugang zur Kanzel sowie das Tragen eines Talars verbietet,[9] macht sprachlos. Dass die Evangelisch-Lutherischen Kirche Lettlands die Praxis der Frauenordination 2016 wieder rückgängig machte, scheint eine noch größere Ungerechtigkeit zu sein, als sie nie zugelassen zu haben.

Theologisch ist man überrascht, wie über die Frage der Frauenordination bzw. über die Tatsache, dass es sie lange nicht gegeben hat, zum Teil schlicht hinweggegangen wird: Auf über 20 Seiten eines Lexikonartikels zum Amt aus systematisch-theologischer Perspektive findet sich in der Theologischen Realenzyklopädie nicht ein Satz zur Geschichte oder Begründung der Frauenordination bzw. ihres Fehlens.[10]

Hinzu kommt ein weiterer Aspekt: Auch dort, wo die Ordination von Frauen praktiziert wird, verschafft sich das jahrhundertelange Ungleichgewicht gepaart mit anderen Faktoren insofern weiterhin Geltung, als Frauen in der Leitung der Kirchen deutlich unterrepräsentiert sind.[11] Diese Tatsache wiegt umso

---

7 Ein anschauliches Beispiel bietet Rajah Scheepers in ihrer Schilderung der sog. Talarfrage, vgl. Scheepers, Raja: Von der weiblichen Lust am Studium der Theologie – Frauen Gestalten Geschichte, in: Auga, Ulrike u. a. (Hg.): Das Geschlecht der Wissenschaft. Zur Geschichte von Akademikerinnen im 19. und 20. Jahrhundert, Bonn 2009, 281–302, 290–295.

8 https://www.kreiszeitung.de/lokales/bremen/protestantisches-drama-1292513.html (abgerufen am 29.7.2022; vgl. dazu das dort rezensierte Werk von Hagemann, Eberhard).

9 https://www.evangelisch.de/inhalte/171285/15-06-2020/die-kirchengemeinde-st-martini-bremen-von-olaf-latzel-polarisiert (abgerufen am 29.7.2022); vgl. auch Hagemann, Eberhard: Die St.-Martini-Pastoren im Spiegel der Bremischen Kirchengeschichte 1525–2011. Ein protestantisches Drama, Bremen 2011. Das Wirken von Albert Kalthoff (1850–1906) in Bremen, der Anna Howard Shaw eingeladen hatte, wird von der St. Martini-Gemeinde heute als „losgelöst vom Evangelium“ charakterisiert (https://st-martini.net/gemeinde/kirchenfuehrer/; abgerufen am 29.7.2022). Die sich selbst als strikt bibelorientiert verstehende St.-Martini-Gemeinde polarisiert nicht nur hinsichtlich der Frage von Frauen im Amt, sondern auch bezüglich der Haltung zu anderen Religionen (mitunter auch zu anderen Christ*innen) und zu homosexuellen Menschen. Letzteres ist durch die Berichterstattung rund um den Vorwurf der Volksverhetzung gegenüber dem St.-Martini-Pastor Olaf Latzel weit über die Grenzen der Bremischen Landeskirche hinaus wahrgenommen und diskutiert worden (Interessierte mögen hier gerne selbst im Internet suchen, die Artikel sind so zahlreich, dass eine repräsentative Auswahl nicht möglich ist).

10 Vgl. Ratschow, Carl Heinz: Art. „Amt. VIII. Systematisch-theologisch“, in: TRE 2 (1978), 593–622.

11 Vgl. Studienzentrum der EKD für Genderfragen: Wer leitet die Kirche? Tabellenband mit aktualisierten Daten zum *Atlas zur Gleichstellung von Frauen und Männern in der evangelischen Kirche in Deutschland*, https://www.gender-ekd.de/download/Wer%20leitet%20die%20Kirche.pdf (abgerufen am 28.7.2022).

schwerer, als sich inzwischen bei Kirchenmitgliedschaft, ehrenamtlicher Tätigkeit, beruflichen Mitarbeitenden und vielem mehr ein Trend zu einer weiblichen Mehrheit innerhalb der Kirche abzeichnet.[12]

Es zeigt sich letztlich an der Thematik der Frauenordination eine tiefliegende Problematik innerhalb der Amtstheologie und hinsichtlich ihrer praktischen Umsetzung: Wer entscheidet darüber, was neben der prinzipiell allen Gläubigen zukommenden geistlichen Eignung (aufgrund des Priester*innentums aller Getauften) sowie der theologischen Kompetenz[13] noch notwendig ist, um für das Amt geeignet zu sein?

Zu der zitierten Passage bei Luther gibt es eine aktuelle Erläuterung, die auf die Unterscheidung von prinzipieller Befähigung (oder prinzipiellem Recht) und spezifischer Eignung rekurriert. Bei Wilfried Härle heißt es in einem Buch, das dezidiert ein Votum für die Frauenordination und Weihe von Frauen als Priesterinnen bietet:

---

[12] Vgl. EKD: Kirchenmitgliederzahlen. Stand 31.12.2020, https://www.ekd.de/ekd_de/ds_doc/Ber_Kirchenmitglieder_2020.pdf (abgerufen am 28.7.2022); sowie EKD: Gezählt 2021. Zahlen und Fakten zum kirchlichen Leben, https://www.ekd.de/ekd_de/ds_doc/Gezaehlt_zahlen_und_fakten_2021.pdf (abgerufen am 28.7.2022).

[13] Der Aspekt der sog. theologischen Kompetenz wird im VELKD-Papier „Allgemeines Priestertum, Ordination und Beauftragung nach evangelischem Verständnis" sowie in den Ergänzungen „Ordnungsgemäß berufen" und „Fragen und Antworten zur Empfehlung ‚Ordnungsgemäß berufen'" als Kriterium der spezifischen Eignung für das ordinierte Amt aufgerufen, vgl. Lutherisches Kirchenamt der VELKD (Hg.): Allgemeines Priestertum, Ordination und Beauftragung nach evangelischem Verständnis. Eine Empfehlung der Bischofskonferenz der VELKD (Texte aus der VELKD 130), Hannover 2004; Dass.: Ordnungsgemäß berufen. Eine Empfehlung der Bischofskonferenz der VELKD zur Berufung zu Wortverkündigung und Sakramentsverwaltung nach evangelischem Verständnis (Texte aus der VELKD 136), Hannover 2006; Dass.: Fragen und Antworten zur Empfehlung Ordnungsgemäß berufen (Beiheft zu Texte aus der VELKD 136/2006). Alle Papiere rekurrieren dabei auf ein 1993 erschienenes Buch über die Grundlagen der theologischen Ausbildung und Fortbildung (Hassiepen, Werner / Herms, Eilert: Grundlagen der theologischen Ausbildung und Fortbildung im Gespräch. Die Diskussion über die „Grundsätze für die Ausbildung und Fortbildung der Pfarrer und Pfarrerinnen der Gliedkirchen der EKD". Dokumentation und Erträge 1988–1933 (Reform der theologischen Ausbildung 14), Stuttgart 1993, 19–30). Dort werden Aspekte benannt, die zusammengefasst die theologische Kompetenz ausmachten: Zu ihr gehöre, kurz gefasst, die Kenntnis der und die persönliche Einsicht in die Wahrheit des Evangeliums sowie in die Evangeliumsgemäßheit der geltenden kirchlichen Lehre. Weiter müssten Amtsträger*innen diese Einsichten authentisch und verständlich öffentlich vertreten können – in der Rede und in der Weise der eigenen Amtsführung. Schließlich gehe es darum, diese Einsichten und Kenntnisse stetig zu reflektieren und weiterzuentwickeln. Nur wer über diese Fähigkeiten, wenn auch nicht in Perfektion, verfüge, erweise damit neben der prinzipiellen Befähigung auch die Eignung für „eine auftragsgemäße und professionelle Führung des Pfarramtes" (Hassiepen / Herms, Grundlagen, 20). Geschult und abgeprüft werden diese Kompetenzen durch Studium, Vikariat, Examina und Fortbildungen. Aktuell wird jedoch diskutiert, ob die theologische Kompetenz nur im Rahmen eines akademischen „Volltheologie"-Studiums oder auch auf anderem Weg erworben werden kann.

> „Luther tritt also für das uneingeschränkte geistliche Recht auch der Frauen ein, in der Gemeinde zu predigen, aber er hält sie für *nicht geeigneter bzw. für weniger geeignet* als Männer für den Verkündigungsdienst. Diese geringere Eignung sieht er darin, dass Frauen *stimmlich* weniger gut ausgestattet sind sowie weniger gut *ausgebildet* und *weniger geübt* sind in der öffentlichen Rede. [...] Nach Luthers Überzeugung sind Frauen (im Allgemeinen) *weniger geeignet* zur Wahrnehmung der öffentlichen Verkündigung, als es Männer sind. Und *nur solche* Gründe der mangelnden Eignung sind für Luther zulässig, um ein Schweigegebot oder ein Verkündigungsverbot für Frauen in der Gemeinde zu erlassen und zu begründen. Es gibt jedoch *keine theologischen* Gründe für ein solches Ge- bzw. Verbot. [...] Aufgrund *biologischer, pädagogischer* und *sozialer* Gründe rät Luther also in seiner Zeit von der Frauenordination ab. Und *das ist nicht generell zu kritisieren*; denn solche Gründe macht die christliche Kirche zu Recht *immer und überall* für die Auswahl derer geltend, die ordiniert werden und mit der Wahrnehmung des Pfarramts betraut werden können und sollen."[14]

Man darf m. E. äußerst kritisch hinterfragen, ob nicht-theologische Gründe „zu Recht immer und überall" für die Auswahl der Personen, die für das berufene Amt geeignet sind, geltend gemacht wurden und werden dürfen. Bei solchen Eignungskriterien bedarf es einer selbstkritischen Reflexion, ob diese wirklich mit Recht in Anschlag gebracht werden. Hier zeigt sich die Schwierigkeit der Bestimmung von Eignungskriterien: Wer bestimmt aus welchen Gründen und Motiven, was zur Eignung gehört und was nicht? Kann das Evangelium nur kompetent kommuniziert werden, wenn man über eine tiefe, sonore Stimme verfügt?

Die Frage nach der Legitimität der Frauenordination erweist sich somit als exemplarischer Fall einer prinzipiellen Schwierigkeit: Schon Luther exkludiert ja zugleich mit den Frauen auch noch weitere Bevölkerungsgruppen vom Predigtamt. Es hilft nicht, die Aussagen Luthers zu „Frauen – Stummen – Behinderten – Ungeschickten" abmildern zu wollen, indem man meint, das sei ja nur so lange kränkend, „wie man die Feststellung einer Behinderung für eine Kränkung hält"[15]. Die Problematik und Kränkung entsteht nicht durch die Zusammenstellung, sondern sie liegt in der Marginalisierung und Exklusion derer, die nicht den eigenen Eignungsvorstellungen entsprechen. Noch immer gilt beispielsweise: „Theologinnen und Theologen mit Behinderungen machen auch in der Kirche oft die Erfahrung, dass sie zusätzlich zu den bestehenden Beeinträchtigungen in ihrem beruflichen Werdegang behindert werden."[16] Und ganze soziale Milieus sind kaum unter Theologiestudent*innen, im kirchlichen Amt, geschweige denn im kirchlichen Leitungsamt vertreten.

---

14 Härle, Wilfried: Von Christus beauftragt. Ein biblisches Plädoyer für Ordination und Priesterweihe von Frauen, Leipzig 2017, 136–138.

15 Härle, Christus, 136f.

16 Kirchenamt der EKD (Hg.): Es ist normal, verschieden zu sein. Inklusion leben in Kirche und Gesellschaft. Eine Orientierungshilfe des Rates der Evangelischen Kirche in Deutschland, Gütersloh 2014, 182.

Wenn die Notwendigkeit des ordinierten Amtes und seine Unterscheidung vom allgemeinen Priester*innentum mit der Unterscheidung zwischen allgemeiner geistlicher Befähigung und anderweitiger theologischer, biologischer, sozialer, pädagogischer oder anderer Eignung begründet wird, liegt darin auch das Risiko, dass stets die gleichen oder einander ähnliche Menschen entscheiden, was zur Eignung für das Amt gehört – in der Regel ist es das, was sie selbst auszeichnet bzw. von dem sie meinen, dass es sie auszeichnet. Damit besteht jedoch zugleich die Gefahr, dass zur Verfestigung – häufig unhinterfragter und unreflektierter – Strukturen beigetragen wird, durch die andere – zumindest z. T. – aus nicht-theologischen Gründen vom Amt ausgeschlossen werden. Der Ausschluss von Frauen hat lange funktioniert und funktioniert, wenn man auf die Ebene der Kirchenleitung oder der Theologie-Professuren schaut, auch heute noch überwiegend recht gut. Die fehlende Reflexion der Eignungskriterien bzw. ihre Uneindeutigkeiten schlagen sich auch kirchenrechtlich nieder: Bspw. heißt es in § 9 des Pfarrdienstgesetzes der EKD, dass die Voraussetzungen für die Berufung in den Pfarrdienst u. a. seien, dass eine Person „nach Persönlichkeit und Befähigung erwarten lässt, den Anforderungen des Pfarrdienstes zu genügen“[17], und „nicht infolge des körperlichen Zustandes oder aus gesundheitlichen Gründen bei der Ausübung des Pfarrdienstes wesentlich beeinträchtigt ist“[18]. Es wird aber nicht näher bestimmt, nach welchen Kriterien Persönlichkeit, Befähigung und körperlicher Zustand beurteilt werden. Mit der Offenheit der Formulierungen besteht zumindest die Möglichkeit, dass dieses Gesetz zu unbegründeter oder unreflektierter Exklusion bestimmter Personengruppen beiträgt.

Die Erhebung von Eignungskriterien sollte auf eine überaus reflektierte, selbstkritische und sensible Art und Weise geschehen, gerade wenn diese Kriterien nicht theologisch begründet sind. Es stellt einen erheblichen Schaden für die Glaubwürdigkeit nicht nur der eigenen Amtstheologie, sondern auch und gerade der kirchlichen Evangeliumsverkündigung in Wort und Tat dar, wenn in der Erhebung von Eignungskriterien und in der Auswahl von Personen für das berufene Amt nicht in hohem Maße auf darauf geachtet wird, Exklusion und Diskriminierung zu vermeiden.

Die sichtbare Kirche, wie sie u. a. durch Amtsträger*innen repräsentiert wird, ist keine Größe, die sich von der geglaubten und in Bekenntnissen mit ihren Wesensmerkmalen der Einheit, Heiligkeit, Katholizität und Apostolizität charakterisierten Kirche strikt trennen lässt.[19] Von den Wesenseigenschaften

---

17 PfDG.EKD, § 9 Abs. 1 Ziff. 2 (https://kirchenrecht-ekd.de/document/14992#s47000021; abgerufen am 17.6.2022).

18 PfDG.EKD, § 9 Abs. 1 Ziff. 4.

19 Die (evangelische) Unterscheidung von sichtbarer und unsichtbarer bzw. geglaubter Kirche geht davon aus, dass, weil auch der Glaube des Menschen nicht äußerlich feststellbar ist und auch der gerechtfertigte Mensch Sünder*in bleibt, so auch die sichtbare Versammlung der Gläubigen, die als Kirche bezeichnet wird, nicht schlicht identisch mit der geglaubten und bekannten einen, heiligen, katholischen, apostolischen Kirche ist. Sie sind

der geglaubten Kirche her kommt der sichtbaren Kirche eine Bestimmung zu, der sie entsprechen soll. In Artikel 3 der Barmer Theologischen Erklärung aus dem Jahr 1934 heißt es:

> „Die christliche Kirche ist die Gemeinde von Brüdern" – und Schwestern ist zu ergänzen –, „in der Jesus Christus in Wort und Sakrament durch den Heiligen Geist als der Herr gegenwärtig handelt. Sie hat mit ihrem Glauben wie mit ihrem Gehorsam, mit ihrer Botschaft wie mit ihrer Ordnung mitten in der Welt der Sünde als die Kirche der begnadigten Sünder zu bezeugen, dass sie allein sein Eigentum ist, allein von seinem Trost und von seiner Weisung in Erwartung seiner Erscheinung lebt und leben möchte."[20]

Die Wesens-Eigenschaften sind kritischer Prüfstein der sichtbaren Kirche – und die sichtbare Kirche soll Bezeugungsinstanz ihres innersten Wesens sein.

> „Wenn die verborgene Kirche *heilig ist*, weil die Glieder des Leibes Christi von Gott geheiligt und in seine Lebensgemeinschaft aufgenommen sind, dann ist die sichtbare Kirche bzw. sind die organisatorisch verfassten sichtbaren Kirchen daran zu prüfen, ob in ihnen der Zuspruch und Anspruch Gottes, die sich auf *alle* Bereiche menschlichen Lebens beziehen, auch in der Ordnung und Gestaltung des kirchlichen Lebens [...] zur Geltung kommen."[21]

Die Kirche ist eine, heilig, katholisch, apostolisch von ihrem Ursprung her; durch Gottes Gnade, vermittelt durch den Geist im Wort werden ihr diese Eigenschaften immer wieder zugesprochen. Aber sie soll auch sichtbar durch ihr Wesen bestimmt sein und dieses bezeugen. Gerechtigkeit ist keine klassische Eigenschaft der Kirche. Aber heilig ist, was zu Gott gehörig ist. Und zu Gott gehört Gerechtigkeit. Wo die sichtbare Kirche an ungerechten Strukturen festhält, nicht zu ihrer Überwindung beiträgt, da verfehlt sie ihre Funktion, ihre Zugehörigkeit zu Gott, ihre Heiligkeit zu bezeugen. Die Bitte um Vergebung dieser Sünde ist das eine – der feste Wille, von dieser Sünde abzulassen, ist das andere, worauf hin Theologie und Kirche gemeinsam weiter hinarbeiten sollten.

---

jedoch auch keine strikt getrennten Größen: Die verborgene Kirche ist nicht lediglich ein Ideal ohne empirische Wirklichkeit. Sie ist gleichsam die Seele der äußeren Kirche. Die äußere, sichtbare Kirche wird jedoch nicht ausschließlich durch ihre Seele bestimmt, ist nicht nur Ausdruck ihres innersten Wesens, sondern unterliegt auch anderen Einflüssen und kann sogar in Widerspruch zu ihrem innersten Wesen stehen.

20 Barmer Theologische Erklärung vom 31.5.1934, in: Plasger, Georg / Freudenberg, Matthias (Hg.): Reformierte Bekenntnisschriften. Eine Auswahl von den Anfängen bis zur Gegenwart, Göttingen 2005, 239–245, 243.

21 Härle, Wilfried: Creatura Evangelii, in: Ders.: Christlicher Glaube in unserer Lebenswelt. Studien zur Ekklesiologie und Kirche, Leipzig 2007, 79–98, 93.

Literaturverzeichnis:

Barmer Theologische Erklärung vom 31.5.1934, in: Plasger, Georg / Freudenberg, Matthias (Hg.): Reformierte Bekenntnisschriften. Eine Auswahl von den Anfängen bis zur Gegenwart, Göttingen 2005, 239–245.

Härle, Wilfried: Creatura Evangelii, in: Ders.: Christlicher Glaube in unserer Lebenswelt. Studien zur Ekklesiologie und Kirche, Leipzig 2007, 79–98.

Härle, Wilfried: Von Christus beauftragt. Ein biblisches Plädoyer für Ordination und Priesterweihe von Frauen, Leipzig 2017.

Hassiepen, Werner / Herms, Eilert: Grundlagen der theologischen Ausbildung und Fortbildung im Gespräch. Die Diskussion über die „Grundsätze für die Ausbildung und Fortbildung der Pfarrer und Pfarrerinnen der Gliedkirchen der EKD". Dokumentation und Erträge 1988–1933 (Reform der theologischen Ausbildung 14), Stuttgart 1993.

Hoffman, Melchior: Prophetische Gesichte und Offenbarungen vom Wirken Gottes in dieser Zeit, die vom Jahr 1624 bist 1530 einer Gottesliebhaberin durch den Heiligen Geist offenbart worden sind und von denen hier in diesem Büchlein 77 verzeichnet sind (1530), in Auszügen in: Fast, Heinold (Hg.): Der linke Flügel der Reformation. Glaubenszeugnisse der Täufer, Spiritualisten, Schwärmer und Antitrinitarier (KlProt 4), Bremen 1962, 298–308.

Kirchenamt der EKD (Hg.): Es ist normal, verschieden zu sein. Inklusion leben in Kirche und Gesellschaft. Eine Orientierungshilfe des Rates der Evangelischen Kirche in Deutschland, Gütersloh 2014.

Leppin, Volker: Priestertum aller Gläubigen. Amt und Ehrenamt in der lutherischen Kirche, in: Heckel, Ulrich /Kampmann, Jürgen / Leppin, Volker / Schwöbel. Christoph (Hg.): Luther heute. Ausstrahlungen der Wittenberger Reformation, Tübingen 2017, 149–169.

Luther, Martin: An den christlichen Adel deutscher Nation von des christlichen Standes Besserung (1520), in: Aland, Kurt (Hg.): Luther Deutsch. Die Werke Martin Luthers in neuer Auswahl für die Gegenwart, Göttingen ^{4}1990, 157–170.

Luther, Martin: Vom Mißbrauch der Messe (1521), in: Bornkamm, Karin / Ebeling, Gerhard (Hg.): Martin Luther. Ausgewählte Schriften, Bd. 3: Auseinandersetzung mit der römischen Kirche, Frankfurt a. M. 1982, 85–164.

Luther, Martin: Ein Sermon von dem neuen Testament, das ist von der heiligen Messe (1520), in: Bornkamm, Karin / Ebeling, Gerhard (Hg.): Martin Luther. Ausgewählte Schriften, Bd. 2: Erneuerung von Frömmigkeit und Theologie, Frankfurt a. M. 1982, 78–114.

Lutherisches Kirchenamt der VELKD (Hg.): Allgemeines Priestertum, Ordination und Beauftragung nach evangelischem Verständnis. Eine Empfehlung der Bischofskonferenz der VELKD (Texte aus der VELKD 130), Hannover 2004.

Lutherisches Kirchenamt der VELKD (Hg.): Fragen und Antworten zur Empfehlung Ordnungsgemäß berufen (Beiheft zu Texte aus der VELKD 136/2006), Hannover 2006.

Lutherisches Kirchenamt der VELKD (Hg.): Ordnungsgemäß berufen. Eine Empfehlung der Bischofskonferenz der VELKD zur Berufung zu Wortverkündigung und Sakramentsverwaltung nach evangelischem Verständnis (Texte aus der VELKD 136), Hannover 2006.

Ratschow, Carl Heinz: Art. „Amt. VIII. Systematisch-theologisch", in: TRE 2 (1978), 593–622.

Scheepers, Raja: Von der weiblichen Lust am Studium der Theologie – Frauen Gestalten Geschichte, in: Auga, Ulrike / Bruns, Claudia / Harders, Levke / Jähnert, Gabriele (Hg.): Das Geschlecht der Wissenschaft. Zur Geschichte von Akademikerinnen im 19. und 20. Jahrhundert, Bonn 2009, 281–302.

Strohl, Jane: Art. „Mann und Frau“, übers. von Leppin, Volker, in: Leppin, Volker / Schneider-Ludorff, Gury (Hg.): Das Luther-Lexikon, Regensburg 2014, 470f.
Zurhellen-Pfleiderer, Else: Art. „Frau. III. Im Christentum“, in: RGG² 2 (1928), 719–726.

Internetquellen:

EKD: Kirchenmitgliederzahlen. Stand 31.12.2020, https://www.ekd.de/ekd_de/ds_doc/Ber_Kirchenmitglieder_2020.pdf (abgerufen am 28.7.2022).
EKD: Gezählt 2021. Zahlen und Fakten zum kirchlichen Leben, https://www.ekd.de/ekd_de/ds_doc/Gezaehlt_zahlen_und_fakten_2021.pdf (abgerufen am 28.7.2022).
Pfarrdienstgesetz der EKD (PfDG.EKD), https://kirchenrecht-ekd.de/document/14992#s47000021 (abgerufen am 18.6.2022).
Studienzentrum der EKD für Genderfragen: Wer leitet die Kirche? Tabellenband mit aktualisierten Daten zum *Atlas zur Gleichstellung von Frauen und Männern in der evangelischen Kirche in Deutschland*, https://www.gender-ekd.de/download/Wer%20leitet%20die%20Kirche.pdf (abgerufen am 28.7.2022).

Zu St. Martini:
https://www.evangelisch.de/inhalte/171285/15-06-2020/die-kirchengemeinde-st-martini-bremen-von-olaf-latzel-polarisiert (abgerufen am 29.7.2022).
https://st-martini.net/gemeinde/kirchenfuehrer/(abgerufen am 28.7.2022).

Ulrike Wagner-Rau

Geschlechterdiskurs und Pfarrberuf

Pastoraltheologische Verschiebungen

Das Thema des Geschlechterdiskurses im Zusammenhang pastoraltheologischer Reflexionen hat mich durch mein gesamtes Berufsleben begleitet. Darum soll ihm hier auch mit biographischen Seitenblicken – vor allem unter Bezug auf meine Veröffentlichungen zu diesem Thema – nachgegangen werden. Denn in diesen Veröffentlichungen zeigt sich deutlich das Ineinander der gendertheoretischen wie pastoraltheologischen Verschiebungen.[1]

1. Differenzfeministischer Aufbruch und Demokratisierung des Berufsbildes

In einer Zeit, in der die Themen der Neuen Frauenbewegung in Theologie und Kirche stark rezipiert wurden, bin ich 1978 Vikarin der Nordelbischen Kirche geworden. 1974 hatte Elisabeth Moltmann-Wendel (1926–2016) das Buch „Menschenrechte für die Frau" herausgegeben, durch das wichtige Autorinnen der US-amerikanischen Feministischen Theologie in Deutschland auch für Frauen zugänglich wurden, die keine englischsprachige Literatur lasen oder Kontakte in die USA unterhielten.[2] Ich selber war durch einen Aufenthalt in der ökumenischen Hochschule Bossey bereits mit feministischen Theologinnen aus der ganzen Welt in Berührung gekommen, während es in Deutschland zunächst nur wenige Zentren gab, in denen die feministische Theorie der Frauenbewegung theologisch rezipiert wurde. 1979 initiierte Herta Leistner in Bad Boll eine „Feministische Werkstatt", eine Frauentagung mit großer Beteiligung, von der in

---

1 Vgl. zum hier behandelten Thema auch Wagner-Rau, Ulrike: Geschlechterverhältnisse und Pfarrberuf im Wandel, in: Birkle, Carmen u. a. (Hg.): Emanzipation und feministische Politiken. Verwicklungen – Verwerfungen – Verwandlungen, Sulzbach/Taunus 2012, 150–164; Dies.: Die praktisch-theologische Reflexion über den Pfarrberuf. Forschungsschwerpunkte der letzten fünfzig Jahre im Zusammenhang der Fachdebatte, in: Schröder, Bernd / Schlag, Thomas (Hg.): Praktische Theologie und Religionspädagogik – systematische, empirische und thematische Verhältnisbestimmungen, Leipzig 2020, 359–376.

2 Vgl. Moltmann-Wendel, Elisabeth (Hg.): Menschenrechte für die Frau. Christliche Initiativen zur Frauenbefreiung, München 1974.

den folgenden Jahren wichtige Impulse ausgingen und die u. a. in der Nordelbischen Kirche aufgegriffen wurde. 1981 hielten Elisabeth Moltmann-Wendel, Heidemarie Langer und Herta Leistner auf dem Kirchentag in Hamburg die erste feministisch-theologische Bibelarbeit in einer überfüllten Messehalle.[3] Die rechtliche Gleichstellung der Pfarrerinnen, um die seit den 20er Jahren des 20. Jahrhunderts gestritten wurde, war erreicht, auch wenn die Frauen meiner Altersgruppe noch fast überall die Erfahrung machten, als erste Frau auf einer Pfarrstelle wie auch auf einer Professur zu sein. Jetzt aber ging es v. a. um eine qualitative Veränderung: Was ändert sich am Pfarrberuf, wenn er durch Frauen ausgeübt wird? Oder besser und weitergehend: Wie verändert sich die Praxis, die Struktur und die Spiritualität der Kirche, wenn Frauen auf allen Ebenen der kirchlichen Praxis eine einflussreichere Rolle spielen? Nicht die Pfarrerinnen standen im Mittelpunkt, sondern die kirchlichen Entwicklungen waren Teil einer sozialen Bewegung: Es ging um eine gerechte Beteiligung und die Anerkennung der theologischen Definitionsmacht aller Frauen, die haupt- und ehrenamtlich in der Kirche beschäftigt waren.[4]

Diese Bewegung spielte für mich im Vikariat und in den ersten Berufsjahren bis hin zu meiner Dissertation „Zwischen Vaterwelt und Feminismus" (1992) eine wesentliche Rolle.[5] Das war so in der Gruppe der Vikar*innen – vier Frauen, 16 Männer –, in meiner ersten Pfarrstelle in einer schleswig-holsteinischen Kleinstadt – im ca. 30 Menschen umfassenden Pfarrkonvent zwei Pastorinnen – ebenso auf der Stelle als wissenschaftliche Assistentin in Kiel – dort zunächst die einzige Frau unter Kollegen. Die Zahl der Theologinnen war in diesen Jahren noch gering. Für die meisten unter ihnen war der Kontakt zu den feministischen Schwestern eine wesentliche Stärkung und Inspiration in der Auseinandersetzung mit der Berufspraxis.[6]

Der Titel meiner Dissertation bezeichnet einen signifikanten Zwischenraum, in dem sich die Theologinnen in diesen Jahren bewegten, und zwar sowohl in der inneren wie in der äußeren Welt.

Im Außen erregten sie Aufmerksamkeit in diesem Beruf, der lange ausschließlich von Männern ausgeübt worden war, wurden sowohl als Provokation wie auch als Bereicherung betrachtet. In der Nordelbischen Kirche gab es z. B.

---

3 Vgl. Langer, Heidemarie u. a.: Mit Mirjam durch das Schilfmeer. Frauen bewegen die Kirche, Stuttgart 1982.

4 Anders verlief die Entwicklung in der DDR, in der einerseits deutlich früher Frauen gleichberechtigt als Pfarrerinnen wirkten, die Feministische Theologie aber später und in anderer Form rezipiert wurde. Vgl. Menzel, Kerstin: Geschlechterverhältnisse im Pfarrberuf. Ostdeutsche Entwicklungen, in: Mantei, Simone u. a. (Hg.): Geschlechterverhältnisse und Pfarrberuf im Wandel. Irritationen, Analysen und Forschungsperspektiven, Stuttgart 2013, 89–114.

5 Vgl. Wagner-Rau, Ulrike: Zwischen Vaterwelt und Feminismus. Eine Studie zur pastoralen Identität von Frauen, Gütersloh 1992.

6 Vgl. Wagner-Rau, Ulrike / Kratzmann, Gesa: Lernen, Pastorin zu sein. Ein Briefwechsel, in: PTh 72 (1983), 415–435.

eine harte Auseinandersetzung um die theologische Orientierung und Spiritualität der Feministischen Werkstätten, jährlich unter Beteiligung zahlreicher Pastorinnen veranstaltet vom Nordelbischen Frauenwerk. Der damalige Bischof Ulrich Wilckens (1928–2021) war ein heftiger Kritiker der Feministischen Theologie und dieser großen Tagungen, die eine starke Ausstrahlung in die gesamte Kirche hinein entwickelten. Von der Kirchenleitung wurde eine Untersuchungskommission eingesetzt, beteiligt war u. a. die spätere erste Bischöfin der Lutherischen Kirchen, Maria Jepsen. Aber auch Elisabeth Motschmann wirkte darin mit und polarisierte. Diese CDU-Politikerin war bis 2021 Mitglied des Bundestages, eine Exponentin evangelikaler Frömmigkeit und Vertreterin konservativer Geschlechterrollen und in den 1980er Jahren strikte Gegnerin homosexueller Lebensweise. Besonders die Andachtsformen und die rauschenden Feste der Tagungen waren Motschmann ein Dorn im Auge. In einem Artikel über eine Feministische Werkstatt kritisierte sie besonders, dass der Körper eine große Rolle spielte, die Frauen barfuß liefen, es einen „Tanz ums kalte Buffett" gab.[7] Es wurde von den konservativen Kritiker*innen deutlich wahrgenommen, dass die Feministische Bewegung ein anderes Verhältnis zum Körper, zur Sexualität, zu den privaten Lebensformen mit sich brachte – Themen, die in den Evangelischen Kirchen bis heute Konfliktstoff bieten.[8] Letztlich hatte die Untersuchung keine Konsequenzen, erregte aber in allen Parteiungen die Gemüter.

Andererseits wurde mit dem Ansteigen der Zahl der Pfarrerinnen die Hoffnung verbunden, dass die Kirche mit Hilfe der Frauen den kommunikativen Anforderungen einer demokratischen Kultur besser gewachsen wäre.[9] Es war ja auf allen Ebenen deutlich geworden, dass der oft autoritäre Habitus im Pfarramt nicht mehr zeitgemäß war. Die Verkündigung des Evangeliums sollte abgelöst werden durch die „Kommunikation des Evangeliums", wie es die programmatische Wende in der Homiletik durch Ernst Lange (1927–1974) bezeichnete.[10] Die erste große Austrittswelle nach dem Zweiten Weltkrieg Ende der 1960er Jahre ließ erkennen, dass die Modernisierungsprozesse der Gesellschaft – wie bereits am Anfang des 20. Jahrhunderts – die Kirchen eingeholt hatten.[11] Es wurden Pfarrer*innen gebraucht, die sich auf die lebensweltlichen Fragen und Probleme

7 Vgl. Motschmann, Elisabeth: Schlechte Zeit in „Gode Tied", in: Nordelbische Stimmen 8 (1982), 162f.

8 Vgl. die Auseinandersetzungen um die Orientierungshilfe der EKD: Kirchenamt der EKD (Hg.): Zwischen Autonomie und Angewiesenheit. Familie als verlässliche Gemeinschaft stärken. Eine Orientierungshilfe des Rates der Evangelischen Kirche in Deutschland, Gütersloh 2013.

9 Vgl. Kirchenamt der EKD (Hg.): Der Beruf des Pfarrers/der Pfarrerin heute. Ein Diskussionspapier zur V. Würzburger Konsultation über Personalplanung in der EKD, Hannover 1989.

10 Vgl. Lange, Ernst: Zur Theorie und Praxis der Predigtarbeit, in: Ders.: Predigen als Beruf. Aufsätze zur Homiletik, Liturgie und Pfarramt, München ^{2}1987, 9–51.

11 Vgl. dazu Großbölting, Thomas: Der verlorene Himmel. Glauben in Deutschland seit 1945, Göttingen 2013.

der Menschen einstellen konnten, die zugänglich waren und partizipativ dachten und handelten. In dieser Hinsicht wurde den Frauen viel zugetraut – auf der Basis einer geschlechtsspezifischen Sozialisation, die in den 1950er und 1960er Jahren strikte Unterscheidungen zwischen Mädchen und Jungen machte, war das auch keine völlig unbegründete Erwartung, aber zugleich eine problematische Zuschreibung und Festlegung der Pfarrer*innen.

Im Zwischenraum zwischen Vaterwelt und Feminismus bewegten sich auch die Frauen selbst, die sich mit dem Theologiestudium und der Berufswahl einer patriarchalisch geprägten Tradition verschrieben hatten. Gehen oder Bleiben, einen anderen Weg wählen oder an der Veränderung von Theologie und Kirchen mitwirken – diese Alternative beschäftigte sie alle bzw. die Frage, wie denn solche Veränderung innerlich mitvollzogen werden konnte. Man war selbst geprägt durch das, was man bekämpfte, hing emotional an einer Frömmigkeitskultur, die von der Gebetssprache bis zum Umgang mit der Bibel und dem Gesangbuch in vieler Hinsicht fraglich wurde. Ich erinnere mich an einen Traum aus dieser Zeit: Vor dem Plan des U-Bahn-Netzes von Hamburg stehend sehe ich, wie bei dem Namen einer Station ein rotes Lämpchen leuchtet: „Hammer Kirche" – tatsächlich eine Hamburger U-Bahn-Station, aber im Traum auch ein Symbol für das Problem, das mich damals beschäftigte: Kirche als Berufsfeld war ein „Hammer", eine große Herausforderung, darin einen eigenen Weg zu finden. Wie kann man Frau sein, ohne sich in den traditionellen Rollenzuschreibungen zu verfangen? Und wie kann man Pfarrerin sein, ohne in der Berufspraxis mitzuwirken bei der Tradierung patriarchaler Orientierungen? Welche Sprache soll man sprechen? Wie ist mit der eigenen Körperlichkeit und Sexualität im Beruf umzugehen? Welche Konflikte konnte man durchhalten, welche Zuschreibungen unwidersprochen hinnehmen, wie sollte man sich selbst positionieren? Das waren Fragen, die uns beschäftigten und die natürlich auch Auswirkungen hatten auf die Kollegen – sei es, dass sie sich interessiert dem zuwandten, was die Frauen einbrachten, sei es, dass sie diese anfeindeten oder auf Distanz blieben.

Ein Differenzfeminismus stellte den damals dominierenden theoretischen Orientierungsrahmen zur Verfügung, einen hermeneutischen Zugang zur Geschlechterwirklichkeit, der die Möglichkeit bot, die eigenen Themen und Qualitäten in den Blick zu nehmen, das abgewertete „Weibliche" in der sozialen Praxis aufzuwerten und die Frauengruppe bzw. Fraueninitiative als Ort der Veränderung und des Gewinns von Macht und Einfluss zu nutzen.

Von heute aus betrachtet wird deutlich, dass die Frauenbewegung der 1970er und 1980er Jahre viele Züge mit anderen sozialen Bewegungen dieser Zeit teilte.[12] Diese standen im Kontext einer zunehmenden gesellschaftlichen Demokratisierung, kulturellen Liberalisierung und Subjektivierung. Sie gingen einher

---

12 Vgl. Rucht, Dieter: Soziale Bewegungen der 1960er und 70er Jahre in der Bundesrepublik, in: Hermle, Siegfried u. a. (Hg.): Umbrüche. Der deutsche Protestantismus und die sozialen Bewegungen in den 1960er und 70er Jahren, Göttingen 2012, 91–107.

mit einem wachsenden Bewusstsein für ökologische Fragen und lenkten die Aufmerksamkeit auf das Ineinander von persönlichen und politischen Fragen. Psychologie, intimer Austausch und spirituelle Praxis gewannen v. a. in den 1970er Jahren in der Gesellschaft an Bedeutung und zeigten sich in der Frauenbewegung. Dies alles spiegelte sich in den Kirchen und in der Praktischen Theologie, z. B. in der damals einflussreichen Seelsorgebewegung.

In diesen Jahren veränderte sich das Profil des Pfarrberufs – auch theoretisch. Ernst Lange stand – wie oben erwähnt – für die Ablösung des Verkündigungsparadigmas durch den Begriff der „Kommunikation des Evangeliums" als zentrale Berufsaufgabe. Karl Wilhelm Dahms „Beruf: Pfarrer" (1971) entwarf ein funktionales Berufsverständnis, das von den Aufgaben der Wertevermittlung und der diakonischen Hilfe her gedacht war.[13] Die Autor*innen der Seelsorgebewegung betonten die kommunikative Kompetenz der Pfarrer*in als Kern der beruflichen Fähigkeiten.[14] Die Fähigkeit, eine Gruppe zu leiten und andere Menschen zur Selbstäußerung zu befähigen, wurde ebenso wichtig wie die, eine Predigt zu halten.[15] Die subjektive Seite der Religion, die Religiosität der Einzelnen rückte in den Blick, wie es u. a. in den späten 1980er und 1990er Jahren in den praktisch-theologischen Konzepten von Henning Luther (1947–1991) und Wilhelm Gräb zum Ausdruck kam.[16]

In dieser Demokratisierung des Berufsbildes fand die feministisch-theologische Orientierung der Pfarrer*innen gute Voraussetzungen für ihre eigenen Anliegen vor. Umgekehrt förderte diese Orientierung selbst den Veränderungswillen in den Kirchen, war ein wirksamer Teil davon. Die Prozesse und die wechselseitigen Einflussnahmen waren komplex. Man kann sie nicht in einfachen Ursache-Wirkungszusammenhängen darstellen.

2. Dekonstruktion und Vielfalt – gendertheoretisch und pastoraltheologisch

Freilich war die schlichte Unterscheidung zwischen Frauen und Männern, auch die präzisere Differenzierung von Sex und Gender in der feministischen Theorie bereits Ende der 1980er Jahre überholt: Intersektionalität – d. h. die Überlage-

13 Vgl. Dahm, Karl-Wilhelm: Beruf: Pfarrer. Empirische Aspekte zur Funktion von Kirche und Religion in unserer Gesellschaft, München ³1974.

14 Vgl. Klessmann, Michael: Pfarrbilder im Wandel. Ein Beruf im Umbruch, Neukirchen 2001.

15 Vgl. Stollberg, Dietrich: Seelsorge durch die Gruppe. Praktische Einführung in die gruppendynamisch-therapeutische Arbeitsweise, Göttingen ³1975.

16 Vgl. Luther, Henning: Religion und Alltag, Stuttgart 1992; Gräb, Wilhelm: Lebensgeschichten – Lebensentwürfe – Sinndeutungen. Eine Praktische Theologie gelebter Religion, Gütersloh 1998.

rung unterschiedlicher Faktoren, die Diskriminierung begründen[17] – und Dekonstruktion waren Begriffe, die die Gendertheorie wesentlich veränderten: Differenzen innerhalb der geschlechtlichen Identitäten durch Ethnizität, soziale Lage usw. kamen in den Blick. Die kulturelle Genese von geschlechtlicher Identität überhaupt („Doing Gender") wurde mit Judith Butlers „Gendertrouble" (1990) radikalisiert.[18]

Diese Theorien entsprachen – parallel zum Anwachsen der Zahlen von Frauen in diesem Beruf – der deutlicheren Wahrnehmung von Differenzen im Kontext des Pfarrberufs. Das Thema der Vielfalt wurde zum wesentlichen Bezugspunkt und damit auch die Ausdifferenzierung der Geschlechtsidentitäten und der Lebensformen. Isolde Karle hat die Kulturalisierung des Genderdiskurses theologisch und auch im Blick auf den Pfarrberuf zur Geltung gebracht.[19] Ich selbst habe nicht erst in meiner Habilitationsschrift das Thema der Vielfalt der Lebensformen aufgegriffen.[20] Immer deutlicher zeichnete sich im Pfarrberuf ab, was in der Gesellschaft insgesamt schon länger zu beobachten war: eine Pluralisierung der privaten Lebensformen und der Biographieverläufe. Das klassische Pfarrhaus als Ort der bildungsbürgerlichen Familie – immer schon eine idealisierte Konstruktion[21] – löste sich auf. Auch Pfarrer*innen lebten allein oder mit Partner*innen, ließen sich scheiden, waren teils schwul-lesbischer Paare, zeigen sich in den letzten Jahren auch als trans-idente Personen. Die seit den 1980er Jahren bis heute anhaltende Debatte in den Kirchen über den ethischen Stellenwert der Ehe, über die theologische Stellungnahme zur Homosexualität usw. betrafen immer auch die Frage, was im Pfarrhaus akzeptiert werden kann oder der Sanktionierung unterliegt.

Die Notwendigkeit, für die Vereinbarkeit von Beruf und Elternschaft strukturelle Voraussetzungen zu schaffen, trug das ihre dazu bei, Auftrag und Aufgabe der Pfarrperson zu unterscheiden und über die Grenzen der Arbeit nachzudenken. Dieser Prozess setzte bereits in den 1980er Jahren ein. 1984 habe ich gemeinsam mit einer Freundin die erste geteilte Pfarrstelle der Nordelbischen Kirche besetzt, später dann auch zu diesem Thema einen Aufsatz veröffentlicht: „Vom Umgang mit Grenzen und Übergängen. Überlegungen zum eingeschränk-

---

17 Crenshaw, Kimberlé: Demarginalizing the Intersection of Race and Sex. A Black Feminist Critique of Antidiscrimination Doctrine, in: The University of Chicago Legal Forum (1989), 139–167.

18 Vgl. Butler, Judith: Das Unbehagen der Geschlechter, Frankfurt am Main [19]2018.

19 Vgl. Karle, Isolde: „Da ist nicht mehr Mann noch Frau...". Theologie jenseits der Geschlechterdifferenz, Gütersloh 2006.

20 Vgl. Wagner-Rau, Ulrike: Vielfalt der Lebensformen – eine Herausforderung für die kirchliche Praxis, in: Nordelbisches Frauenwerk (Hg.): Wir Frauen in der Kirche. Arbeitshilfe für Frauengruppen Nr. 16 (1994); Wagner-Rau, Ulrike: Segensraum. Kasualpraxis in der modernen Gesellschaft, Stuttgart 2000.

21 Vgl. Hildenbrand, Katrin: Leben in Pfarrhäusern. Zur Transformation einer protestantischen Lebensform, Stuttgart 2016.

ten Dienst im Pfarramt"[22]. Zunehmend gab es auch die Ehepaare im Pfarrberuf, die sich je auf ihre Weise mit der Unterscheidung von privatem und beruflichen Leben und den jeweiligen Rollenprofilen auseinandersetzen mussten. In nicht wenigen Kirchen waren dies berufliche Zwangskonstruktionen, ein durchaus problematischer Versuch, mit der großen Zahl von Bewerber*innen für zu wenige Stellen umzugehen, die den Ehepaaren einerseits Spielräume für die Vereinbarkeit von Beruf und Kindern anboten, zugleich aber auch Tücken im Blick auf traditionsgeprägte Rollenzuschreibungen bereithielten.[23]

Insgesamt veränderte die wachsende Zahl der Frauen im Beruf den Diskurs: Nach und nach trat so etwas wie eine Normalisierung ein bzw. spätestens mit der Wahl von Margot Käßmann zur Ratsvorsitzenden der EKD wurde die Tatsache der Frauenordination sogar zu einen Qualitätsmerkmal der evangelischen Kirchen in Deutschland aufgewertet. Gleichberechtigte Teilhabe von Frauen an dem einflussreichsten Beruf in diesen Kirchen war zum Ausdruck des liberalen und geschlechtergerechten Geistes in den Kirchen geworden.

Freilich gab es auch die entschiedenen Gegenbewegungen zu dieser Tendenz in evangelikalen Gruppen, und ebenso die mehr oder weniger offensive Diskriminierung von Frauen durch die These der „Feminisierung des Pfarrberufs": Die wachsende Zahl von Pfarrerinnen wurde identifiziert mit dem drohenden bzw. dem sich darin abzeichnenden Bedeutungsverlust der Kirchen. Trauriger Höhepunkt in diesem Zusammenhang war ein polemischer Artikel von Friedrich Wilhelm Graf in der FAZ, der allerdings vielfachen Widerspruch erfuhr. Zum damaligen Zeitpunkt hatten die Pfarrerinnen einen Anteil von 33 % der Pfarrpersonen und waren auf allen Leitungsebenen noch deutlich schwächer repräsentiert. War der Pfarrberuf mittlerweile wirklich als „genderneutral" anzusehen – so die These von Isolde Karle – oder stellte die Genderfrage – jenseits der vorhandenen strukturellen Egalität der Geschlechter – weiterhin für die Wahrnehmung der Berufstätigkeit, die Interaktionen und der symbolischen Kommunikation in der religiösen Praxis der Kirchen einen wesentlichen Bezugspunkt dar?[24]

---

22 Wagner-Rau, Ulrike: Vom Umgang mit Grenzen und Übergängen. Überlegungen zum eingeschränkten Dienst im Pfarramt, in: PTh 89 (2000), 529–542.

23 Vgl. Offenberger, Ursula: Stellenteilende Ehepaare im Pfarrberuf. Empirische Befunde zum Verhältnis von Profession und Geschlecht, in: Mantei, Simone u. a. (Hg.): Geschlechterverhältnisse und Pfarrberuf im Wandel. Irritationen, Analysen und Forschungsperspektiven, Stuttgart 2013, 201–215.

24 Vgl. Wagner-Rau, Ulrike: Gender – (k)ein Thema? Erwägungen zur Geschlechterfrage in Kirche und Pfarrberuf, in: Haese, Bernd-Michael u. a. (Hg.): Volkskirche weiterdenken. Zukunftsperspektiven der Kirche in einer religiös pluralen Gesellschaft, Stuttgart 2010, 119–131.

3. Pfarrberuf im gesellschaftlichen und kirchlichen Wandel der Gegenwart

Die Auswirkung des gendertheoretischen Diskurses und der Praxis der Gendervielfalt auf den Pfarrberuf und die pastoraltheologischen Debatten wurde dann 2012 bei einer Tagung in Marburg unter dem Titel „Geschlechterverhältnisse und Pfarrberuf im Wandel" ausführlich zum Thema gemacht.[25] In dieser Themenstellung dokumentiert sich die deutliche Verschiebung der Debatte um die Pfarrerinnen insofern, als die Thematik im Kontext eines umfassenden Wandels des Pfarrberufs insgesamt diskutiert wurde. Die Frage, ob es überhaupt Pfarrerinnen geben sollte, war mindestens in den wesentlichen kirchlichen Kreisen nicht mehr relevant. Ebenso hatte sich die Illusion verflüchtigt, dass mit der wachsenden Zahl von Frauen in diesem Beruf eine Erneuerung der Kirche verbunden wäre. Gleichwohl zeigte sich eindrücklich, dass die Repräsentanz aller Geschlechter in diesem Beruf neben anderen Einflüssen ein wesentlicher Faktor in der Veränderung des Berufsbildes insgesamt ist. Die Identifikation des Berufs mit einer bestimmten Lebensform und einem vorgegebenen Geschlechterarrangement, die sich v. a. im 19. Jahrhundert als eine der klassischen Professionen ausgebildet hatte, unterliegt einer wachsenden Flexibilisierung und De-Professionalisierung. D. h.: Der Pfarrberuf nähert sich der Wirklichkeit anderer Berufe in der spätmodernen Gesellschaft an. Er erfordert ein professionelles, qualifiziertes berufliches Handeln, das mit komplexen Problemsituationen umzugehen vermag. Aber in ihm wird wie in anderen Berufen immer mehr das private und das berufliche Leben unterschieden bzw. im Zeichen der Medialisierung, die diese Unterscheidung tendenziell wieder auflöst, nicht mehr an einen konkreten Lebensort gebunden. Nicht wenige Pfarrhäuser wurden und werden aufgegeben – ein signifikantes Merkmal dieser Veränderung. „Pluralitätsfähigkeit" und „Differenzkompetenz" wird von Jan Hermelink als ein wesentlicher Aspekt der Berufsqualifikation beschrieben.[26] Plural ist auch das Selbstverständnis der Pfarrer*innen in religiöser, politischer Hinsicht ebenso wie in ihrer Geschlechtsidentität.

Im Zuge der dargestellten Entwicklungen ist der Blick auf die Genderfragen im Pfarrberuf unschärfer geworden bzw. ist aus dem Fokus der Aufmerksamkeit herausgefallen und zu einem eher randständigen Thema geworden. Dies gilt, obwohl die zweite Ergänzung zum „Genderatlas" der EKD von 2019 ausweist, dass

---

[25] Vgl. die Dokumentation der Vorträge in: Mantei, Simone u. a. (Hg.): Geschlechterverhältnisse und Pfarrberuf im Wandel. Irritationen, Analysen und Forschungsperspektiven, Stuttgart 2013.

[26] Vgl. Hermelink, Jan: Der evangelische Pfarrberuf: ein kirchliches Leitungsamt im Kontext sozialer und organisatorischer Pluralität. Eine einleitende pastoraltheologische Skizze, in: Ders.: Kirche leiten in Person. Beiträge zu einer evangelischen Pastoraltheologie (APrTh 54), Leipzig 2014, 9–38.

Frauen in Leitungsgremien der evangelischen Kirchen nach wie vor deutlich unterrepräsentiert sind.[27]

Auch um das Thema einer geschlechtergerechten Sprache und einer entsprechenden symbolischen Kommunikation im Gottesdienst ist es deutlich stiller geworden. Nachdem das Erscheinen der „Bibel in gerechter Sprache" im Jahr 2006 noch einmal heftige sachliche und positionelle Auseinandersetzungen ausgelöst hat[28], scheint es mir gegenwärtig ein eher konfliktarmes Nebeneinander unterschiedlicher Praktiken zu geben. Während einerseits nach wie vor Frauen und auch Männer an die feministische Sprach- und Symbolkritik der 1970er und 1980er Jahre anknüpfen und dies zum Beispiel im Gottesdienst sichtbar machen, gibt es in der jüngeren Generation viele Pfarrer*innen, die so handeln, als ob es das Thema überhaupt nicht gäbe. Die Auseinandersetzung um den Gebrauch des Gendersterns oder ähnlicher Mittel, um der Geschlechterdiversität sprachlich gerecht zu werden, zeigen allerdings, dass gegenwärtig wieder Fronten entstanden sind, an denen sich neuer Streit entzündet.

Durchgehend sind die pastoraltheologischen Fragen eingebunden in die kirchentheoretischen: Die Finanz-, Struktur- und Tradierungskrise der Kirchen[29] stellen spätestens in den letzten 20 Jahren umfassende Herausforderungen dar, die einen tiefgreifenden Wandel in den Kirchen und im Pfarrberuf bewirken. Dieser Wandel wird sich absehbar in den kommenden Jahren noch beschleunigen. Angesichts kleiner Studierendenzahlen und großer Pensionierungsschübe sind alle Theolog*innen willkommen, die in der Lage sind, den Beruf qualifiziert auszuüben. Der zunehmende Druck im Berufsfeld wirkt sich auf die pastoraltheologischen Überlegungen aus, insofern die klassische Zuordnung von Pfarramt und Parochie in Frage gestellt wird. Kooperationsräume, in denen die unterschiedlichen kirchlichen Berufe zusammenwirken und die Pfarrer*innen die Funktion der theologischen Orientierung und Leitung übernehmen, treten zunehmend an die Stelle der traditionellen Bindung an die Ortsgemeinde.[30] Auf welche Weise der Pfarrberuf in veränderten gesellschaftlichen Verhältnissen als

---

27 Vgl. Studienzentrum der EKD für Genderfragen / Konferenz der Genderreferate und Gleichstellungsstellen in den Gliedkirchen der EKD (Hg.): Atlas zur Gleichstellung von Frauen und Männern in der evangelischen Kirche in Deutschland. Ergänzungsband 2: Frauenwahlrecht in der Kirche, Hannover 2019, online abrufbar unter: www.gender-ekd.de/download/FrauenwahlrechtinderKirche.pdf (abgerufen am 4.4.2022).

28 Vgl. Gerber, Christine u. a. (Hg.): Gott heißt nicht nur Vater. Zur Rede über Gott in den Übersetzungen der „Bibel in gerechter Sprache", Göttingen 2008; Wagner-Rau, Ulrike: Liturgisch nicht geeignet? Überlegungen zum Gebrauch der Bibel in gerechter Sprache im Gottesdienst, in: PrakTh 43 (2008), 68–75.

29 Vgl. Hermelink, Jan: 1. Einführung: Die IV. Mitgliedschaftsuntersuchung der KD im Blickfeld kirchlicher und wissenschaftlicher Interessen, in: Huber, Wolfgang u. a. (Hg.): Kirche in der Vielfalt der Lebensbezüge. Die vierte EKD-Erhebung über Kirchenmitgliedschaft, Gütersloh 2006, 13–47, 16–19.

30 Vgl. Hermelink, Jan: Kirche leiten in Person. Beiträge zu einer evangelischen Pastoraltheologie (APrTh 54), Leipzig 2014.

ein „öffentliches Amt" kenntlich werden kann, wird gegenwärtig in vieler Hinsicht neu buchstabiert. In dem Maß, in dem gesellschaftliche Öffentlichkeit und kirchliche Öffentlichkeit auseinanderfallen, müssen nämlich die kirchlichen Agent*innen deutlich offensiver Netzwerke in die Gesellschaft hinein entwickeln, um über die engen Horizonte der Kirchengemeinde hinaus in die gesellschaftliche Kommunikation hineinzuwirken.[31] In all diesen Veränderungsprozessen ist es lohnend, die jeweiligen Implikationen für die Geschlechterverhältnisse wissenschaftlich im Blick zu behalten.

Das gilt auch für die Präsenz der Kirche in den elektronischen Netzwerken, die sich in den letzten Jahren exponentiell verstärkt hat. Meiner Wahrnehmung nach sind hier alle Geschlechter repräsentiert und agieren teilweise neben ihrer Gemeinde- oder sonstigen kirchlichen Arbeit als kirchliche Influencer*innen im Netz. Wie dies allerdings genauer aussieht, wäre ein wichtiges pastoraltheologisches Forschungsthema. Mich überrascht dabei v. a., mit welcher Selbstverständlichkeit in den sozialen Medien sehr persönliche Themen ausgebreitet und ins Bild gesetzt werden. Während im *real life* die Grenzen zwischen Beruf und Privatleben eher strikter gehütet werden als in früheren Generationen, sind diese Grenzen im Netz – anscheinend mehr oder weniger bewusst gestaltet – teilweise außerordentlich durchlässig.[32]

Gegenwärtig gibt es einige Jubiläen zu feiern, die das Thema der Frauen im Pfarramt wieder auf die Agenda setzen: 50 Jahre rechtliche Gleichstellung von Pfarrerinnen in mehreren Landeskirchen, im Jahr 2025 das 100jährige Bestehen des Theologinnenkonventes, gegründet 1925 in Marburg. Zugleich wirken in den gegenwärtigen Debatten der Gesellschaft queer-feministische Themen weiter, die in meinen Anfangsjahren als Pfarrerin schon bedeutungsvoll gewesen sind, wie z. B. Gewalt, Körper und Sexualität oder die Kommunikationsweisen im Miteinander der Geschlechter. Eine pastoraltheologische Erforschung dieser Themen ist gegenwärtig wenig repräsentiert.[33]

Man kann freilich beobachten, dass im evangelikalen Diskurs, der in mancher Hinsicht fließende Grenzen zum Rechtspopulismus aufweist, ein reaktionäres Familienbild gepflegt wird, in dem heteronormative Rollenzuschreibungen und Antigenderismus eine nicht zu übersehende Bedeutung haben.[34] Die Aufmerksamkeit für die Fragen des Geschlechterverhältnisses ist also alles andere als überholt, sondern in theologischer wie politischer Hinsicht bleibend aktuell.

---

31 Vgl. Wagner-Rau, Ulrike: In engeren Grenzen offenbleiben. Möglichkeiten der evangelischen Kirchen, in: Krüger, Malte Dominik / Osthoevener, Claus-Dieter (Hg.): Potentiale und Grenzen evangelischer Theologie, Stuttgart 2021, 95–107.

32 Vgl. u. a. den Youtube-Kanal „Anders Amen" der Pastorinnen Ellen und Steffi Radtke.

33 Vgl. aber Häneke, Florence: Kirche auf dem Querpfad. LGBTQ* Bewegungen in der Evangelischen Kirche und der Aushandlungsort Pfarramt, in: Evers, Dirk u. a. (Hg.): Menschenbilder und Gottesbilder. Geschlecht in theologischer Reflexion, Leipzig 2019, 236–268.

34 Vgl. dazu Nord, Ilona / Schlag, Thomas: Die Kirchen und der Populismus. Interdisziplinäre Recherchen in Gesellschaft, Religion, Medien und Politik, Leipzig 2021.

Insgesamt war die Vervielfältigung der Geschlechterrollen ein wesentlicher Faktor in dem Prozess, der eine Demokratisierung und Liberalisierung des Pfarrberufs mit sich gebracht hat. Aus dem Amt des „Pfarrherren" ist ein vielfältiger Beruf geworden, der in einer von wachsender Pluralisierung gekennzeichneten gesellschaftlichen Wirklichkeit persönlich wie fachlich auf sehr unterschiedliche Weise ausgefüllt werden kann und muss.

Literatur

Butler, Judith: Das Unbehagen der Geschlechter, Frankfurt am Main ^{19}2018.

Crenshaw, Kimberlé: Demarginalizing the Intersection of Race and Sex: A Black Feminist Critique of Antidiscrimination Doctrine, in: The University of Chicago Legal Forum (1989), 139–167.

Dahm, Karl-Wilhelm: Beruf: Pfarrer. Empirische Aspekte zur Funktion von Kirche und Religion in unserer Gesellschaft, München ^{3}1974.

Gerber, Christine / Joswig, Benita / Petersen, Silke (Hg.): Gott heißt nicht nur Vater. Zur Rede über Gott in den Übersetzungen der „Bibel in gerechter Sprache", Göttingen 2008.

Gräb, Wilhelm: Lebensgeschichten – Lebensentwürfe – Sinndeutungen. Eine Praktische Theologie gelebter Religion, Gütersloh 1998.

Großbölting Thomas: Der verlorene Himmel. Glauben in Deutschland seit 1945, Göttingen 2013.

Hermelink, Jan: Der evangelische Pfarrberuf: ein kirchliches Leitungsamt im Kontext sozialer und organisatorischer Pluralität. Eine einleitende pastoraltheologische Skizze, in: Ders.: Kirche leiten in Person. Beiträge zu einer evangelischen Pastoraltheologie (APrTh 54), Leipzig 2014, 9–38.

Hermelink, Jan: 1. Einführung: Die IV. Mitgliedschaftsuntersuchung der KD im Blickfeld kirchlicher und wissenschaftlicher Interessen, in: Huber, Wolfgang / Friedrich, Johannes / Steinacker, Peter (Hg.): Kirche in der Vielfalt der Lebensbezüge. Die vierte EKD-Erhebung über Kirchenmitgliedschaft, Gütersloh 2006, 13–47, 16–19.

Hermelink, Jan: Kirche leiten in Person. Beiträge zu einer evangelischen Pastoraltheologie (APrTh 54), Leipzig 2014.

Hildenbrand, Katrin: Leben in Pfarrhäusern. Zur Transformation einer protestantischen Lebensform, Stuttgart 2016.

Karle, Isolde: „Da ist nicht mehr Mann noch Frau ...". Theologie jenseits der Geschlechterdifferenz, Gütersloh 2006.

Kirchenamt der EKD (Hg.): Der Beruf des Pfarrers/der Pfarrerin heute. Ein Diskussionspapier zur V. Würzburger Konsultation über Personalplanung in der EKD, Hannover 1989.

Kirchenamt der EKD (Hg.): Zwischen Autonomie und Angewiesenheit. Familie als verlässliche Gemeinschaft stärken. Eine Orientierungshilfe des Rates der Evangelischen Kirche in Deutschland, Gütersloh 2013.

Klessmann, Michael: Pfarrbilder im Wandel. Ein Beruf im Umbruch, Neukirchen 2001.

Lange, Ernst: Zur Theorie und Praxis der Predigtarbeit, in: Ders.: Predigen als Beruf. Aufsätze zur Homiletik, Liturgie und Pfarramt, München ^{2}1987, 9–51.

Langer, Heidemarie / Leistner, Herta / Moltmann-Wendel, Elisabeth: Mit Mirjam durch das Schilfmeer. Frauen bewegen die Kirche, Stuttgart 1982.

Luther, Henning: Religion und Alltag, Stuttgart 1992.

Mantei, Simone / Sommer, Regina / Wagner-Rau, Ulrike (Hg.): Geschlechterverhältnisse und Pfarrberuf im Wandel. Irritationen, Analysen und Forschungsperspektiven, Stuttgart 2013.

Menzel, Kerstin: Geschlechterverhältnisse im Pfarrberuf. Ostdeutsche Entwicklungen, in: Mantei, Simone / Sommer, Regina / Wagner-Rau, Ulrike (Hg.): Geschlechterverhältnisse und Pfarrberuf im Wandel. Irritationen, Analysen und Forschungsperspektiven, Stuttgart 2013, 89–114.

Moltmann-Wendel, Elisabeth (Hg.): Menschenrechte für die Frau. Christliche Initiativen zur Frauenbefreiung, München 1974.

Motschmann, Elisabeth: Schlechte Zeit in „Gode Tied", in: Nordelbische Stimmen 8 (1982), 162f.

Offenberger, Ursula: Stellenteilende Ehepaare im Pfarrberuf. Empirische Befunde zum Verhältnis von Profession und Geschlecht, in: Mantei, Simone / Sommer, Regina / Wagner-Rau, Ulrike (Hg.): Geschlechterverhältnisse und Pfarrberuf im Wandel. Irritationen, Analysen und Forschungsperspektiven, Stuttgart 2013, 201–215.

Rucht, Dieter: Soziale Bewegungen der 1960er und 70er Jahre in der Bundesrepublik, in: Hermle, Siegfried / Lepp, Claudia / Oelke, Harry (Hg.): Umbrüche. Der deutsche Protestantismus und die sozialen Bewegungen in den 1960er und 70er Jahren, Göttingen 2012, 91–107.

Stollberg, Dietrich: Seelsorge durch die Gruppe. Praktische Einführung in die gruppendynamisch-therapeutische Arbeitsweise, Göttingen [3]1975.

Wagner-Rau, Ulrike: Die praktisch-theologische Reflexion über den Pfarrberuf. Forschungsschwerpunkte der letzten fünfzig Jahre im Zusammenhang der Fachdebatte, in: Schröder, Bernd / Schlag, Thomas: Praktische Theologie und Religionspädagogik – systematische, empirische und thematische Verhältnisbestimmungen, Leipzig 2020, 359–376.

Wagner-Rau, Ulrike: Gender – (k)ein Thema? Erwägungen zur Geschlechterfrage in Kirche und Pfarrberuf, in: Haese, Bernd-Michael / Pohl-Patalong, Uta (Hg.): Volkskirche weiterdenken. Zukunftsperspektiven der Kirche in einer religiös pluralen Gesellschaft, Stuttgart 2010, 119–131.

Wagner-Rau, Ulrike: Geschlechterverhältnisse und Pfarrberuf im Wandel, in: Birkle, Carmen / Kahl, Ramona / Ludwig, Gundula / Maurer, Susanne (Hg.): Emanzipation und feministische Politiken. Verwicklungen – Verwerfungen – Verwandlungen, Sulzbach/Taunus 2012, 150–1.

Wagner-Rau, Ulrike / Kratzmann, Gesa: Lernen, Pastorin zu sein. Ein Briefwechsel, in: PTh 72 (1983), 415–435.

Wagner-Rau, Ulrike: Liturgisch nicht geeignet? Überlegungen zum Gebrauch der Bibel in gerechter Sprache im Gottesdienst, in: PrakTh 43 (2008), 68–75.

Wagner-Rau, Ulrike: Segensraum. Kasualpraxis in der modernen Gesellschaft, Stuttgart 2000.

Wagner-Rau, Ulrike: Vielfalt der Lebensformen – eine Herausforderung für die kirchliche Praxis, in: Nordelbisches Frauenwerk (Hg.): Wir Frauen in der Kirche. Arbeitshilfe für Frauengruppen Nr. 16 (1994).

Wagner-Rau, Ulrike: Vom Umgang mit Grenzen und Übergängen. Überlegungen zum eingeschränkten Dienst im Pfarramt, in: PTh 89 (2000), 529–542.

Wagner-Rau, Ulrike: Zwischen Vaterwelt und Feminismus. Eine Studie zur pastoralen Identität von Frauen, Gütersloh 1992.

Internetquellen:

Studienzentrum der EKD für Genderfragen / Konferenz der Genderreferate und Gleichstellungsstellen in den Gliedkirchen der EKD (Hg.): Atlas zur Gleichstellung von Frauen und Männern in der evangelischen Kirche in Deutschland. Ergänzungsband 2: Frauenwahlrecht in der Kirche, Hannover 2019, online abrufbar unter: www.gender-ekd.de/download/FrauenwahlrechtinderKirche.pdf (abgerufen am 4.4.2022).

IV. Beobachtungen und Zukunftsperspektiven

Gisa Bauer

Tagungsfazit

In der Zusammenschau aller Vorträge der Tagung drängt sich als Erstes folgender Eindruck auf: Die Frauenordination war Endpunkt einer enormen Erfolgsgeschichte – zumindest in den Kirchen, in denen sie sich durchsetzte. Und der Begriff „Erfolgsgeschichte“ meint nicht nur das Naheliegende wie die erreichten Erfolge, d. h. die heutige Gleichberechtigung von Frauen und Männern im Pfarramt und in den Leitungsämtern der evangelischen Kirchen. Zur Erfolgsgeschichte wurde die Durchsetzung der Frauenordination auch nicht deshalb, weil sie Teil von zeithistorischen Entwicklungen war, durch die eine integrative und diverse Kultur in der gegenwärtigen Gesellschaft geschaffen wurde. Eine „Erfolgsgeschichte“ ist die Frauenordination vor allem angesichts der überaus vielfältigen Widerstände, gegen die sich ihre Befürworter*innen durchsetzen mussten.

Bemerkenswerterweise begann die Tagung, auf die der vorliegende Sammelband zurückgeht, mit einem Beitrag über die Frage „Frauen und Lohnarbeit“. Schon an diesem Punkt erfuhren Frauen im 19. und frühen 20. Jahrhundert eine grundlegende Beeinträchtigung. Sie wurden in der freien beruflichen Entfaltung und in der Gestaltung ihres Lebens stark eingeschränkt, und zwar nicht nur einzelne, sondern alle Frauen – Frauen der bürgerlichen Gesellschaftsschicht ebenso wie diejenigen der proletarischen. Das Thema „Frauen und Erwerbstätigkeit“ ist eine einzige Diskriminierungsgeschichte. Sie zog sich durch alle spezifischen Berufsfelder, u. a. auch durch das Beamtentum, den Zugang zum und die Bezahlung im öffentlichen Dienst. Abgeschlossen wurde diese Ungleichbehandlung erst durch die in der Verfassung in Westdeutschland – und auch in Ostdeutschland, das in den Beiträgen nicht zur Sprache kam – festgeschriebene Gleichberechtigung bzw. durch Gesetzgebungen, die die berufliche und wirtschaftliche Gleichstellung von Frauen und Männern seit den 1950er Jahren manifestierten. All dies wurde, insbesondere im ersten Teil der Tagung, ausführlich besprochen.

Aber auch für die Frauen, die das Pfarramt anstrebten, war „Erwerbstätigkeit“ insofern ein entscheidender Faktor auf dem Weg zur Gleichberechtigung, als dass ihre praktische Arbeit in den Pfarrämtern in den 1940er Jahren als Ersatz für die zum Kriegsdienst eingezogenen Männer die letztendlich ausschlaggebende Entwicklung war, die man nach 1945 in den Kirchen nicht mehr ohne weiteres rückgängig machen konnte, und von der ausgehend die theologische Debatte um Frauen im Pfarramt wieder aufgenommen wurde.

Mit der realen faktischen und gesetzlich untermauerten Veränderung der Stellung von Frauen durch das bundesdeutsche Grundgesetz waren jedoch noch nicht die Rollenzuschreibungen erledigt, die die Frauen seit dem 19. Jahrhundert trafen – in Bezug auf das evangelische Pfarrhaus sogar seit der Reformation. Frauen waren nicht nur von politischen, wirtschaftlichen und rechtlichen Einschränkungen geknebelt, sondern auch durch die Außenzuschreibungen an sie als Vertreterinnen des weiblichen Geschlechts. Dieser Umstand schlug sich auch in der Vorstellung von „der Pfarrfrau" nieder – eine für die bürgerliche Gesellschaft exponierte Frauenrolle. Dieses Stereotyp war ein Puzzleteil im Bild des evangelischen Pfarrhauses insgesamt, das wiederum aus zwei Teilen bestand (dem Hausherrn und der Hausmutter) oder aus drei Teilen, wenn man – metaphorisch gesprochen – den Rest des „ganzen Hauses" (Kinder, Hof und Vieh) dazu nahm. Für Frauen, die das Lager vom Rollenbild der Pfarrfrau zum Rollenbild des „Pfarrers in weiblich" wechseln wollten, gestaltete sich dieser Übergang von einer Rolle zu einer anderen besonders schwierig: Sie mussten nicht nur mentalitätsgeprägte und rechtliche Hürden nehmen, sondern gleich zwei Rollenbilder sprengen – das des Pfarrers als Hausvater und das der Pfarrfrau als Hausmutter.

Bei der Betrachtung der bürgerlichen Geschlechterdichotomie ist auffällig, wie zeitbedingt die Zuordnung der Attribute für die jeweiligen Rollenbilder waren. Es veränderte sich zwar nicht die binäre Geschlechternormativität selbst, aber die Zuschreibungen an die Geschlechter. Im 19. Jahrhundert galt der Mann als der Rationale, der den Lebensunterhalt für den Haushalt verdiente und in der Sphäre der Öffentlichkeit wirkte. Die Frau war diejenige, die für die emotionale Reproduktion in der Familie zuständig war und dabei selbstverständlich nichts verdiente. Sie galt als die Emotionale, vielleicht sogar als die Hysterische. Der Begriff „hysterisch" war auch eine Zuschreibung für Frauen im 19. Jahrhundert und traf besonders diejenigen, die sich nicht an die ihnen zugeschriebenen Normen hielten. Blickt man mit diesen Rollenzuschreibungen im Hinterkopf auf die Erzeltern des protestantischen Pfarrhauses im 16. Jahrhundert, Katharina von Bora (1499–1552) und Martin Luther (1483–1546), ergibt sich ein anderes Bild: Die Antworten auf Fragen wie die, wer hier emotional war und wer nüchternrational, oder wer, zumindest über weite Strecken, den Unterhalt für einen riesigen Haushalt erwirtschaftete, dürften sich weit von dem bürgerlichen Rollenideal mit Biedermeieranstrich entfernen, das sich bis in die zweite Hälfte des 20. Jahrhunderts erstreckte. Es gab zwar durchaus eine Rollenaufteilung bei den Luthers – und auch Martin Luther war, wie in einem Tagungsbeitrag dargelegt, keineswegs frei von den zeitgenössischen Vorurteilen gegenüber Frauen –, aber das reale Beziehungsgefüge von Katharina von Bora und Martin Luther war nicht deckungsgleich mit dem Ideal, das auf ihnen aufgebaut wurde.

Aber zurück zu den Widerständen, gegen die sich Frauen auf dem Weg zur Frauenordination durchsetzen mussten: Neben dem bereits Genannten wurden weitere Aspekte in den Beiträgen und Diskussionen angesprochen. Es gab in der evangelischen Theologie trotz der vereinzelten Unterstützer keine männlichen „Lichtgestalten“, die die Frauenordination energisch durchzusetzen halfen. Ein weiteres Hindernis war, dass teilweise die Strategien der Frauen selbst nicht wirkmächtig genug waren. Es gab keine nennenswerte Frauensolidarität, insbesondere nicht zwischen den Pfarrfrauen und den angehenden Pfarrerinnen. Die Theologinnen wiederum waren über die Reichweite ihrer Forderungen zerstritten, besonders in der Zeit der Weimarer Republik. Ein weiterer Aspekt war die „Kultur des Nicht-Klagens“, besonders in der Kirche, wo vorausgesetzt wurde, dass die Frau still diente. Darüber hinaus bremste die Uneinheitlichkeit der gesetzlichen Regelungen in den einzelnen Landeskirchen und das Fehlen einer zentralen Instanz progressive Entwicklungen aus. Überhaupt war der über lange Zeit hinweg ungeklärte Rechtsstatus von pfarramtlichen Tätigkeiten durch Frauen ein Stolperstein in den weiblichen Biografien.

In der unmittelbaren Vorgeschichte der Frauenordination waren auch noch einmal einzelne Hürden zu nehmen, Widerstände zu überwinden und Stufen zu erklimmen. Zu diesen Etappen gehörten die Zulassung zum Frauenstudium, die Durchsetzung der Anstellung von examinierten Theologinnen in verschiedenen kirchlichen Berufsfeldern, die Einführung eines Amtes „sui generis“ oder die Aufhebung der letzten Einschränkungen von Frauen im Pfarramt sowie die Zölibatsklauseln und die niedrigere Entlohnung als die männlichen Kollegen. Hier zeigt sich, dass die Frauen in ihrer Forderung nach der Gleichstellung im Pfarramt „ein Spielball der Ökonomie“ waren, wie es in einem Diskussionsbeitrag hieß.

Das führt nahtlos zu einem weiteren Aspekt, der sich mehr oder weniger offen durch Vorträge und Diskussionen der Tagung zog: die „Machtfrage“ versus die Frage nach der Bedeutung der theologischen Argumentation. War die Frauenordination letztendlich eine reine Frage der Durchsetzung von Macht? Oder war sie ein Ergebnis theologischer Debatten? Oder war sie beides und wenn ja: Wo lässt sich eine Grenze zwischen beidem ziehen?

Bei genauer Betrachtung des Diskurses zeigt sich, dass die theologischen Begründungen dann fruchteten, wenn sich die Dialogpartner*innen auf Augenhöhe begegneten und ein möglichst geringes Machtgefälle vorhanden war. Für das Tagungsthema bedeutet das m. E. folgendes: Dass Frauen das volle Pfarramt bekamen – dafür bedurfte es einer Machtverschiebung und des Drucks des Faktischen, u. a. durch eine gewandelte gesellschaftliche Mentalitätslage und rechtliche Realität. Dass Frauen das volle Pfarramt dauerhaft behielten – dessen bedurfte es der Grundlegung durch die theologische Argumentation.

Die Frage nach der Macht in der Gemengelage um die Frauenordination ist eng verknüpft mit der Frage, inwiefern eine Hermeneutik biblischer Schriften an Deutungshoheiten gekoppelt ist. Oder, wie es in einem Beitrag heißt, inwiefern die „Schrift als Filter“ und manchmal auch als „Katalysator“ verwendet wird. Dieser Punkt führt in das Feld der theologischen Voraussetzungen und Begründungen der gesamten Debatten. Naheliegenderweise war es von großer Bedeutung für die Einführung der Frauenordination, wenn das Wirken von Frauen in geistlichen Ämtern biblisch begründet und die Bibel als Bezugsgröße in die Argumentationen aufgenommen werden konnte. Als ein Strang der Vorgeschichte der Einsetzung von Frauen in das geistliche Amt entstanden seit den 1920er Jahren frauenbezogene exegetische Arbeiten, deren Stoßrichtung sich zunehmend ausdifferenzierte. Es kann kaum verwundern, dass bei diesem thematischen Schwerpunkt die Problematik von Biblizismus und Schriftdeutung im Hinblick auf Familien- und Sexualethik aufkam, die die gegenwärtigen Debatten um Homosexualität und nicht-binäre Geschlechtlichkeit mit den historischen Debatten um die Frauenordination verbindet. Neben der Entwicklung der Feministischen Exegese war es ein Zeichen der steten Veränderung, dass nun Frauen selbst als Hermeneutikerinnen auftraten bzw. dass biblische Hermeneutik aus weiblicher Perspektive entwickelt wurde. Feministisch-theologische Arbeiten in enger Anlehnung an die Befreiungstheologie von Elisabeth-Moltmann Wendel (1926–2016), Luise-Schottroff (1934–2015), Herta Leistner und anderen waren Teil eines großen Aufbruchs der Frauenbewegung in den Kirchen hin zur Gleichberechtigung und bildeten den Anstoß eines neuen Denkens in der Theologie. Das veränderte wiederum das Berufsbild der Pfarrerin. Außerdem kam es seit den 1980er Jahren zu einem quantitativen Zuwachs von Frauen im Pfarrberuf. Unter diesen Einflüssen führte der Weg nach der Einführung der Frauenordination weiter. Bis heute steht die Frage im Raum, wer bestimmt, aus welchen Gründen was zur Eignung für das Pfarramt qualifiziert und wie „Berufung" und „Ordination" definiert werden. Betraf diese Frage im 20. Jahrhundert die Frauen, so sind es heute andere, marginalisierte Gruppen der sozialen Gemeinschaft.

Außerdem – und das wurde mehrmals in den Diskussionen angesprochen – betreffen die Entwicklungen zur Frauenordination eben nur die Kirchen, in denen sich die Frauenordination schließlich durchsetzte. Auch unter den aus der Reformation hervorgegangenen Kirchen gibt es einige, die bis heute Frauen nicht ordinieren oder als Pfarrerinnen bzw. Pastorinnen einsetzen – von der römisch-katholischen Kirche und den orthodoxen Kirchen ganz abgesehen. In vielen Kirchen sind diejenigen Debatten, die in diesem Rahmen als historische Diskurse und Konflikte behandelt wurden, Gegenwart.

Die besprochenen Einzelthemen, die in den Beiträgen der Tagung und des vorliegenden Sammelbandes dargestellt und erörtert wurden, sind – bei all ihrer Disparatheit – Etappen auf dem Weg hin zur Frauenordination und partiell der weiteren Entwicklung danach. Bei aller Ungerechtigkeit im Hinblick darauf, dass die Hälfte derjenigen, die zum „allgemeinen Priestertum der Glaubenden" gehören, überhaupt gezwungen war, diesen Weg zu gehen, und bei allen Diskriminierungen, denen Frauen bis heute ausgesetzt sind, stellt der Weg zur Frauenordination in den sie einführenden Kirchen doch oder gerade deshalb, wie eingangs gesagt, eine große Erfolgsgeschichte dar – eine Erfolgsgeschichte zuerst natürlich für die Frauen, danach aber für „die Kirche" in ihrer Gesamtheit.

Simone Mantei

Managing diversity

Ein Ausblick auf künftige Geschlechterfragen zum Pfarrberuf

Mit diesem Beitrag richtet der Sammelband zur Frauenordination in der Evangelischen Kirche in Deutschland seinen Blick abschließend auf zukünftige Entwicklungen zum Geschlechterverhältnis im Pfarrberuf. Im Rückblick auf die immensen Veränderungen, die sich in den letzten Jahrzehnten sowohl im Berufsbild als auch im Geschlechterverhältnis vollzogen, wird deutlich, dass Zukunftsperspektiven in Umbruchszeiten wie diesen kaum absehbar sind. Der Beitrag nimmt daher zunächst eine Standortbestimmung vor. Davon ausgehend sammelt und bündelt er Befunde, Fragen und Problemanzeigen, die sich gegenwärtig abzeichnen und künftig der weiteren Beachtung und Bearbeitung bedürfen.

Der Text gliedert sich in drei Abschnitte. Zunächst fasst er zusammen, was der Blick in die Vergangenheit für die gegenwärtige Standortbestimmung zum Geschlechterverhältnis im Pfarrberuf austrägt. Der zweite Abschnitt gibt sodann einen quantitativen Überblick über das aktuelle Geschlechterverhältnis im Pfarrberuf. Der dritte Abschnitt wagt Ausblicke und skizziert Themen und Aufgaben für eine zunehmend gleichberechtigte Gestaltung des Pfarrberufs von morgen.

1. Rückblick zur Standortbestimmung

Die Geschlechterverhältnisse in unserer Gesellschaft haben sich in den letzten 100 Jahren grundlegend gewandelt. Was am Anfang des 20. Jahrhunderts noch unmöglich war – Abiturientinnen, Studentinnen, examinierte Theologinnen, ordinierte Pfarrerinnen – ist heute Alltag. Die Gesellschaft und mit ihr die Evangelische Kirche in Deutschland haben im 20. Jahrhundert den Weg zur Gleichstellung der Geschlechter eingeschlagen und wichtige Meilensteine erreicht. Die Gleichstellung im geistlichen Amt ist sogar zu einem Markenzeichen der Evangelischen Kirche in Deutschland geworden.

Die epochale Bedeutung der Einführung der Frauenordination im 20. Jahrhundert wird wissenschaftlich wie kirchlich zunehmend gewürdigt.[1] Das ist

[1] Konferenz der Frauenreferate und Gleichstellungsstellen in den Gliedkirchen der EKD / Studienzentrum der EKD für Genderfragen in Kirche und Theologie (Hg.): Gleichstellung

keineswegs selbstverständlich. Noch zur Jahrtausendwende erschien die Oldenburgische Kirchengeschichte, die auf über 900 Seiten kein Wort verlor über die Einführung der Ordination von Theologinnen.[2] Was wichtig ist und erinnerungswürdig, ist mitnichten klar, sondern Ergebnis von Aushandlungsprozessen. Publikationen wie diese, wissenschaftliche Tagungen, universitäre Seminare und Hausarbeiten, kirchliche Jubiläen der Frauenordination sind ein noch junges Phänomen und tragen Geschichte ins aktuelle Gedächtnis ein. Der Blick zurück dient der Bewusstseinsbildung und sorgt dafür, dass wir bei der Gestaltung von morgen nicht vergessen, was gestern war.

An den Evangelisch-theologischen Fakultäten und Fachbereichen ist Frauenordination heute ein Thema der Kirchengeschichte. Auch das hat sich verändert. Es wird nicht mehr in der Exegese oder in der Systematik darum gestritten, *ob* die Ordination von Theologinnen legitim ist. Es wird auch nicht mehr in der Praktischen Theologie darüber sinniert, wie „anders" die Pfarrerin ist. Die Kirchengeschichte ist es, die sich heute des Themas annimmt. Heutige Theologiestudierende können kaum glauben, dass es bis vor 50 Jahren noch sog. Zölibatsklauseln, Gehaltsunterschiede und Beschränkungen auf Funktionsstellen für Theologinnen gab. Auch dass Teildienst und Elternzeit zunächst nur ein Recht von Pfarrerinnen waren, irritiert aus heutiger Perspektive.

Im Rückblick sehen wir den Weg, den die evangelische Kirche gegangen ist, und die Kämpfe, die heute nicht mehr auszufechten sind. Der Zugang von Frauen zum Pfarramt und zum Leitungsamt ist heute nicht mehr durch Gesetze versperrt. Der Zugang von Pfarrern zu Eltern- und Teilzeit ist ebenfalls eröffnet. Die Einführung der Frauenordination in der Evangelischen Kirche in Deutschland ist ein abgeschlossenes Kapitel des letzten Jahrhunderts, ja Jahrtausends. Gott sei Dank.

Darum beneiden uns nicht nur katholische und orthodoxe Geschwister – auch evangelisch-lutherische Kirchen wie in Polen oder Australien ordinieren nach wie vor nur Männer. Die evangelische Kirche in Lettland hat die Differenzkategorie Geschlecht sogar wieder reaktiviert und die Ordination von Theologinnen seit 2016 ausgesetzt. Es gibt also auch in der Gegenwart noch Kirchen, in denen das Geschlecht vor jeder fachlichen Eignung das erste und wichtigste Zugangskriterium zum geistlichen Amt ist.

Fassen wir zusammen: Der Blick zurück zeigt uns, dass das heute Selbstverständliche nicht schon immer selbstverständlich war oder automatisch bleibt. In der Rückschau erkennen wir, welche epochale Bedeutung die Einführung der Frauenordination sowie die rechtliche Gleichstellung hatte und welchen Weg

im geistlichen Amt. Ergänzungsband 1 zum Atlas zur Gleichstellung von Frauen und Männern in der evangelischen Kirche in Deutschland, Hannover 2017. (Online: https://www.gender-ekd.de/download/Gleichstellung%20im%20geistlichen%20Amt.pdf; abgerufen am 2.9.2022). Außerdem sei auf die Einleitung des Bandes verwiesen, die den Forschungsstand bündelt.

2 Schäfer, Rolf u. a. (Hg.): Oldenburgische Kirchengeschichte, Oldenburg 1999.

die Evangelische Kirche in Deutschland im 20. Jahrhundert zurückgelegt hat. Die Kämpfe um die Einführung der Frauenordination sind ausgefochten. Der Auftrag für die Zukunft besteht darin, diese Errungenschaft als unhintergehbar zu verteidigen und die Gleichberechtigung in allen pastoralen (Leitungs-)Ämtern weiter voranzubringen.[3]

2. Die quantitative Entwicklung des Geschlechterverhältnisses im Pfarrberuf

Geschlechterverhältnisse im Pfarrberuf der Evangelischen Kirche in Deutschland haben sich in den letzten 100 Jahren grundlegend gewandelt. Das spiegelt sich auch in den Statistiken zum Pfarrdienst und zur Ausbildung wider.

Mitte der 1960er Jahre, als die meisten Landeskirchen das Gemeindepfarramt für Theologinnen öffneten, waren zwei von hundert Pfarrpersonen weiblich. 1964 lag der Frauenanteil im aktiven Pfarrdienst der Evangelischen Kirche in Deutschland bei 1,9 %.[4] Zwanzig Jahre später (1985) war jede zehnte Pfarrperson weiblich.[5] Und abermals zwanzig Jahre später (2004) war fast jede dritte Pfarrperson weiblich. Der Frauenanteil im aktiven Dienst lag im Jahr 2004 bei 30,5 % und hatte sich damit innerhalb von vierzig Jahren um fast 30 Prozentpunkte erhöht.[6]

Das einst nach Geschlechtern getrennte geistliche Amt ist in den letzten Jahrzehnten damit nicht nur rechtlich, sondern auch faktisch zusammen gewachsen zu einem geschlechterübergreifenden Beruf, der von Männern wie Frauen ausgeübt wird. Die Arbeitssoziologie spricht von einem geschlechterübergreifend verfassten Beruf, wenn beide Geschlechter mindestens zu 30 % vertreten sind. Das ist im Pfarrberuf der Gegenwart der Fall. Er ist seit der Jahrtausendwende *kein* Männerberuf mehr.

Die Statistiken zeigen, dass Pfarrerinnen in den letzten Jahrzehnten von der Ausnahme zur Regel wurden. Nach der aktuellsten Pfarrdienststatistik von 2017 waren vier von zehn Pfarrpersonen im aktiven Dienst weiblich.[7] Die Geschlech-

---

3 Vgl. Nierop, Jantine u. a. (Hg.): In Vielfalt führen. Eine Kulturanalyse der mittleren Leitungsebene der evangelischen Kirche mit Kommentierungen, Hannover 2017. (Online: https://www.gender-ekd.de/download/Kirche-in-Vielfalt-fu%A6%EAhren_WEB.pdf; abgerufen am 2.9.2022)

4 Tabelle III, Statistischer Bericht Nr. 221, in: ABlEKD.SB 26 (1965), 6.

5 Kirchengemeinden, Kirchenkreise, Ausbildung zum Pfarrdienst, Pfarrstellen und Theologen nach dem Stand vom 1.1.1985, in: ABlEKD.SB 77 (1985), 9.

6 Kirchenamt der EKD (Hg.): Pfarrdienststatistik. Kirchengemeinden, Theologiestudierende, Ausbildung zum Pfarrdienst, Pfarrstellen, Theologinnen und Theologen in den Gliedkirchen der EKD im Jahr 2004 (Korrigierte Ausgabe August 2006), Hannover 2006, Tabelle 4, 8.

7 Im Jahr 2017 waren EKD-weit 7897 Pfarrerinnen im aktiven Dienst, was einem Frauenanteil von 39,6 % entspricht. In Vollzeitäquivalenten lag der Frauenanteil bei 36,3 %. Kirchenamt

terparität im Pfarrberuf scheint in naher Zukunft erreicht zu werden. Dadurch tritt die Differenzkategorie Geschlecht in der Berufsausübung zurück und wird nicht mehr permanent als Bonus oder Malus thematisiert.

Die folgende Grafik gibt einen Überblick über die Entwicklung des Geschlechterverhältnisses unter den Theologiestudierenden in den zurückliegenden dreißig Jahren.[8]

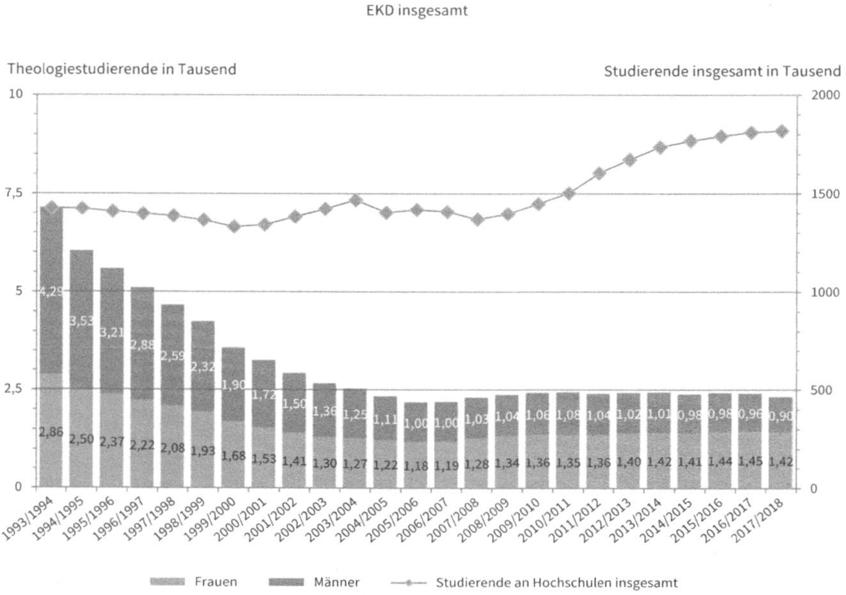

In die landeskirchlichen Listen eingetragene Studierende der evangelischen Theologie und Studierende an Hochschulen (ohne Fach- und Verwaltungsfachhochschulen) insgesamt in den Wintersemestern

Im Jahr 2017 studierten rund 900 Männer und 1420 Frauen Theologie, d. h. sechs von zehn Theologiestudierenden waren weiblich.[9] Die Zeitreihe veranschaulicht, dass die realen Zahlen der männlichen Theologiestudierenden seit den

der EKD (Hg.): Kirchengemeinden, Theologiestudierende, Ausbildung zum Pfarrdienst, Pfarrstellen, Theologen und Theologinnen in den Gliedkirchen der EKD im Jahr 2017 (Juni 2022), 8. (Online: https://www.ekd.de/ekd_de/ds_doc/Pfarrdienst_2017.pdf; abgerufen am 16.8.2022).

[8] Kirchenamt der EKD (Hg.): Landeskirchliche Listen. Studierende am 31.12.2017, Hannover 2018, 24. Die Grafik ist – laut dortigen Angaben – aus Datenschutzgründen nur in „männlich“ und „weiblich“ eingeteilt.

[9] Ebd. Anlass zur Sorge geben die insgesamt rückläufigen Zahlen Theologiestudierender. Waren Ende 1994 noch rund 6000 Theologiestudierende auf den landeskirchlichen Listen

1990er Jahren stärker eingebrochen sind als die der weiblichen. Dass sich das ausgewogene Geschlechterverhältnis, welches um die Jahrtausendwende erreicht war, inzwischen leicht zugunsten des weiblichen Nachwuchses verschoben hat, liegt stärker am Rückgang männlicher als am Anstieg der Zahl weiblicher Studierender. Die Daten der Ausbildungsstatistik lassen den Schluss zu, dass der Pfarrberuf auch in zwanzig Jahren ein gemischt-geschlechtlicher Beruf sein wird, der zu mindestens 30 % von Männern wie Frauen ausgeübt wird.

3. Ausblick auf künftige Herausforderungen

Wenn wir auf das Geschlechterverhältnis im Pfarrberuf schauen, welche Themen und Aufgaben stellen sich für die Zukunft, welche Entwicklungen zeichnen sich ab? Als eine Art Themenspeicher sollen im Folgenden einige Überlegungen zusammengetragen werden. Sie orientieren sich z. T. an Themenfeldern des Studienzentrums der EKD für Genderfragen in Kirche und Theologie und erheben keinen Anspruch auf Vollständigkeit.

3.1 Von der Binarität zur Vielfalt der Geschlechter

Dieser Beitrag hat bislang den Eindruck erweckt, als gäbe es exakt zwei Geschlechter: Männer und Frauen. Zwischenpositionen oder Uneindeutigkeiten sind ausgeschlossen. Die deutsche Gesellschaft und mit ihr sowohl die rechtliche Entwicklung zur Gleichstellung im Pfarrdienst als auch die Pfarrdienststatistiken basieren auf dieser zweigeschlechtlichen Norm.

Das binäre Geschlechtermodell wird jedoch seit den 1990er Jahren durch Gendertheorien als diskurstheoretische Konstruktion hinterfragt.[10] Intergeschlechtlichkeit, Transidentität und nichtbinäre Geschlechtsidentität deuten auf eine größere geschlechtliche Vielfalt hin und schärfen das Bewusstsein nicht nur für die soziale Konstruktion, sondern auch die medizinisch-biologische Komplexität der Kategorie Geschlecht. Als transident werden Menschen bezeichnet, die sich nicht mit dem bei der Geburt zugewiesenen Geschlecht identifizieren. Intergeschlechtlich sind Menschen, deren Geschlechtsentwicklung Varianten zur eindeutig männlichen oder weiblichen Entwicklung aufweist.

---

eingetragen, hatte sich ihre Zahl Ende 2017 auf rund 2.300 Studierende reduziert. Die Zahl der Neueintragungen auf die landeskirchlichen Listen lag im Jahr 2017 deutschlandweit bei 371 Personen. Kirchenamt der EKD (Hg.): Landeskirchliche Listen. Studierende am 31.12.2017, Hannover 2018, 4.

10 Vgl. Butler, Judith: Das Unbehagen der Geschlechter, Frankfurt am Main 1991.

Nichtbinäre Menschen identifizieren sich nicht als ausschließlich männlich oder weiblich.[11]

Die Geschlechtervielfalt stellt Anfragen an das binäre Menschenbild und fordert dazu auf, Geschlecht nicht länger gegensätzlich als entweder/oder zu verstehen, sondern als Spektrum mit zahlreichen Abstufungen (mehr/weniger) zwischen den Polen männlich und weiblich. Die theologische Auseinandersetzung mit der geschlechtlichen Vielfalt beginnt erst und stellt eine zentrale Zukunftsaufgabe dar.[12] Sie betrifft neben dem Menschenbild u. a. inklusive gottesdienstliche Sprache und Kasualfragen.

Es gibt (und gab auch schon früher) transidente, intergeschlechtliche und nichtbinäre Menschen in den Gemeinden und im Pfarrdienst der Evangelischen Kirche in Deutschland.[13] Geschlechtliche Vielfalt ist mithin kein Novum des 21. Jahrhunderts. Neu ist die Bereitschaft zur Wahrnehmung und Öffnung in Gesellschaft und Kirche. Die Hürden zur Integration diverser Menschen in den Pfarrdienst sind dabei eher kultureller als struktureller Natur. Die Einführung der Frauenordination schaffte in der Evangelischen Kirche in Deutschland die Geschlechterkategorie als Zugangskriterium zum Pfarrberuf ab. Damit stellt sie auch für intergeschlechtliche, transidente und nichtbinäre Theolog*innen keine anstellungsrechtliche Hürde dar.

Dass sich die Genderkategorie diversifiziert hat und uneindeutiger wird, löst allerdings auch kulturkampfähnliche Reaktionen in Teilen der Gesellschaft aus. Künftige Herausforderungen liegen darin, die gesellschaftlichen wie kirchlichen Diskurse konstruktiv zu halten, Ideologisierungen entgegenzutreten, Menschen mit diversen Identitäten in das kirchliche Leben zu integrieren und gendertheoretische Erkenntnisse zur Geschlechtervielfalt in die theologischen Reflexionen einzubeziehen.

---

11 Vgl. auch die medizinischen Sammelbegriffe intersexuell bzw. DSD (Disorders of Sex Development/Störung der geschlechtlichen Entwicklung), die allerdings eine Wertung transportieren. Ev. Kirche in Hessen und Nassau (Hg.): Zum Bilde Gottes geschaffen. Transsexualität in der Kirche, Darmstadt 2019 (Online: https://unsere.ekhn.de/fileadmin/content/ekhn.de/download/publikationen_broschueren/EKHN_Transsexualitaet_3Aufl_2019_web.pdf; abgerufen am 2.9.2022); Koll, Julia u. a. (Hg.): Diverse Identität. Interdisziplinäre Annäherungen an das Phänomen Intersexualität, Hannover 2018 (Online: https://www.gender-ekd.de/download/Diverse_Identitaet.pdf; abgerufen am 2.9.2022); Schreiber, Gerhard (Hg.): Transsexualität in Theologie und Neurowissenschaften. Ergebnisse, Kontroversen, Perspektiven, Berlin/Boston 2016; Buedwey, Stephanie A.: Religion and Intersex. Perspectives from science, law, culture and theology, London 2022.

12 S. o.

13 Hier zeigt sich ein kirchengeschichtliches Forschungsdesiderat (z. B. in Geburtsregistern). Zur Gegenwart vgl. den Dokumentarfilm Rees, Manuel (Regie): „Fürchte dich nicht. Die Geschichte einer transidenten Pfarrerin“, Deutschland 2019. Die Pfarrdienststatistik erwähnt diverse Identitäten unterdessen mit einer Fußnote (Kirchenamt der EKD [Hg.]: Kirchengemeinden [= Pfarrdienststatistik 2017], 24).

3.2 *Digitalität und Geschlecht*

Nicht weniger brisant als die Geschlechterdiskurse sind die gesellschaftlichen Umwälzungen im Zuge der Digitalisierung. Mit dem Internet ist eine neue, virtuelle Welt entstanden, die im Prinzip allen das Recht zur freien Meinungsäußerung gewährt. Auch Pfarrpersonen agieren zunehmend beruflich in sozialen Medien. Sie streamen Gottesdienste, posten auf Facebook, Instagram oder Twitter und kommunizieren das Evangelium im digitalen Raum.[14]

Es zeigt sich allerdings, dass in den sozialen Medien auch gruppenbezogene Menschenfeindlichkeit und Misogynie fröhliche Urständ feiern. Online wird Hass auf Frauen und andere von Diskriminierung betroffene Gruppen z. T. radikaler geäußert als in der analogen Welt. Hatespeech reicht von Beleidigungen über Diskriminierungen bis zu Gewaltdrohungen.[15] Die Kommentare zielen darauf, die Betroffenen zum Schweigen zu bringen und sie von weiteren öffentlichen Äußerungen abzuhalten. Bisher wird Hatespeech selten rechtlich geahndet. Dadurch werden Ungleichheiten im Digitalen fortgeschrieben. Neben gesetzlichen Regelungen bedarf es unser aller Gegenrede gegen Hassbotschaften. Die gesellschaftliche Zukunftsaufgabe besteht darin allen Geschlechtern das gleiche Recht zuzusichern, sich frei, gleich und ohne Angst auch im digitalen Raum zu äußern.

3.3 *Kirchliche Transformationsprozesse*

Wenn wir einen Ausblick wagen auf die Zukunft des Pfarrberufs unter besonderer Berücksichtigung der Geschlechterperspektive, müssen wir auch die gravierenden Transformationsprozesse in den Blick nehmen, in denen sich die Kirchen in Deutschland befinden. Das Konzept der Volkskirche und vieles, was damit verbunden ist, steht perspektivisch zur Disposition: Landeskirchen und ihre staatsanaloge Struktur, das Parochialprinzip, der Beamt*innenstatus der Pfarrpersonen, die Kirchensteuer, der Religionsunterricht und mit ihm die theologischen Fakultäten an staatlichen Universitäten u. v. m.

Im Zuge dieser kulturellen Umbrüche werden auch die Ressourcen künftig knapper. Die sog. Freiburger Studie hat errechnet, dass sich die Mitgliederzahlen und die finanzielle Leistungsfähigkeit der Kirchen bis 2060 halbieren werden.[16]

---

14 Vgl. u. a. das EKD-Ratsmitglied Josephine Teske, deren Instagram-Account „Seligkeitsdinge" über 30.000 Follower*innen hat.

15 Vgl. Lukas, Annika u. a. (Hg.): Verhasste Vielfalt. Eine Analyse von Hate Speech im Raum von Kirche und Diakonie, Hannover 2017. (Online: https://www.gender-ekd.de/download/Verhasste%20Vielfalt.pdf; abgerufen am 2.9.2022).

16 EKD (Hg.): Kirche im Umbruch. Zwischen demografischem Wandel und nachlassender Kirchenverbundenheit. Eine langfristige Projektion der Kirchenmitglieder und des Kirchensteueraufkommens der Universität Freiburg in Verbindung mit der EKD, Hannover 2019.

Die Zahl der Hauptamtlichen wie der Kirchengebäude wird ebenfalls erheblich sinken müssen. Die Ressourcensteuerung, die mit tragbaren Zukunftsvisionen verknüpft sein muss, stellt eine zentrale Zukunftsaufgabe der Kirchen dar.

Welche Gebäude und Arbeitsbereiche können noch finanziert werden? Wofür wird Personal zur Verfügung stehen? Verortet werden die anstehenden Diskussions- und Entscheidungsprozesse in synodalen Gremien der Landeskirchen sowie auf der sog. mittleren Leitungsebene (Superintendentur, Dekanat, Kirchenkreis). Während der Frauenanteil in den Kirchenparlamenten im Jahr 2020 bei 40 % lag, betrug er in Leitungsämtern auf mittlerer Ebene nur 25 %.[17] Es wird darauf zu achten sein, dass künftige Entscheidungen zum Umbau der Kirche das Anliegen der Geschlechtergerechtigkeit nicht aus dem Blick verlieren und sich für dessen Umsetzung weiter engagieren.

3.4 *Der Pfarrberuf der Zukunft in multiprofessionellen Teams und neuen Anstellungsverhältnissen*

Die religionskulturellen Umbrüche haben dazu geführt, dass der Pfarrberuf insgesamt fragwürdig geworden ist. Welche Aufgaben gehören originär zum Pfarrdienst und welche übernehmen andere Haupt- oder Ehrenamtliche? Wie umgehen mit den diffusen Anforderungen aus den (Kern-)Gemeinden?

In der Evangelischen Kirche in Hessen und Nassau sind im Rahmen des Reformprozesses EKHN2030 sog. Regionalteams vorgesehen, die sich aus mindestens drei Hauptamtlichen zusammensetzen und neben Pfarrpersonen auch Vertreter*innen weiterer Berufsgruppen wie Kirchenmusik oder Gemeindepädagogik umfassen. Gemeinsam verantworten diese Teams neben ortsbezogenen Tätigkeiten wie Gottesdienst, Kasualien und Seelsorge auch aufgabenbezogene, übergemeindliche Dienste wie Bildung oder Öffentlichkeitsarbeit. Der Trend zu multiprofessionellen, regionalen Teams wird neue pastorale Leitbilder erfordern. Was er für das Geschlechterverhältnis bedeutet, lässt sich noch nicht absehen und hängt u. a. vom künftigen Professionenmix der Regionalteams ab.

Der notwendige Umbau der Kirche wird mittelfristig vermutlich auch dazu führen, dass Pfarrpersonen keine Beamt*innen einer staatsanalog verfassten Landeskirche mehr sein werden. Für die junge Frankfurter Pfarrerin Charlotte Eisenberg liegt darin eine Verheißung. In „This is my utopia" schreibt sie:

(Online: https://www.nordkirche.de/fileadmin/user_upload/Projektion/Sperrfrist_02052019_Kirche_im_Umbruch_Webdatei.pdf; abgerufen am 2.9.2022).

17 Studienzentrum der EKD für Genderfragen in Kirche und Theologie (Hg.): Wer leitet die Kirche? Tabellenband mit aktualisierten Daten zum Atlas zur Gleichstellung von Frauen und Männern in der evangelischen Kirche in Deutschland, Hannover 2020, 11. (Online: https://www.gender-ekd.de/download/Wer%20leitet%20die%20Kirche.pdf; abgerufen am 17.8.2022).

> „Die deutsche weiße Mittelschichtskirche, diese Stammeskirche, gibt es nicht mehr. [...] Die Rudel der alten weißen Männer die vormals hinter Bürotischen regierten, haben ihre Zepter niedergelegt. Nun tun sie alles, um den bisher Übertönten Gehör zu verschaffen. Sie haben erkannt: Das ist der wahre Dienst an Christus.“[18]

Die Privilegien des Beamt*innenenstatus‘ lassen sich nicht mit ihrer Zukunftsvision von Kirche vereinbaren.

Der Schweizer Konkordatspräsident Michel Müller geht noch weiter und stellt für die Zukunft sogar die Berufsförmigkeit des geistlichen Amtes in Frage. Befragt zum Pfarrberuf in 50 Jahren sagt er:

> „Ich gehe eher davon aus, dass es einen Pfarrberuf nicht mehr gibt. Es gibt eine sozusagen Nebentätigkeit neben anderen Berufen, die man als Pfarrerin oder Pfarrer noch ausübt und der Pfarrberuf wird dann ein qualifiziertes Hobby sein beispielsweise.“[19]

Damit würde sich der Pfarrdienst der Zukunft dem der Vergangenheit vor Einführung der Beamtenbesoldung im 19. Jahrhundert annähern. Pfarrpersonen würden ihren Lebensunterhalt in Zukunft über Geldzahlungen für Amtshandlungen bestreiten oder über Gemeindepfründe. Sie könnten verbilligten Wohnraum im Pfarrhaus finden und müssten ggfs. einer Nebentätigkeit nachgehen. Derartige Zukunftsperspektiven scheinen derzeit noch gewagt und lassen auch keine Rückschlüsse auf die Entwicklung des Geschlechterverhältnisses zu. Deutlich wird nur, wie radikal sich der Pfarrberuf der Zukunft u. U. von dem der Gegenwart unterscheiden wird.

3.5 *Größere lebensweltliche Vielfalt im Pfarrdienst der Zukunft – Managing Diversity*

Die Geschlechterthematik im Pfarrberuf weist über sich selbst hinaus. Mit der Ordination von Frauen öffnete sich der Beruf erstmals für strukturelle Vielfalt. Zuvor generierte sich pastorale Identität durch größtmögliche Homogenität. Evangelische Pfarrpersonen in Deutschland waren männlich, weiß, nicht behindert, heterosexuell und verheiratet mit evangelischen Partnerinnen. Kriegsversehrte Pfarrer wurden als Ausnahme von der Regel betrachtet. Vermutlich ging man bei der Einführung der Frauenordination davon aus, auch die (damals wenigen) Theologinnen würden das Homogenitätspostulat nicht in Frage stellen. Spätestens jedoch seit der Frauenanteil unter den Pfarrpersonen 30 % erreichte,

---

18 Eisenberg, Charlotte: „This is my utopia“ in: Herzig, Ferenc u. a. (Hg.): Kirche der Zukunft. Zukunft der Kirche. 23 junge Pfarrerinnen und Pfarrer erzählen, Gütersloh 2021, 16.

19 Bildungskirche: Kirche und Pfarrberuf in 50 Jahren. Online: https://www.bildungkirche.ch/videos-br-kirche-und-pfarrberuf-50-jahren; abgerufen am 17.8.2022.

ist der evangelische Pfarrberuf in Deutschland nicht mehr an ein Geschlecht gebunden.

Die Geschlechterkategorie war die erste Vielfaltsdimension im Pfarrberuf, die relativiert wurde. Sie blieb jedoch nicht die einzige. Anfang des 21. Jahrhunderts folgten Diskussionen und neue Beschlüsse im Blick auf die sexuelle Orientierung von Pfarrpersonen. Seitdem gibt es neben heterosexuell auch offen homo- und bisexuell lebende Menschen in evangelischen Pfarrhäusern. Ungeachtet des Pfarrdienstgesetzes[20] leben sie in Beziehungen bzw. Ehen mit religiös und weltanschaulich vielfältigen Partner*innen, die ihren Pfarrdienst mittragen.

Ein Blick auf den theologischen Nachwuchs zeigt, dass die strukturelle Vielfalt künftig weiter steigen wird. Seit ca. zehn Jahren bilden Theologiestudierende auch was die Altersstruktur betrifft eine zunehmend heterogene Gruppe. Während einige nach ihrem G8-Abitur noch minderjährig das Theologiestudium beginnen, bieten neue berufsbegleitende Masterstudiengänge auch älteren Akademiker*innen mit mindestens fünfjähriger Berufserfahrung einen Second-Career-Zugang zum Pfarrdienst. Die Altersspanne in Vikariatskursen liegt mitunter zwischen 24 und 54 Jahren.

Aktuell gibt es auf der Liste der Theologiestudierenden der Evangelischen Kirche in Hessen und Nassau auch Studierende aus Afrika, Südamerika und Asien, die eine Anstellung in Deutschland anstreben, und damit zu einer größeren ethnischen Vielfalt unter den Pfarrpersonen beitragen würden. Menschen mit Sehbehinderungen und Mobilitätseinschränkungen studieren ebenfalls Theologie und streben den Pfarrdienst an. Derzeit stellt die u. a. beamt*innenrechtliche Frage nach dem „körperlichen Zustand" (PfDG § 9 Abs. 1 Ziff. 4) noch die größte dienstrechtliche Herausforderung dar.

Geschlecht, sexuelle Orientierung, Religion und Weltanschauung, Alter, ethnische Herkunft und Behinderung sind gesellschaftlich gesetzte Differenzkategorien, die auch dem Homogenitätspostulat des Pfarrberufs zugrunde lagen bzw. liegen. Mit dem Begriff Diversität bzw. Diversity wird in den Sozialwissenschaften eine neue Sicht auf strukturelle (wie individuelle und soziale) Vielfalt bezeichnet, die sich nicht nur auf Unterschiede fokussiert, sondern auch Gemeinsamkeiten von Menschen und Gruppen in den Blick nimmt.

Die zentrale Zukunftsfrage reicht m. E. über die nach dem Geschlechterverhältnis im Pfarrberuf hinaus. Es wird darum gehen, wie die Kirche mit der Pluralisierung der Gesellschaft und der zunehmenden lebensweltlichen Vielfalt –

---

[20] Ehepartner*innen von Pfarrpersonen müssen demnach einer christlichen Kirche angehören (§ 39 Abs. 2 PfDG.EKD). Das EKD-weite Pfarrdienstrecht führte hier für Landeskirchen wie die EKHN zu einer Verschärfung vorheriger Regelungen und zu (absehbaren) Konflikten in der Praxis. Kirchengesetz zur Regelung der Dienstverhältnisse der Pfarrerinnen und Pfarrer in der Evangelischen Kirche in Deutschland – Pfarrdienstgesetz der EKD (PfDG.EKD); online abrufbar unter https://www.kirchenrecht-ekd.de/pdf/14992.pdf; abgerufen am 2.9.2022.

auch im Pfarrberuf – umgeht. Es geht um das managing diversity, die Koordination von Vielfalt als Paradigma für künftiges kirchliches Leitungshandeln. Was heißt es und wie ist es zu bewerten, dass geistliche Ämter von Menschen vielfältigen Geschlechts und sexueller Orientierung ausgeübt werden, von Menschen mit und ohne Behinderung, von Menschen verschiedener ethnischer Herkunft mit und ohne Migrationshintergrund? Diese Liste ließe sich fortsetzen. Wird die zunehmende strukturelle Vielfalt vor allem als Problem wahrgenommen, d. h. im besten Fall toleriert, oder wird auch ihr Potential erkannt für einen zeitgemäßen Pfarrdienst in der Vielfalt der Lebensbezüge? Dazu gilt es neben den strukturellen Unterschieden auch die Gemeinsamkeiten unter den Pfarrpersonen nicht aus dem Blick zu verlieren, z. B. in der Berufsausübung oder in berufsethischen Überzeugungen. Mit der Leibmetapher verweist Paulus in seiner Reflexion über Gemeinsamkeiten und Unterschiede von Ämtern und Aufgaben in der Gemeinde darüber hinaus auf den Heiligen Geist als transzendente Verbindung:

> „Denn wie der Leib einer ist und hat doch viele Glieder, alle Glieder des Leibes aber, obwohl sie viele Glieder sind, doch ein Leib sind: so auch Christus. Denn wir sind durch einen Geist alle zu einem Leib getauft, wir seien Juden oder Griechen, Sklaven oder Freie, und sind alle mit einem Geist getränkt.“ (1 Kor 12,12–13)

4. Fazit

Wie steht es gegenwärtig um das Geschlechterverhältnis im Pfarrberuf, lautete die Eingangsfrage, und welche Themen und Entwicklungen zeichnen sich für die Zukunft ab? Zunächst ist festzuhalten, dass die Evangelische Kirche in Deutschland im 20. Jahrhundert die rechtliche Gleichstellung der Geschlechter im Pfarrberuf erreicht hat und sich in den nächsten zehn Jahren auch quantitativ einem paritätischen Geschlechterverhältnis unter den Pfarrpersonen annähert. Auch mittelfristig wird der Pfarrberuf geschlechterübergreifend verfasst bleiben.

Allerdings ist der Pfarrdienst ebenso im Wandel begriffen wie das binäre Geschlechtermodell. Darüber hinaus zeichnen sich tiefgreifende kulturelle Umbrüche in Gesellschaft und Kirche ab. In den Umwälzungsprozessen gilt es zum einen, das Anliegen der Geschlechtergerechtigkeit weiter im Blick zu behalten und zum anderen, das managing diversity, d. h. die Koordination der Vielfalt (nicht nur im Pfarrdienst), als Paradigma künftigen kirchlichen Leitungshandelns weiter auszubauen.

Ob die Pfarrdienststatistik in 50 Jahren mehr als zwei Geschlechter ausweist oder haupt-, neben- und ehrenamtliche Pfarrpersonen, lässt sich heute nicht abschätzen, doch ist der Kirche von morgen zu wünschen, dass sie den mit der Frauenordination eingeschlagenen Weg einer zunehmend vielfältigen und gleichberechtigten Gestaltung des Pfarrdienstes auch in Zukunft weiterverfolgt.

Literaturverzeichnis

Buedwey, Stephanie A.: Religion and Intersex. Perspectives from science, law, culture and theology, London 2022.

Butler, Judith: Das Unbehagen der Geschlechter, Frankfurt am Main 1991.

Eisenberg, Charlotte: „This is my utopia“ in: Herzig, Ferenc / Sacher, Konstantin / Wiesinger, Christoph (Hg.): Kirche der Zukunft. Zukunft der Kirche. 23 junge Pfarrerinnen und Pfarrer erzählen, Gütersloh 2021.

Kirchenamt der EKD (Hg.): Landeskirchliche Listen. Studierende am 31.12.2017, Hannover 2018.

Kirchenamt der EKD (Hg.): Pfarrdienststatistik. Kirchengemeinden, Theologiestudierende, Ausbildung zum Pfarrdienst, Pfarrstellen, Theologinnen und Theologen in den Gliedkirchen der EKD im Jahr 2004 (Korrigierte Ausgabe August 2006), Hannover 2006.

Rees, Manuel (Regie): „Fürchte dich nicht. Die Geschichte einer transidenten Pfarrerin“, Deutschland 2019. (Dokumentarfilm).

Schäfer, Rolf / Kuropka, Joachim / Rittner, Reinhard / Schmidt, Heinrich (Hg.): Oldenburgische Kirchengeschichte, Oldenburg 1999.

Schreiber, Gerhard (Hg.): Transsexualität in Theologie und Neurowissenschaften. Ergebnisse, Kontroversen, Perspektiven, Berlin/Boston 2016.

Statistische Beilage Nr. 77, in: ABlEKD.SB 77 6 (1985).

Statistischer Bericht Nr. 221, in: ABlEKD.SB 26 (1965).

Internetquellen:

Bildungskirche: Kirche und Pfarrberuf in 50 Jahren. Online: https://www.bildungkirche.ch/videos-br-kirche-und-pfarrberuf-50-jahren; abgerufen am 17.8.2022.

EKD (Hg.): Kirche im Umbruch. Zwischen demografischem Wandel und nachlassender Kirchenverbundenheit. Eine langfristige Projektion der Kirchenmitglieder und des Kirchensteueraufkommens der Universität Freiburg in Verbindung mit der EKD, Hannover 2019. (Online: https://www.nordkirche.de/fileadmin/user_upload/Projektion/Sperrfrist_02052019_Kirche_im_Umbruch_Webdatei.pdf; abgerufen am 2.9.2022).

Kirchenamt der EKD (Hg.): Kirchengemeinden, Theologiestudierende, Ausbildung zum Pfarrdienst, Pfarrstellen, Theologen und Theologinnen in den Gliedkirchen der EKD im Jahr 2017 (Juni 2022). (Online: https://www.ekd.de/ekd_de/ds_doc/Pfarrdienst_2017.pdf; abgerufen am 16.8.2022).

Konferenz der Frauenreferate und Gleichstellungsstellen in den Gliedkirchen der EKD / Studienzentrum der EKD für Genderfragen in Kirche und Theologie (Hg.): Gleichstellung im geistlichen Amt. Ergänzungsband 1 zum Atlas zur Gleichstellung von Frauen und Männern in der evangelischen Kirche in Deutschland, Hannover 2017. (Online: https://www.gender-ekd.de/download/Gleichstellung%20im%20geistlichen%20Amt.pdf; abgerufen am 2.9.22).

Koll, Julia / Nierop, Jantine / Schreiber, Gerhard (Hg.): Diverse Identität. Interdisziplinäre Annäherungen an das Phänomen Intersexualität, Hannover 2018. (Online: https://www.gender-ekd.de/download/Diverse_Identitaet.pdf; abgerufen am 2.9.2022).

Lukas, Annika / Radtke, Ellen / Schulz, Claudia (Hg.): Verhasste Vielfalt. Eine Analyse von Hate Speech im Raum von Kirche und Diakonie, Hannover 2017. (Online: https://www.gender-ekd.de/download/Verhasste%20Vielfalt.pdf; abgerufen am 2.9.2022).

Nierop, Jantine / Mantei, Simone / Schraudner, Martina (Hg.): In Vielfalt führen. Eine Kulturanalyse der mittleren Leitungsebene der evangelischen Kirche mit Kommentierungen, Hannover 2017. (Online: https://www.gender-ekd.de/download/Kirche-in-Vielfalt-fu%A6%EAhren_WEB.pdf; abgerufen am 2.9.2022).

Pfarrdienstgesetz der EKD (PfDG.EKD); online abrufbar unter https://www.kirchenrecht-ekd.de/pdf/14992.pdf; abgerufen am 2.9.2022.

Abkürzungsverzeichnis

Es werden nur Abkürzungen verzeichnet, die nicht in Schwertner, Siegfried M.: IATG^{3} – Internationales Abkürzungsverzeichnis für Theologie und Grenzgebiete. Zeitschriften, Serien, Lexika, Quellwerke mit bibliografischen Angaben, Berlin 2014 aufgeführt sind.

CuZ	Christentum und Zeitgeschichte
EZA	Evangelisches Zentralarchiv Berlin
GUG	Geschlecht und Gesellschaft
GVBl Kirche Baden	Gesetzes- und Verordnungsblatt der Evangelischen Landeskirche in Baden
HHStAW	Hessisches Hauptstaatsarchiv Wiesbaden
JBKRG	Jahrbuch für badische Kirchen- und Religionsgeschichte
JHKV	Jahrbuch der Hessischen Kirchengeschichtlichen Vereinigung
LkA KA	Landeskirchliches Archiv Karlsruhe
QSHK	Quellen und Studien zur hessischen Kirchengeschichte
ZA EKHN	Zentralarchiv der Evangelischen Kirche in Hessen und Nassau Darmstadt

Übersicht der Autor*innen

Sarah Banhardt, durch ein Promotionsstipendium der Hanns-Seidel-Stiftung geförderte Doktorandin im Fach Kirchengeschichte, Ruprecht-Karls-Universität Heidelberg

Prof. Dr. Gisa Bauer, Professorin für Historische Theologie am Institut für Evangelische Theologie, Universität zu Köln

Prof. Dr. Lukas Bormann, Professor für Neues Testament am Fachbereich Evangelische Theologie, Philipps-Universität Marburg

Jolanda Gräßel-Farnbauer, als Pfarrerin Mitarbeiterin am Hans-von-Soden-Institut und Doktorandin im Fach Kirchengeschichte, Philipps-Universität Marburg

Dr. Laura Hanemann, Wissenschaftliche Mitarbeiterin an der Professur Gesellschaftstheorie und Sozialforschung, Goethe-Universität Frankfurt

Carlotta Israel, Wissenschaftliche Mitarbeiterin am Lehrstuhl für Kirchengeschichte II (Prof. Dr. Harry Oelke), Ludwig-Maximilians-Universität München

Dr. Simone Mantei, Pfarrerin für Kirchliche Studienbegleitung der Evangelische Kirche in Hessen und Nassau am Fachbereich Evangelische Theologie, Goethe-Universität Frankfurt

Dr. Sabine Schmidtke, eh. Wissenschaftliche Angestellte am Ökumenischen Institut (Prof. Dr. Friederike Nüssel), Ruprecht-Karls-Universität Heidelberg

Prof. Dr. Susanne Schötz, Professorin für Wirtschafts- und Sozialgeschichte, Technische Universität Dresden

Prof. i. R. Dr. Ulrike Wagner-Rau, von 2002 bis 2018 Professorin für Praktische Theologie am Fachbereich Evangelische Theologie, Philipps-Universität Marburg

Celina Windbiel, Akademische Mitarbeiterin und Doktorandin am Lehrstuhl für öffentliches Recht, insbesondere Verwaltungsrecht, und Rechtstheorie, Universität Konstanz